河出文庫

ユダヤ人の歴史

レイモンド・P・シェインドリン
入江規夫 訳

河出書房新社

ユダヤ人の歴史　目次

本書をスタンレー・シェインドリンとフィリス・シェインドリンに捧げる。

謝辞

本書を読み、それぞれの専門分野から建設的な批評をいただいた次の諸先生方にお礼を申し上げたい。アメリカユダヤ教神学校教授スティーブン・ゲラー、同デイビッド・フィッシュマン、プリンストン大学マーク・コーエン、コロンビア大学アーサー・ゴレン、ミシガン大学ステファニー・ジグムント。ゲラー教授からは第六章のヘブライ語の刻印関係について、またジグムント教授からは第七章の女性ユダヤ人実業家について貴重なアドバイスをいただいた。私の娘のダクア・シェインドリンは第十一章を書くために必要な大量の資料を準備してくれた。

私の妻ジャニス・メイヤソンこそこの本を書くアイデアを最初に私に吹き込んでくれた人間であり、そして私が最後のピリオドを打つまで絶えず熱心に励まし続けてくれた。コーエン教授もまた初期の段階から私を力づけてくれた。

最後に私は本書をその人生の大半を静かにユダヤ人教育に捧げたスタンレー・シェインドリンとフィリス・シェインドリンに捧げたい。

ユダヤ人の歴史

はじめに

ユダヤ人の歴史を手際よくまとめるという考えは、それ自体矛盾に満ちたものである。というのは、ユダヤ人はなんといってもその歴史の古さと長さで知られた民族なのであるから。さらに、ユダヤ人の歴史物語をそれだけ単独に取り出して語るというのも不可能である。なぜなら、ユダヤ人というのはその歴史の大部分において、より巨大なあるいはより強力な民族の中の少数派以上の立場は持たなかったからである。ユダヤ人の歴史を把握するためには、理想的には、まずその舞台となった地域、イランから地中海沿岸に至る西アジア、ヨーロッパ、北アフリカ、そして大西洋を渡って北アメリカでの歴史を理解することである。これらの多くの地域の歴史およびその文化の移動と変遷が、ユダヤ人自身が成し遂げたものと同等にユダヤ人の歴史を形作ってきたからである。西洋の歴史全体を理解し、その中におけるユダヤ人の役割を把握しようとするのは、本書の域を超えている。そしてそれは、さらにユダヤ人の歴史を初めて知ろうとする人たちにとって、いささか荷が重すぎるのも確かである。

本書は、非常に長いユダヤ人の歴史をわかりやすく、しかも語りかけるように書くことにより、よりはっきりと理解できるようにすることを目指している。また、ユダヤ人の歴史を取り上げるとき必ず出てくる基本的な問題については系統的に考えられるようにしている。それらは例えば、次のようなものである。ユダヤ人はどこから来たのか？彼らはどうして故国を離れたのか？　彼らはどこへ向かったのか？　何世紀にもわたる離散の間、彼らはどのようにしてアイデンティティを保持してきたのか？　彼らの中の様々なコミュニティにおいて、その性格を決定する共通の重要な要素とは何か？　どうして彼らは他国の人々によってそこまで嫌われ、その歴史が貧困と剝奪と追放の連続となっているのか？　近代化は彼らにどのような影響を与えたのか？　現代のユダヤ人は、彼らの誇り高い民族的アイデンティティと繁栄する故国によって、かつての虐げられたユダヤ人からどのように抜け出したのか？

ユダヤ人の歴史は魅惑的である。しかしけっして奇跡的なものでもなければ、超自然的なものでもない。ユダヤ人の永続性は世界歴史の中では稀有なものかもしれないが、ユダヤ人以外の組織やその営みにも同じような例がないではない。しかし、ユダヤ人のアイデンティティを考える際、その歴史はとりわけ重要な意味を持つだけに、しばしば現実の人間の問題や興味として語られるのではなく、理想化された民族的神話として語られることが多い。ユダヤ人の民族的英雄、例えばユダ・マカベア、ラビ・アキバ、マイモニデス、そしてダヴィド・ベン・グリオンなどは、すべての人類共通の価値を持つ鑑として賞賛されるが、一方彼らの敵からは宇宙的悪の化身として呪われる。歴史の中で、ユダヤ人の味方をした非ユダヤ人は、〝高潔な非ユダヤ人〟であり、一方ユダヤ人であっても同胞と対立して自らの利益を追求した輩は裏切り者として汚名を着せられることになる。このような決めつけの方法では、後の判断によって評価がゆがめられることがある。例えば、西暦紀元後数世紀の間に、ラビの厳格な教義に基づくユダヤ教が支配的となっていったが、その結果当時の他のユダヤ教の信仰の形は異端との汚名を着せられているのである。

民族的神話は民族的アイデンティティの形成のためには不可欠である。世界中のどの民族も、部族も、人種も、あるいは国家もすべからくそれを所有している。しかし、それぞれの集団のいわば公式の見解に基づけば、相互が友好的に対話するのは不可能である。というのは、これらの神話は通常お互いに対立し合っているからである。今日の中東における紛争は二つの相容れない民族的神話の対立の典型的な例であり、世界中至る所で同様の例が見られる。アメリカ合衆国の歴史は、アメリカのネイティブ・アメリカンによって、中産階級の市民によって、そして黒人の急進派によってそれぞれ全く異なったニュアンスで語られる。もし自分たちの見方に基づく歴史と民族の宿命が唯一正しいものと各自が主張するなら、彼らの共存は不可能になる。それ故、学問的な歴史の存在がきわめて重要になる。その歴史の目的は民族の歴史のゆがみを見つけだし、中立的立場でできるだけ正しく是正することにある。

民族的神話を学問的立場から見直すとき、初期のユダヤ人の歴史は最もやっかいなものの一つとなる。この時期の情報の大部分が聖書から来ているからである。聖書は民族の歴史としては、最もよくできたものであり、しかも、奇跡の物語と神の手によってイスラエルと他の民族の運命を支配することを基本としている。さらに、聖書は神聖なる文書なので、読む者は二通りの偏見を持ちがちである。すなわち、それを信じる者は文字どおりすべてが正しいと考え、一方信じない者は全くの作り事と見なしがちである。もし聖書を、他の古代の宗教的文書と同じような史料として扱い、考古学的遺跡や古代の原典に関連づけて読むなら、歴史的に有用なデータを十分に得ることができる。しかし、同時に、聖書はユダヤ人自身の起源の物語であるので、やはり、他の民族の起源の物語と同じように、注意深くそして批判的に読まなければならないのである。

本書では同様に、現代ではあたかも当然のように見なされている、初期の時代に関する地政学的解釈も避けるようにしている。われわれは、いわゆる「東」と「西」、イスラムに支配された北アフリカや中東、西アジアとヨーロッパの間には大きな文化的亀裂があるのを当然視している。この亀裂は確かにこの数世紀に関しては正しいといえるが、アレクサンダー大王の時代から十字軍に至るまでの千五百年間についても同様と考えると混乱が起きかねない。この期間の初期には、いわゆる「東」はいわゆる「西」の大部分よりもずっとギリシア的、すなわち紀元前一世紀のイラクは現代のフランスよりもずっと〝西欧的〟だったのである。また後期においても、地中海地方では、宗教と言語の違いという条件のもとでも、キリスト教徒とイスラム教徒は文化的にも商業的にも想像以上により密接に結び付いていたのである。さらにいえば、この期間のほとんどにおいて、今日では経済的にも、科学的にも、政治的にも、そして文化的にもヨーロッパやアメリカに遅れている地域が、それらにおいてははるかに進歩した、すなわちその時代における〝先進国〟だったのである。本書においては、中東におけるユダヤ人についてもしっかりと触れるつもりであるが、それは、しばしば辺境の、あるいは異国的ととらえられていたそのユダヤ人社会が、実は一番強力で成功した社会であったからである。

同様に、いままでともすれば見落とされがちであった、近代のユダヤ史における、中東のユダヤ人とセファルディム（スペイン、ポルトガル、北アフリカ系のユダヤ人）の役割についても本書では正しく伝えたいと考えている。これらの二つのユダヤ人社会は、いまではしばしば混乱して取り上げられており、確かに近代に入ってその活動の舞台となる国家の衰退によりその活力は縮小したが、イスラエル国家の建国までは数においても文化的活動においても非常に重要なユダヤ人社会であった。そして、彼らの子孫はイスラエル国家そのものの中において大きくて新しい勢力として力を持つに至っているのである。にもかかわらず、かなり詳しい歴史書においても、彼らが正当に扱われていない状況を本書では正したいと思う。

ユダヤ人は多くの国家や文明に分散して生きてきたため、ある地域のユダヤ人社会は他の地域のユダヤ人社会とは異なった経験をしてきており、その文化も異なった形をとっている。そのため、全体を厳密に年代を追ってたどろうとすると、どうしても無理が生じ、かえって混乱を招くことになる。一定の期間をとって、ユダヤ人社会ごとに年代を追って話を進めていった方がよりわかりやすいと考える。こうした方法はまた、現代において様々なユダヤ人社会がどのように異なっているのかを理解するためにも役立つ。例えば、戦前のポーランドのユダヤ人社会が、どうしてトルコやモロッコやアメリカのユダヤ人社会とそんなに大きく異なっていたのかなどである。

本書はユダヤ人の宗教史の本ではない。すべての人間の組織あるいはユダヤ人そのものと同じように、ユダヤ人の宗教も何世紀もの間に変化を遂げてきており、その展開はそれだけで十分語られるにふさわしい興味深い内容を持っている。しかし、ユダヤ人の歴史とユダヤ教の歴史が全く同じものではないことをはっきりさせておくことは重要なことである。とりわけ現代においてはそれは大切な点である。今日の、二十一世紀の初頭においては宗教的信条あるいは宗教的行動によってユダヤ人と定義される人たちは少数派であり、大部分の人たちは、ユダヤ人としての活動をかなり積極的に行っている人でさえ、ユダヤ教の教義と実践を明確に述べよと言われるとかなり戸惑うはずである。従って、多くのユダヤ人には賛同してもらえないかもしれないが、私はここでは、ユダヤ人とは宗教をともにする人たちではなく、歴史をともにする人たちであると規定したがそれはあながちまとはずれではないと考える。本書ではもちろん宗教について詳しく触れるが、あくまでユダヤ人のアイデンティティを構成するいくつかの要素の一つとして取り上げているのであり、ユダヤ人の言語や文書（宗教的なものと非宗教的なものの両方）、組織あるいは歴史そのものと並んで一緒に取り上げている。要するに、われわれの主題はユダヤ教ではなくてユダヤ人なのである。

本書では紙数の関係から、すべてのユダヤ人の社会について触れることは、もとより不可能であった。そのため、興味深いいくつかのユダヤ人社会について、残念ながら、省くかあるいは簡単に触れることしかできなかった。それらはインド、エチオピア、グルジア、イエメン、そして中国のユダヤ人社会である。本書の長さを二倍にする作業は、本書をこの長さでまとめる作業よりもずっと簡単であると思う。私は、それぞれの時代における有力なユダヤ人社会だけを体系的に取り上げるという原則にできるだけこだわったが、それは全体像をより理解しやすくするためである。ただ、埋め合わせとして、読者が興味を持たれたところを自らさらに深く知ることができるように、十分な参考資料を添付しておいた。

私は、歴史を学ぶ者はそのテーマが何であれ、より広い視野を手に入れるために、テーマに関する様々な事柄に関心を持つべきだと主張してきた。その意味から、今回のテーマと私がどのように関係しているかを述べておくべきだと思う。まず本書の内容は私個人にとっても非常に重要な意味を持っている。私自身まずユダヤ人の歴史に自ら積極的に参加しているという意識を持っている。そして熱心なヘブライ語研究者であり、ものによってはユダヤ教の伝統行事にも参加し、さらに専門は中世のヘブライ文学である。この私の個人的な関わりを意識しながらも、私は本書ではより広い視野をけっして失うことのないように努めてきた。私は、ユダヤ人に関するあらゆることが興味深くまた魅力的だと思っているが、なかでも、自分たちの種々の伝統を維持しながらも、自分たちの生きてきた国家や文化に適応しつつしかも互いに影響し合ってきたことに、とりわけ関心を持っている。私としては、この小史を読む読者の方々に、幾分かでもこの私の思いが伝われればこれ以上の喜びはない。

第一章　古代イスラエル人の起源とその王国
（紀元前一二二〇年以前から紀元前五八七年まで）

ユダヤ人の長い歴史の幕を開けたのは古代イスラエル人であった。彼らは紀元前一〇〇〇年頃、カナンの地に王国を築いた。そこは、地中海の東端の地であり、王国は紀元前五八七年に消滅するまで、四百年以上続いた。この古代イスラエル王国の歴史は、けっして伝説ではない。代々の王や戦いの話、社会や経済状態に関する断片的な情報、そして彼らの宗教についての豊富な記述は、聖書の中の歴史を扱った書（主に列王記と歴代誌）に残されている。その中のいくつかは、考古学的遺跡あるいは近隣の諸国に残されている記録により確認されたり補正されている。この古代イスラエル王国は（やがて見るようにこの王国は二つの時代に分けられるが）小国ではあったが、その地理的立場から周囲の大国にとって重要な意味を持っていた。

カナンの南西にはその歴史を紀元前三二〇〇年にまでさかのぼる大国エジプトがあった。北東方向、そして東方の砂漠の向こうにはメソポタミア文明として知られる、紀元前四〇〇〇年から続く歴代の強力な国々があった。さらに古代イスラエル王国と時代を同じくした強国は、最初はアッシリア人の帝国であり、続いて新バビロニア人の帝国であった。これらのメソポタミアの帝国とエジプトは、当時互いに覇を競い合っており、古代イスラエル王国は地理的にいわば両者を結ぶ橋のような立場にあった。従って、両大国の力が弱く、その国内に問題を抱えているときは、大いに繁栄を楽しむことができたが、彼らが隆盛をきわめ激しく争っているときは、どちらがの陣営の傘下に入って生き延びるしか術はなく、対立に巻き込まれる危険が常にあった。そして最終的には、頼るべき相手の選択を誤り、滅びることになった。

ところで、古代イスラエル人はいったいどこから来たのであろうか？　この疑問に対するはっきりとした答えはいまだない。聖書以外の古代イスラエル人に関する最初の記述は紀元前一二二〇年頃のエジプトの碑文に見られる。それはエジプトのファラオであったメルエンプタハの、イスラエルおよび他のカナンの国々に対する勝利を記念したものである。しかし、敗北したイスラエル人の起源と国家建設に至る道のりははっきりしない。他の民族と同じように、イスラエル人も自らの起源について、ある程度の事実と、重大事件の自分たち流の解釈と、そして民間伝承をないまぜにして物語を作り上げている。

これは聖書による記録ではないが、紀元前二千年紀の前半、現在のイラクと東シリアにあたるチグリスとユーフラテス川流域のメソポタミアとカナンの地に、西セム語族系

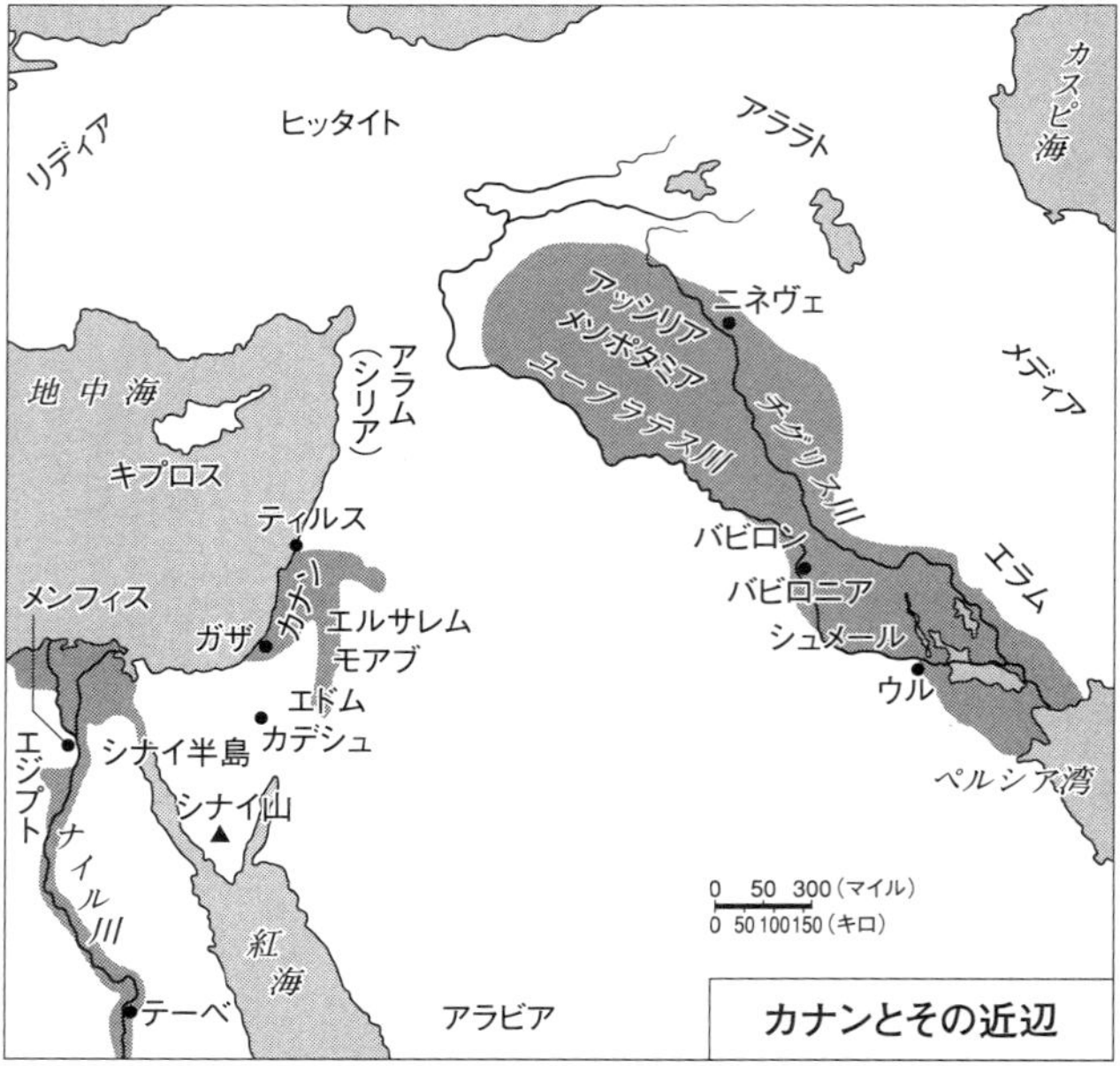

カナンとその近辺

あるいはアモリ人として知られる半遊牧民が流入したことがわかっている。たぶんこれらの人たちは、北部カナン（ほぼ現在の東シリアにあたる）に定住したアラム人と、南部（ほぼ現在のイスラエルにあたる）に定住したイスラエル人の祖先と思われる。移住民たちは民族的にはもともとのカナン人たちとつながっており、彼らの言葉と文化を取り入れた。移住民の中には、中央の高地や南の乾燥地帯において、牛、羊、山羊を育てたり、時には農業をしながら、半遊牧民生活を送る者もいた。彼らは定住民と摩擦を起こすこともあったが、基本的には人づきあいを避けた生活を送っていた。このような、いわば周辺に生きる人たちは、メソポタミアにもエジプトにも見られたが、彼らはハビルあるいはアピルと呼ばれていた。この名前は、民族や人種、あるいは氏族を指すというよりも、むしろ社会的階級を指していたようで、おそらく聖書がアブラハムについて述べた〝ヘブライ〟という言葉の語源であると思われる。

紀元前一七二〇年頃、カナン人とアモリ人の一部が、エジプト中王国の勢力が弱体化したのを見て、デルタ地帯に侵入した。そして、一六五〇年頃には、国の実権を握り、ヒクソス朝と呼ばれる自分たち自身の王朝を築いた。この王朝は約百年間続いた。

創世記と出エジプト記で詳しく述べられているイスラエル人自身の話は、多くの点においてこの動きとほぼ一致している。創世記においてはアブラハムをメソポタミアに住むヘブライ人としており、主の命令に従いカナンに移住したと記している。アブラハムとその息子イサクはカナンに住んでいたが、孫のヤコブは飢饉のためにエジプトに移る。エジプトにおいては、ヤコブの息子ヨセフが有力な廷臣になっていた。そのため、イスラエルの十二の部族の祖先となるヨセフと十一人の兄弟は、エジプトにおいて繁栄をきわめるが、やがてその子供たちはエジプト人により投獄される。この聖書におけるエジプトへの移住の説明は、紀元前十五世紀に起こったアピルの出現をよく反映しており、ヨセフの廷臣としての出世はエジプトの第十八および十九王朝における非エジプト人廷臣の活躍の記録と一致する。聖書の中の奴隷化されたイスラエル人が建設させられたピトムとラムセスの町の話は、セティ一世（在位紀元前一三〇五～一二九〇年）の時代のアヴァリスにおけるセツの神殿の建設と、ラムセス二世（在位紀元前一二九〇～一二二四年）時代の新首都ペル・ラムセスの建設との関連をうかがわせる。意外なことに、有名なギザのピラミッドの建設にはイスラエル人はかかわっていない。というのはこれらが完成したのはイスラエル人がエジプトにやって来る一千年近く前のことだからである。

出エジプトとして知られ、聖書の中でも同じ名前で記されている、イスラエル人のエジプトからの脱出は、こうしてラムセス二世の時代に起こった。この出来事は、先に述べたメルエンプタハの碑文の中の一二二〇年頃のカナンにおけるイスラエル人に関する記述とうまく合致する。しかし、碑文の中で述べられているイスラエル人は、本当にエジプトからカナンに脱出してきた人たちと同じ人たちなのだろうか？　聖書のある部分においてはあたかも当然のごとくすべての人たちがエジプトにいたとしている。しかし、聖書の中の他の部分においては、エジプトから逃れた人たちはカナンの地に入ったとき、アブラハム、イサク、ヤコブの子孫ではなく、しかもエジプトから逃れた人たちでもないが、民族的につながりのある他のグループと合流したことが強く暗示されている。もし、これが本当だとすれば、これらの異なったグループが融合してイスラエル人として知られる人たちをつくり上げたことになる。この解釈が、現在多くの歴史家たちに受け入れられている説である。

聖書の中では、初期のイスラエルの歴史上の出来事のすべては神の摂理によるものとしている。聖書は、神がアブラハムにメソポタミアを離れてカナンの地に住むことを命令したと述べている。アブラハムがカナンの地に着くと、神は彼に、彼の子孫がエジプトにおいて奴隷となるが、最後は助け出されてカナンの地に戻り永遠に神の子として生きることになると伝えている。アブラハムの息子と孫であるイサクとヤコブはカナンに住んでいたが、ヤコブの息子たちは兄弟の一人ヨセフを隊商の商人に売り、彼らに連れられてヨセフはエジプトに行った。これらの出来事は、当事者たちは気がつかなかったが、神の導きによるものであり、飢饉のあいだ一族に食料を与えるための方策であった。数々の試練の後、ヨセフは高位の官職に就き、彼の父と兄弟たちが食料を求めてエジプトにやって来たとき、しかるべく食料を与え、聖書が述べるところのナイルデルタのゴシェンの地に住まわせることができた。

聖書の話はさらに続き、ヨセフと彼を登用したファラオが死んだ後、ヤコブの子孫たちはその数があまりに増大したので、新しいファラオは危機を感じ、彼らを奴隷の地位に落とした。その彼らを救ったのが、エジプト生まれのイスラエル人モーセであった。新しいファラオはすべてのイスラエル人の子供をナイル川に沈めて殺すように命令した。しかし、モーセはファラオの娘により助けられ、宮中で育てられる。モーセは数々の奇跡を行い、ファラオにイスラエル人を自由の身にすることを説くが、ファラオは聞き入れようとしない。最後に、モーセは彼らを〝あしの海〟(普通紅海と訳されているが、今日同じ名前で呼ばれている海とは異なる）と聖書が呼ぶ水辺に導く。モーセが神に祈ると、海は奇跡的に二つに割れて彼らを通し、後を追うエジプト軍の上に再びおおいかぶさるのであった。イスラエル人はシナイ半島南部のシナイ山に進み、現在ジェベルムーサ（モーセの山）として知られる山の麓に野営する。そして、そこにおいて彼らは奇跡的に神と遇い、神の法を受け取るのである。イスラエルの伝説によれば、この出来事により、イスラエル人は神により選ばれた民になると同時に、神の特別の命令に従う義務を負うことになるのである。

エジプトを去るとき、イスラエル人はエジプトの要塞を避けるために、カナンに南西から入る海岸沿いの道を通らなかった。しかし、彼らが南からカナンに入ろうとすると、その道が閉ざされていることがわかった。そのためベエル・シェバのちょうど南にあるオアシス、カデシュに長期間野営した後、荒野をさまよい、東方向に大きく回り道をした。彼らは新しくできたエドムとモアブ（死海の南西と南にあり、現在のヨルダンの位置にあたる）の二つの王国の縁ぞいに進み、ヨルダン川東岸のアモリ人の王国へシュボンを攻略した。今や彼らの進む道ははっきりした。すなわちヨルダン川を渡りエリコに向かったのである。ここで、モーセが死にヨシュアが後を継いだ。

この後に起こったことについては、聖書は二つの展開を用意している。最初の展開では、イスラエル人はエリコを攻略し、三度にわたるすばやい作戦でその地を平定し、イスラエルの十二の部族の間で分割したとしている。しかし、聖書の他の部分では、征服は遅々として進まず、ヨシュアの死により中断されたとなっている。考古学的にはどちらとも断定できないが、紀元前十三世紀後半にカナン人の多くの都市が破壊されたことは判明している。その調査によると、都市の中には短期間に建設と破壊が繰り返されたところも見られる。この様子から見ると、イスラエル人たちはまずカナンの中央部の山岳地域に都市を構え、海岸地帯やイズレエル平原に都市を築くのは後になってからのようである。

紀元前十三世紀の終わりから十一世紀の終わりにかけて、イスラエル人はカナンに十二の部族の連合体を組織した。二つの部族（ルベンとガド）はトランスヨルダン（ヨルダン川から東の地域）を、一つの部族（マナセ）はヨルダン川をまたいだ地帯を支配した。ユダ族はヨルダン川西岸に位置し、中央地帯はベニヤミン、エフライム、マナセが分け合った。他の小さい部族はイズレエル平原の北の地帯に分散した。しかし、カナン人の支配する飛び地があちらこちらにあり、海岸沿いの平野は、集合的に〝海の民〟と呼ばれるエーゲ海から来た敵対する民族と分け合う形になった。その中ではペリシテ人がイスラエル人にとって最も手強い相手となった。このペリシテ人こそ、ずっと後になってその地域全体を呼ぶ名前の起源となった民族、すなわち今日知られている〝パレスチナ〟の語源である。

イスラエルの連合国家は公式の中央政府や首都は持たなかった。しかしお互いが盟約と、ヤハウェと呼ばれる共通の神によって結ばれていた。盟約は神殿に安置された〝契約の箱〟に具現化されており、それは中央部の高原に位置したシロに置かれた。部族間の会議は共同で事に当たる必要が生じたときに召集されたが、通常は各部族はそれぞれ自分の部族だけを治め、時に協力することはあっても基本的には独立していた。しかし時にはカリスマ的な指導者が現れ、いくつかの部族、あるいはすべての部族を率いて戦いに臨むときもあった。そのような指導者は、聖書の中では〝士師〟と呼ばれており、いずれも勇気ある行動に満ちた華やかな物語にいろどられている。中でも代表的なのが、エフド、デボラ、ギデオン、サムソンなどである。

イスラエル人の生活は次第に半遊牧民的生活から農耕民的生活に変化していった。町をつくり、森を切り開き、技術を磨き、そして求めに応じて、いまだ征服されていないあるいは吸収されていないカナン人のグループとも交わるようになっていった。しかし、彼らの連合国家は、攻撃的な軍事貴族国家であるペリシテ人と渡り合えるほどには強力ではなかった。ペリシテ人は近隣諸国を攻撃するだけでは満足せず、エジプトの弱体化に乗じてカナン全体の支配に乗り出した。彼らは鉄を使うことができるという技術的優位性に加えて、戦車の使用にも長けていた。紀元前一〇五〇年頃のアフェクにおける大規模な戦いにおいて、ペリシテ人は〝契約の箱〟（戦いの場に持参されていた）を奪い、シロを破壊し、領土の多くを占領した。これに対して、イスラエル人たちは、より強固な協力態勢で戦いに臨むべく君主制を採用し、最初の王にサウルという男を選んだ。

それまでのカリスマ的な力への共通の畏怖によって結ばれた連合国家から、君主制国家への変化に対し、すべての人が満足したわけではなかった。サウルの任命は、みなから尊敬を集めていた預言者のサムエルの支持のほか（彼は最初はこの変化に反対していた）、サウル自身の持つカリスマ的性格によるところもあった。そのため、サウルの支配は以前の体制の継続を思わせるところがあり、人々を納得させるものがあった。しかし、実際にサウルの支配が始まると、最初のうちこそペリシテ人との戦いに効果的であったが、そのうち彼の変わりやすい性格が明らかとなり、鬱状態と激昂を繰り返して判断にも誤りが目立ち始めた。サムエルは代わりに、ペリシテ人の英雄ゴリアテを一撃で倒して名をあげた、サウルの若い部下ダビデを支持するようになった。ダビデの戦士としての人気はサウルの人気に影を落とし、嫉妬に駆られたサウルは槍をこの若者に向かって投げつけた。ダビデは難を逃れ、ペリシテ人の中に避難した。ペリシテ人の中でダビデは危険な一人二役を演じた。彼はペリシテ人の王に代わって民衆軍を率いてイスラエル人を攻めるふりをしたが、実際はアマレク人やその他のイスラエル人に敵対するカナンの部族を攻めた。そのため、イスラエル人の間では、彼らの守護神としてのダビデの名声が次第に高まった。

紀元前一〇〇〇年頃、ペリシテ人はイズレエルの谷において、イスラエル人を徹底的に破った。サウルの三人の息子は殺され、サウル自身も自害した。サウルの生き残った息子エシュバアルは王位の継承を主張することができず、代わってダビデが今やイスラエル人の支持を集めてヘブロンにおいてまずユダ王国の王に選ばれた。このダビデの即位には、おそらくペリシテ人の同意もあったものと思われる。力のないエシュバアルが殺されると、ダビデはたちまち北の部族の支持も獲得することとなった。さらに数年経つと、ダビデはユダとベニヤミンの国境に接したカナン人の領有する重要な飛び地を征服し、その中にある都市エルサレムを自らの領地とし、そこに、ペリシテ人から取り戻していた〝契約の箱〟を運び込んだ。こうして、エルサレムは王国の首都となったが、この王国は二つの異なった部分、すなわち南の部族ユダと、北の集合的にイスラエルとして知られる部族からなり、さらにそれらを統合する形で中心に神殿を据えていた。

イスラエル人はヤハウェと呼ばれる神を崇拝していた。ヤハウェは、近隣の他の民族の神と同じように固有の名前を持っていたが、根本的に異なっている点があった。当時としてはきわめて珍しいことに、イスラエル人は一神教信者であったのである。すなわち、彼らはヤハウェのみを唯一の真の神として認め、天地の創造者、世界の支配者、すべての人の運命を司るものと考えた。だが他の民族は多神教信者であり、彼らの考えでは、神の中に他の神を支配する第一位の神がおり、その神が自分たちの守り神であるが、他の民族がそれぞれ別の神に忠誠を尽くすことは容認すべきことであるとしていた。しかし、古代イスラエル人は、他のいかなる神の正統性も認めなかった。ヤハウェは時には、その崇拝の形式において他の民族の神と似ていたり、他の地域で行われていた宗教用語を使って語られることもあったが、さらに一神教として発展した後には、他のいかなる形式も認めず、偶像の使用も禁じた。ヤハウェに対する崇拝は、主として動物の生け贄と農産物を世襲の神官が神殿に捧げることで行われた。こういった崇拝はイスラエル人の領域すべてで行われたが、君主の力が強い時代においては、エルサレムの王室の神殿においてのみ執り行われた。

ダビデ王の即位は、イスラエル人による本格的な専制国家の始まりと、歴史への明確な登場を意味する。ダビデと彼の息子ソロモンの約八十年間にわたる治世は、イスラエル人の歴史観においては、何世紀にもわたって彼らの黄金時代と解されてきた。ダビデはトランスヨルダンの王国アンモン、モアブ、エドムを制圧して東と南東方向に領土を拡張し、さらに東に向かっては、できたばかりのアラム人の国を亡ぼしたが、これはちょうど今のシリアの国土にあたる。地中海沿岸ではペリシテ人に対し朝貢することを義務づけた。地中海から東の砂漠地帯、すなわちシナイ砂漠から、北に向かってはティルス（カナンの地中海沿岸北部に位置したフェニキア人国家の首都）に至るまで、そして北東方向ではユーフラテス川に及ぶ地域を支配したダビデは、事実上ペリシテ人の願望であったカナン全体の統治を実現したのであった。そして、彼自身はこの小さな帝国の中心に位置したのである。

国内におけるたび重なる反乱は、イスラエル人すべてがこの状態に満足していたわけではなかったことを示している。ダビデ自身の息子アブサロムの反乱は一般的な不満とアブサロム自身の野心の表れと見ることができるかもしれないが、シバ・ベン・ビクリの反乱は北方の部族のダビデ支配に対する抵抗であった。ダビデの晩年、やはり息子のアドニヤがソロモンへの王位の継承を阻止しようとしたが、ダビデは自らの存命中にソロモンに王位を譲った。

【コラム】ダビデ

旧約聖書の「サムエル記・上・下」に記されたダビデ王の生涯と統治の話は、聖書の中で最も長く、生き生きとした物語である。そしておそらく現存する最も古いヘブライ語による物語である。それは民間伝承と歴史的事実を合体させたものである。

「サムエル記・上」はいかにしてダビデがイスラエルの王となったかを記している。この説明によると、ダビデはユダヤの羊飼いの少年であったとされているが、これは典型的な民間伝承の一つのパターンで、これにより彼が人々を導くのにふさわしい人物であることを暗示している。サウル王を、より有能な指導者と交代させることを決断した預言者サムエルは、密かにダビデを選定する（古代イスラエルでは王冠を戴かせるよりも、油を注ぐことによって王位に就かせていた）。若いダビデはペリシテ人の英雄ゴリアテを羊飼いの使う投石器のたった一撃で倒したことにより、サウル王の注意を引くことになるが、この偉業は彼を英雄にするとともに、サウル王の嫉妬と敵意をも買うことになる。

鬱状態にあったサウルはダビデを宮廷に招き、ハープを演奏して彼のふさぎ込んだ気持ちを慰めてくれるように頼んだ。ある夜のこと、突然激情に駆られたサウルはダビデに槍を投げつけた。ダビデはペリシテ人の地に避難し、サウルの敵であるガスの宮廷に入る。ガスの武将として彼はイスラエル人に向かって攻撃を仕掛けるように見せかけながら、実際はカナン人を攻め、故国に帰る時機をうかがっていた。サウルと彼の息子ヨナタンがペリシテ人との戦いで死ぬと、そのときにはすっかり経験を積んだ将軍になっていたダビデはユダ王国の王として帰還し、その首都をヘブロンに置いた。数年の後には北の部族も統合し、ユダとイスラエルを一つの王国にまとめた。さらにユダと北の部族の領土の境界にあったカナン人の町エブスを征服し、エルサレムという名前のもとに新しい首都とした。

「サムエル記・下」はダビデの統治時代のいろいろな話を記しているが、彼を勇敢ではあったが必ずしも常に公正なわけではなかったとしている。彼はその統治時代、何度か反乱に遭っているが、その中で最も痛手だったのは、自分の息子アブサロムによるものであった。その反乱はきわめて強力だったので、ダビデは一時廷臣たちとともにヨルダン川を渡って避難しなければならなかった。やがてアブサロムはダビデ軍の反撃にあい、逃れる途中でダビデの兵士に殺されたが、そのときダビデは息子の死を激しく嘆き悲しんだ。

「サムエル記」はダビデの欠点についても遠慮なく述べている。ダビデは自らの将軍の妻バト・シェバに対する欲望を遂げるため、その将軍を前線へ送り死に追いやった後、彼女と結婚した。預言者ナタンに激しくこの行いを非難されたダビデは、悔い改め許された。後に、ダビデとバト・シェバとの間に生まれた息子がソロモンで、ダビデの後を継ぎ王となる。

ユダヤ人の伝統の中では、ダビデは戦士、王としてばかりではなく詩人としても知られている。聖書の中の「詩篇」の詩の大部分あるいはすべてが彼の作によるものとされている。

このほぼ基礎の固まった王国を継承したソロモンは、紀元前九六五年頃から九二二年頃にわたる治世の間、新たな侵略よりも経済的な発展に力を注いだ。エジプトとティルスとの間で同盟を結び、二つの海の間にある地の利を生かして紅海やアラビア半島にまたがる交易のルートを開拓した。南の砂漠地帯では銅山を開発し、馬や馬車を使ってエジプト人、キリキア人、ヒッタイト人らと交易を行った。こういった活動の結果、イスラエル統一王国はかつてない繁栄をきわめ、都市の発達、技術の発展、人口の増加、国際的文化の出現などが見られた。この繁栄の結果、ソロモンは数々の建築プロジェクトに乗り出すようになったが、その中にはエルサレムの宮殿と神殿の複合建築も含まれていた。この建築にはティルスから来た建築家たちがあたった。繁栄はまた文芸の発展を

ももたらした。この時期にはダビデの宮廷の歴史が著され（聖書の中のサムエル書の核心部分である）、またイスラエル人の起源に関する物語も書かれた。これらの作品は現在ではそのままの形では残っていないが、「モーセ五書」（聖書の一部分でイスラエル人はそれらをトーラー〔律法〕と呼んでおり、創世記、出エジプト記、レビ記、民数記、申命記からなる）の作者はそれを主たる資料としており、広範に引用している。モーセ五書の出典について言及する学者たちは、この失われた作品のことをアルファベットの文字を使って、J資料と呼んでいる。

しかし、ソロモンの試みたプロジェクトや統治の方法は民衆にとっては大きな負担となっていた。それらは複雑な行政システムや官僚制、重税、それに非常に評判の悪い賦役を必要としていた。またティルスとの間の貿易不均衡により、ソロモンは北の町のいくつかをティルスに割譲しなければならなかった。自分の出身部族であるユダ族をひいきにするやり方に対しても多くの人から反感を買った。地方の神宮たちはエルサレムの神殿が優位性を持つようになったことで生じた自分たちの地位の低下に対して不満を抱いていた。ダビデとソロモンの二代にわたる統治は、イスラエル統一王国を、農民と羊飼いのゆるい部族連合国家から、社会的にはっきりと階層分化した経済優先の国家につくり替えた。そこにおいては、大多数の民衆が少数の貴族階級により搾取され、そのスタイルや雰囲気が異国風になりつつある宮廷の要求に奉仕する構造になっていた。

ソロモン自身はこれらの不満のもたらす結果に遭遇することはなかったが、彼の死に

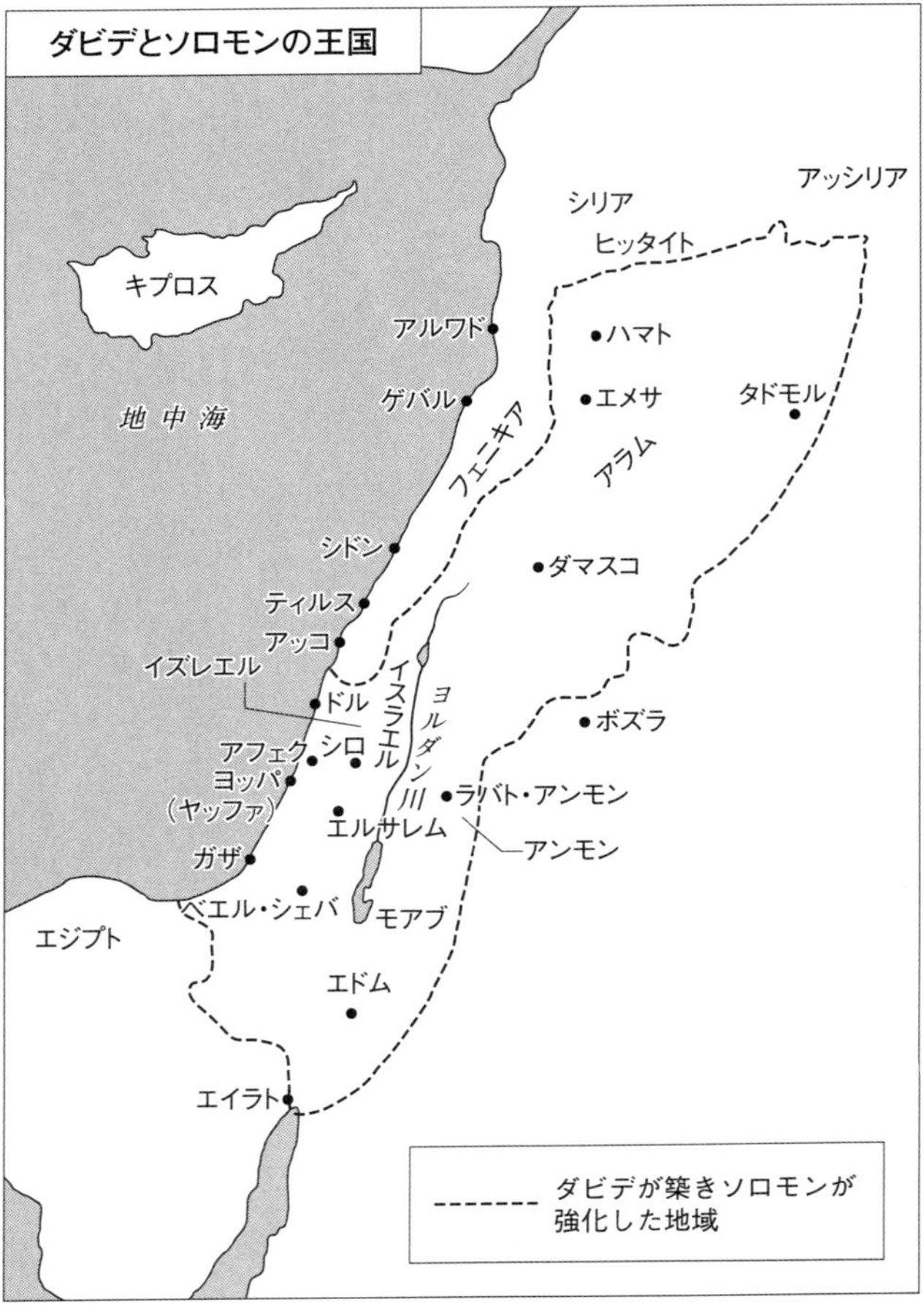
ダビデとソロモンの王国
キプロス
地中海
アルワド
ゲバル
フェニキア
シドン
ティルス
アッコ
イズレエル
ドル
アフェク
シロ
ヨッパ
（ヤッファ）
エルサレム
ガザ
ベエル・シェバ
エジプト
エドム
エイラト
イスラエル
ヨルダン川
モアブ
ラバト・アンモン
アンモン
ボズラ
ダマスコ
アラム
ハマト
エメサ
タドモル
シリア
ヒッタイト
アッシリア
ダビデが築きソロモンが
強化した地域

伴い王国は二つの国に分解した。ソロモンの息子レハブアムはようやくユダとベニヤミンを保持することができたが、北の部族はかつてダビデのもたらしたユダとの連合を拒否し、ソロモンの宮廷の官僚であったヤロブアムを自分たちの王に戴くことにした。この北の王国は、その首都を最初はシケム、次にティルザ、最後はサマリアに置いて、いくつかの短命の王朝の下で約二百年間続いたが、紀元前七二一年にアッシリアに亡ぼされた。一方、ユダ王国はダビデの家系の統治がしばらく続いた後、紀元前五八七年にバビロニア人に亡ぼされた。ここで少し混乱するのは、この北の王国がイスラエル王国と呼ばれていたことである。従って、この時代においては、「イスラエル人」という言葉はイスラエル人一般を指すのではなくて、この北のイスラエル王国の住民のみを指している。

ユダ王国もイスラエル王国も、ダビデとソロモンの獲得した領土を維持できるほど強力ではなかった。アンモン人、モアブ人そしてペリシテ人の都市はふたたび独立するようになった。アラム人の土地も同じく失い、ダマスカスは強力なライバルとなった。ユダ王国とイスラエル王国は、その力において二級国家となり、ユダはしばしばエジプトの脅威にさらされ、イスラエルはダマスカスから圧力を受けていた。そして、両国は直接の侵略あるいは近隣諸国を巻き込んでの政治的策略を交えて互いに干渉し続けた。対立は宗教にも及び、ヤロブアムは自分自身の公式の宗派を打ち立て、ダンとベテルに神殿を築いた。そのため、彼の臣民はもはや、ダビデ時代からの公式の神殿であったエル

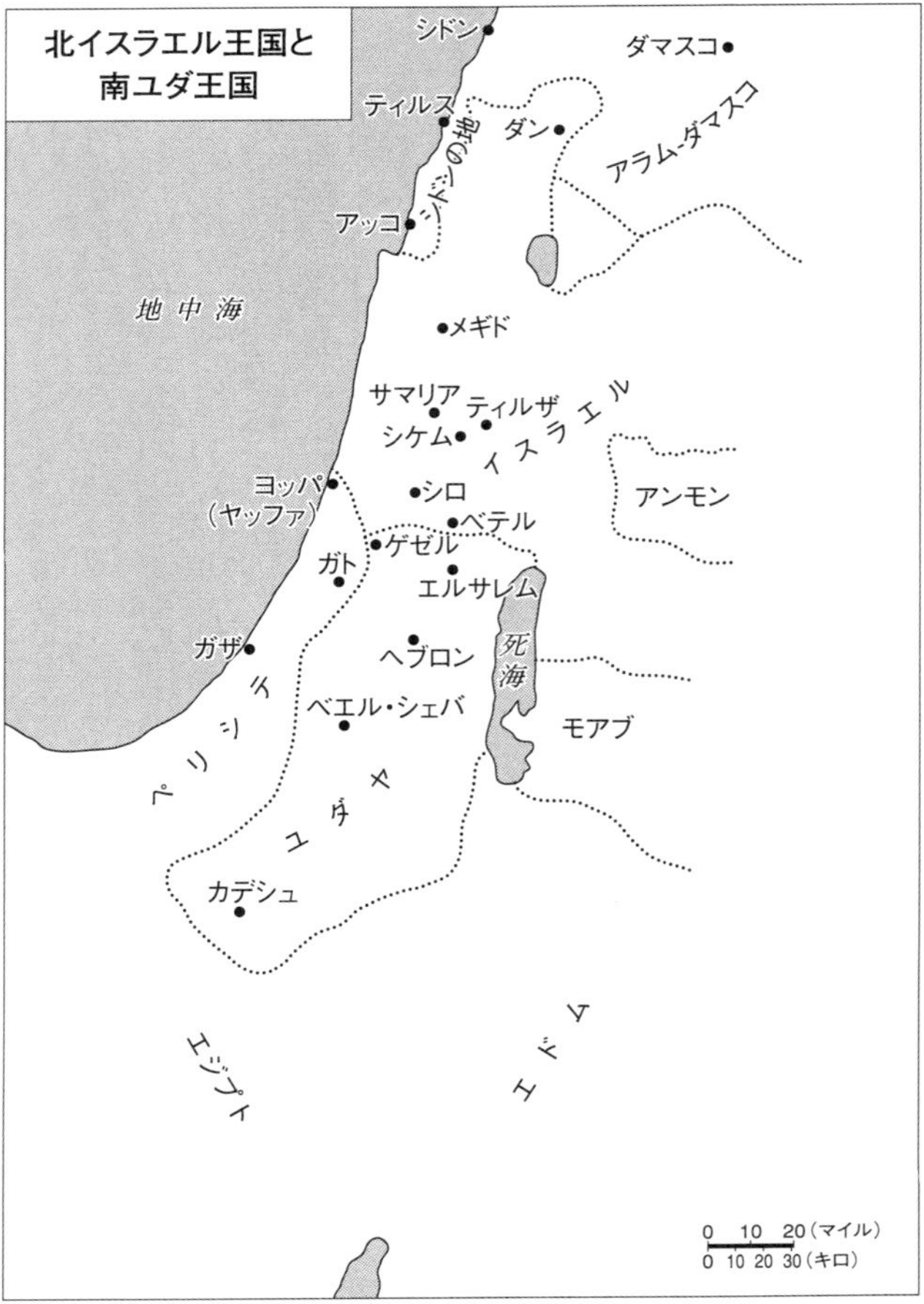
北イスラエル王国と
南ユダ王国
シドン
ダマスコ
ティルス
シドンの地
ダン
アラム-ダマスコ
アッコ
地中海
メギド
サマリア
ティルザ
シケム
イスラエル
ヨッパ
(ヤッファ)
シロ
アンモン
ベテル
ゲゼル
ガト
エルサレム
ガザ
ヘブロン
死海
ペリシテ
ベエル・シェバ
モアブ
ユダ
カデシュ
エジプト
エドム
0 10 20 (マイル)
0 10 20 30 (キロ)

サレムの神殿に対する崇拝をやめた。しかし、ヤロブアムは、ダビデ王朝にいまだ忠誠心を持つ預言者たちの主張を入れ、民族宗教を退けたり偶像崇拝を取り入れるようなことはしなかった。

ユダ王国は数世代にわたって安定した王朝が続いたが、イスラエル王国は紀元前八七六年にオムリが国王に就くまでは何度も統治者が代わり、不安定な状態が続いた。オムリの治世は紀元前八四二年まで続き、ユダ王国やフェニキア人との間に友好関係を築き、ふたたびイスラエル王国を強国にした。彼は関係強化の方法として婚姻政策を多用した。すなわち、オムリの息子アハブはティルスの王の娘イゼベルと結婚し、オムリの娘（あるいは孫娘）アタルヤはユダ王国の王の息子と結婚した（これらの二人の娘はいずれも強い個性を持った女性で、その時代において重要な役割を果たした）。こうして強国となったイスラエル王国はモアブを再び征服し、またユダ王国もエドムをその支配下に置くことができた。ある時アハブはアラム＝ダマスコ連合と戦うために出陣したが、より大きな脅威であるアッシリアに対抗するため、結局アラムおよび他の北の諸国と手を結んだ。後になって、彼はふたたびアラムと戦うため出陣し、戦死した。イスラエル王国の衰退は、アハブの息子エホラムの時代にモアブを失ったことによって決定的になったが、この出来事は「メシヤ石碑」として知られる長い碑文に詳しく書かれている。この石碑は現在、ルーブル美術館に保管されている。

オムリ王朝に対する攻撃は、宗教的には保守派に属するグループ、中でもエリヤや彼の弟子エリシャなどの預言者から加えられた。彼らはティルスとの友好関係が緊密になるに従って入ってきた異教に反発した。中でもイゼベルは、自ら異教の布教に力を貸しヤハウェに対する崇拝を排除したため、彼らの怒りの対象となった。八四二年にエリシャは王朝の転覆を謀り、イエフという将軍が実権を握った。彼は文字どおりイゼベルを窓から放り投げ、アハブの一族とイゼベルの異教の信者を虐殺した。

一方、ユダ王国においても、アタルヤの影響下において同様の変化が進行していた。夫ヨラムと息子が相次いで亡くなった後、アタルヤは自ら実権を握り、彼女に反対するおそれのあるすべての親族を殺し、バール教を信奉した。しかし、アタルヤには本当の支持者はいなかった。一人の幼い王子が、主預言者の妻のはからいでアタルヤの追放から逃れていたが、彼が七歳になったとき、主預言者は彼を神殿で即位させ、アタルヤを処刑した。

イスラエル王国もユダ王国も紀元前七八〇年代までは弱体化した状態が続いたが、そのあとアッシリアの勢力の衰退と、両国における有能な王の出現が重なり、一時的に盛り返した。その在位が偶然ほぼ一致した、イスラエル王国のヤロブアム二世（在位紀元前七八六〜七四六年）とユダ王国のウジヤ（在位紀元前七八三〜七四二年）の二人の王のもと、両国はソロモンの時代に匹敵するほどにその領土を拡げた。しかし、ヤロブアム二世の死後すぐに、アッシリアでは新しい強力な統治者ティグラト・ピレセル三世が国を再興した。その後は、両国の運命の大半はアッシリアの恐るべき軍事力によって翻弄されることなる。

ティグラト・ピレセル三世は勇躍征服の途についたが、まず手始めにバビロンを落とし、次いで目を西に向けた。紀元前七三八年までには、彼はシリアと、ほとんど無秩序の状態になったイスラエル王国を含む北カナンに位置するすべての国から朝貢を受けた。イスラエル王国とダマスコはユダ王国に圧力をかけて、アッシリアに対抗するための同盟を結ぼうとしたが、ユダの王ヨッサムとアハズはこれを拒否した。アハズの治世の時代に、同盟の各国はユダ王国に侵入し、アハズをもっと彼らに協力的な王と取り替えようとした。この侵略と他の数カ所からの攻撃に直面し、アハズはティグラト・ピレセル三世に助けを求めた。アッシリアの無敵の軍隊はたちまちやって来て、すぐさま同盟軍を打ち破った。さらにイスラエル王国に侵入し、その人口の一部分を追放し、領土の一部を奪い、ホセアという名前の王による傀儡政権を立てて残りの領土を統治させた。しかし、ホセアはアッシリアに対する朝貢をやめ、エジプトに助けを求めた。このアッシリア帝国に対する反抗は結局自らの国を滅ぼす結果になった。紀元前七二四年、アッシリアの王シャルマナサル五世はイスラエル王国を攻撃し、ホセアを捕虜とし、国のほとんどの部分を占領した。首都サマリアは紀元前七二一年にサルゴン二世の手に落ち、北のイスラエル王国の歴史は終わった。

征服者であるアッシリア人は、いつものやり方どおり、それまで住んでいた住民を追い出し、代わりに他の占領地の住民を移り住まわせた。イスラエル王国の住民の多くはメソポタミアの北の方に移り、そこで元からの住民たちと混淆《こんこう》した。一方、イスラエル王国の地はシリアとバビロニアから来た人たちで埋まり、彼らは残っていたイスラエル人と混淆した。この出来事は、従来イスラエルの歴史で北の十部族の追放として知られている事件である。ところで、新しくイスラエルに移住してきた人たちは、残っていたイスラエル人から学んだヤハウェ信仰を引き継ぎ、そのため二つの集団はいっそう混淆した。また彼らはユダ王国の人たちとも相変わらず民族的には近親状態であると見なしていたが、紀元前五世紀に入るとその関係は微妙になり、さらに紀元前四世紀のアレクサンダー大王に征服された後でははっきりとした敵対関係になった。

アッシリア帝国はこの後百年ほどで歴史の舞台から姿を消すことになる。紀元前七〇三年バビロンで起こった反乱がきっかけとなって、ペリシテ人の都市ティルスとユダ王国、それに他の諸国が反アッシリア同盟を結んだが、この同盟の中心となったのがユダ王国の王ヒゼキヤ（在位紀元前七一五〜六八七年）であった。アッシリアの報復に備えて、ヒゼキヤはエルサレムの要塞を強化し、水の供給を守るため有名なシロアムの地下水道を掘った（この地下水道は現在まで残っており、見ることができる）。紀元前七〇一年にアッシリア王センナケリブはエルサレムに侵攻し、恐ろしい殺戮と徹底的な住民の排除を行い、その結果ヒゼキヤは領土の割譲と大量の貢ぎ物をしなければならなかった。しかし、センナケリブは、聖書の記述によれば、自分の軍隊の〝突然の不思議な死〟によりエルサレムを自分のものにすることなく、その場から立ち去らなければならなかった。ただし、その後もユダ王国はヨシヤ王（在位紀元前六四〇〜六〇九年）の時代までアッシリアに対して朝貢を続け、そしてちょうどこの王の時代に新バビロニアの勃興に伴うアッシリアの衰退と崩壊が起こったのである。

ヨシヤ王の時代はユダ王国がかろうじて独立性を主張することのできた最後の時代であった。彼はアッシリアに取られていた北のイスラエルの領土の一部を取り返し、アッシリアに強制されていた異教を一掃し、徹底的な宗教改革を試みた。ユダ王国の独立を宣言し、生け贄を捧げる宗教儀式を厳しくエルサレムだけに限ることにより、自らの宗教的権威の確立を図った。聖書はこの出来事を、エルサレムの神殿において発見された古代の目録（たぶん申命記のことを指すと思われる）に生け贄は他のいかなる場所においても捧げるべからずと定めてあったことによるとしている。新しい法の発布により、ヤハウェと人々との間の契約の新たな更新が行われ、それまで軽視されていた「過ぎ越しの祭り」が盛大に祝われるようになった。

紀元前六〇九年にエジプト軍は、バビロニアに対し最後の戦いを挑んでいたアッシリア帝国を助けるため、イズレエルの谷を通って進軍した。ヨシヤはエジプト軍の進軍を止め、エジプト＝アッシリア連合軍の勝利を食い止めようとしたが、その戦いで殺された。バビロニアのメソポタミア全土制圧に伴い、エジプトはパレスチナとシリアの支配に乗り出した。ユダ王国の新しい王ヨアハズは退位させられてヨヤキムが新しく王となり、エジプトへの朝貢を義務づけられた。

バビロニアの西方への侵攻は次第にエジプトを圧迫し、やがてユダ王国の滅亡へとつながることになる。バビロニアの将軍（すぐに王となる）ネブカドネザルはシリアにおいてエジプトを破り、南に転じてユダ王国に向かい、紀元前六〇三〜六〇二年にヨヤキムを家臣とした。しかしヨヤキムは反乱を試み、エジプトに助けを求めた。このバビロニアとの戦いの最中に彼は亡くなり、十八歳の息子ヨヤキンが後を継ぎ、三カ月間持ちこたえたが結局降伏した。宮廷の廷臣たち、主だった役人たち、それに多くの宝物とともにヨヤキンはバビロニアに追放され、彼の叔父で、ヨシヤの息子になるゼデキヤがバビロニアの傀儡政権をつくらされた。

ゼデキヤもまたエジプトを頼みとして反乱を起こしたが、援軍の数は十分でなく、紀元前五八七年に、長い包囲戦ののちネブカドネザルの軍隊はエルサレムの壁を破り侵入した。ゼデキヤの息子は彼の目の前で殺され、彼は目を潰された後首都バビロンに連れていかれた。エルサレムは焼き払われ、壁はすっかり取り壊された。指導的立場にあった者は多くが殺され、残りは追放された。こうしてユダ王国は滅亡した。ユダ王国の貴族ゲダルヤがこの新しいバビロニアの領土の総督に任命されたが、まもなくバビロニアに対する協力者としてユダ王国の官僚たちの陰謀により暗殺された。

イスラエル人の王国は統一王国以来四百年間続いたが、これは争いの絶えないこの狭い地域に存在した小国としては大変長い期間といえよう。そして、この王国の人々はけっしてその存在が忘れ去られることを許さなかった。彼らはその記憶を国を離れても持ち続け、いつの日にか、かつての栄光の日が必ず復活することを夢み続けた。この理想化された復興が、後に救世主の時代として知られるようになった。追放されたバビロニアにおいて、彼らは自らの宗教組織をつくったが、これにより王国の記憶と復興の夢が何世紀にもわたって生き長らえることが可能になった。一神教の原則と、救世主願望がこうしてユダヤ教の大きな特徴となった。

【コラム】碑文

聖書の時代から書き残されている記録はそれほど多くない。しかしそれらはいずれも古代イスラエルの社会経済状況を雄弁に物語っている。年代がわかっているもので最も古いヘブライ語の碑文はゲゼルの暦で、ソロモン時代のものである。それは軟らかい石灰石の上に子供の手によって書かれた小さな銘板で、たぶん学校で練習用に使われたものと思われ、一年のそれぞれの時期に行われる農作業が記されている。

ユダ王国、イスラエル王国の時代からは、オストラカと呼ばれる、陶片にインクで古いヘブライ文字を書き付けたものが多数残っている。ある一群のオストラカには、ワインや油など、紀元前八世紀頃サマリアにあった北の王国の宮廷に献上される品物のリストが記されている。紀元前七世紀の終わり頃からのものには、農作業の従事者が、監督者の自分に対する扱いに抗議したものがある。ネゲブで発見されたものは、アラドの貯蔵所の責任者であったイリヤシェフという人物が書いた公式の報告書であった。この書類には彼らに配属されたイスラエル人部隊と傭兵に対する物資の配給の様子が記されている。また他のオストラカは、エルサレムの近くの町ラキシュの軍事総督ヤウシャャに宛てたもので、それは紀元前五八七年のバビロニアによるエルサレム包囲の直前に書かれたものであることがわかっている。

紀元前八世紀末のものには、シロアムのトンネルの完成を祝った記念碑的なものがある。聖書の「列王記」と「歴代誌」によると、ヒゼキヤ王はアッシリアに包囲されても水に困らないようにするため、ギホンから、エルサレムの壁の中にあるシロアムの貯水池まで水路を通し、水を運び込むこの大事業を企てた。もう一つの記念碑的な碑文は、この地方に残された最大のもので、カナン人の言語でありヘブライ語にきわめて近いモアブ語で書かれている。この碑文は、モアブ人の王メシャがアハブ王の死後イスラエル王国に反乱を起こしたことを記念したもので、その子細は「列王記・下」に記されている。碑文の様式は聖書の「列王記」に非常によく似ているが、異なっているのはこの出来事をモアブ人の立場から見ていることである。メシャはイスラエルの町を破壊し、イスラエル人を捕虜として捕え、ネボにあったヤハウェを祀った神殿から神聖な祭器を奪ったと主張している。しかし、聖書の記述はこれとは全く異なっており、どちらが正しいかはいまだもって判明していない。

また、同様に学説が大きくわかれているものに、北ネゲブの街道の駅で発見された大きな貯蔵用の壺の中にあった碑文がある。紀元前九世紀に書かれたこの碑文は、神である「サマリアのヤハウェ」と彼の「アシェラ」について述べている。この「アシェラ」という言葉は聖書の中にカナン人の偶像の名前としてたびたび出てきており、さらにカナン人の碑文の中では女神の名前として出てくる。学者の中には、碑文の中の「アシェラ」はヤハウェを象徴する言葉だとする者もいるが、多くは、カナン人の女神でありおそらくはヤハウェの妻であると説明している。もしこの説が正しいなら、イスラエルの歴史において一神教の出現の前に、周辺の国と同じようにヤハウェやその他の神を持った時代があったことを示す証拠となる。

最後に、小さな二つの銀製の銘板に刻み込まれた祈りの言葉があるが、この祈りの言葉は民数記六章二十四〜二十六に記録された言葉とほとんど同じものであり、今日も伝統的なシナゴーグで毎日唱えられているものである。この銀の銘板は紀元前七世紀後半のもので、身に付けてお守りとして使われた。この言葉は、唯一聖書以外から発して聖書に収録され、聖書時代から今日まで伝わっている言葉である。それは「主があなたを祝福し、あなたを守られるように。主がその顔でもってあなたを照らすように。主がその顔をあなたに向け、あなたに平安を賜るように」とある。

第二章　ユダヤの地とディアスポラの起源（紀元前五八七年から紀元七〇年まで）

バビロニア帝国は強力な国家であったが、その存続期間は意外に短く、紀元前五三九年にはペルシアのキュロス大王に征服された。キュロス大王はインドからエチオピアにまたがる、それ以前には見られなかった大帝国を築き上げた。しかし彼の支配の方法は、アッシリア帝国やバビロニア帝国の採った方法と比べるとずっと寛大なものであった。彼は支配下の国家にある程度の自治を認め、その君主たちにも政治的責任を持たせ、それぞれの宗教も認めた。こうして、バビロニア征服直後の紀元前五三八年には、キュロス大王は新しく成立したペルシア帝国内のユダヤ属州に、ユダヤ人社会と宗教の再興を命令した。国外に追放されていたユダヤ人も、ユダ王国の最後から二番目の王ヨヤキンの息子であるシェシュバツァル王子の主導のもと帰国を認められた。

紀元前五九七年にバビロニアに追放されたヨヤキンは、ネブカドネザルの後継者によって解放され、バビロニア帝国の衰退以前にすでにある種の地位を認められていた。バビロンでは、彼はユダヤ人追放貴族の社会においてその中心的存在であったようだ。ペルシア帝国の興隆に伴い、バビロニアにいた多くのユダヤ人も繁栄を享受するようになり、上流階層の中にはペルシア宮廷において重用される者も現れた。そうしたユダヤ人のうち、いまやペルシア帝国内のユダヤ属州となった故郷に戻ろうとする者はほとんどいなかった。バビロニアのユダヤ人は、歴史、家族的絆、文化、宗教でユダヤの地の人たちと結ばれているという意識を持ち、またその民族的、宗教的独自性で共同社会を形作ってはいたが、自ら望んで国外にとどまっている以上、もはや本当の意味での追放者とはいえなくなっていた。同様の動きはエジプトにおいても見られた。エジプトにおいては紀元前七世紀の中頃からアスワン近くのナイル川中洲の島エレファンティンにユダヤ人傭兵の駐屯地があったが、この入植地は二百年以上にわたってペルシア帝国のユダヤ属領と交流を持ってきた。エレファンティンのユダヤ人はエルサレムにおけると同じように神殿に生け贄を捧げていたが、この儀式はエルサレムの最初の神殿が破壊されたずっと後まで行われた。エジプトにおいては彼ら以外にも、紀元前五八七年のユダ王国の崩壊後、北部エジプトに逃れたユダヤ人がいた。

バビロニアやエジプトにおけるユダヤ人社会は、最初のそして最も長く続いたディアスポラ社会、すなわちユダヤの地以外におけるユダヤ人社会と考えられている。イラクにおけるユダヤ人社会は一九五一年まで延々と続き、エジプトにおけるユダヤ人社会も何度か消滅の危機に瀕しながらも生き延びてきたが、さすがにいまではもはや見られない。だが、ユダヤ人が、時空を超えて、自分たちは古代イスラエル国家の民を共通の先祖とする、民族的、文化的、知的伝統、宗教に結ばれた存在であると意識し始めたのはこの時代からである。

ではどうして、共通の国家、共通の言語、あるいは民族的組織といったものがない状況において、そのようなアイデンティティを保つことができたのであろうか。その秘密はバビロニアのユダヤ人社会の指導者たちが編み出した書物にあった。ユダヤ人の宗教的言い伝えでは、この書物「トーラー（律法）」（聖書の最初の五冊からなり、〝教え〟を意味している）はもともと、シナイ山でモーセに与えられたものであるが、すっかり忘れ去られていた。それがバビロニアのユダヤ人長老たちによって改めて公布され、その研究と遵守が人々の宗教的義務の中心に据えられたのである。しかし、この説明は、歴史家の説とは少し異なっている。歴史家によると、「トーラー」は実際はこの時代に初めて出来上がったものということになる。古代イスラエル王国の時代から残されていた古い文献をもとに、バビロニアのユダヤ人長老たちが、公式の歴史と法律、慣習、宗教的行事を編纂し、宗教的行為に絡めて民族的アイデンティティをつくり出すと同時に、ある部分民族的アイデンティティそのものを宗教にしてしまったのである。この創作こそ、今日に至るまで、ユダヤ人のアイデンティティとユダヤ人の宗教の大きな特徴となっている。

【コラム】聖書（旧約）

聖書は古代ヘブライ語による書物の集大成である。長年の研究にもかかわらず、現在に至るまでいつ、いかなる方法でこの書物が選ばれ、現在の権威ある形に編まれたのか正確にはわかっていない。わかっているのは、紀元一世紀には今日聖書に含まれている書物はすでに宗教的な聖典と見なされていたことである。ヘブライ語では聖書はMiqra（朗誦するものの意）あるいはKitve haqodesh（聖なる書物）と呼ばれており、またユダヤの伝統によって三つに分けられた部分の頭文字を取って、Tanakh（タナッハ）と呼ばれることもある。この三つの部分とは、「律法」（モーセ五書ともいう）「預言書」「諸書」（聖文集ともいう）である。

「律法」にはアブラハムのカナンの地への移住からモーセの死に至るまでのイスラエル人の物語が述べられており、話の中核は、エジプトに住み着いたイスラエル人が奴隷にされ、そこから逃れ、四十年間砂漠をさまよい、最後にヨルダン川を渡って約束の地に到達する様子を描いている。物語はまた、その地においてイスラエル人の生活を律する約束事、すなわち十戒と、後にユダヤ教の戒律の基礎となる無数の生活および信仰上の規則を盛り込んだものになっている。同様に、イスラエル王国時代に人々の宗教活動の主要な行為であった供物を捧げる儀式についても詳しく述べている。

「預言書」は二つの部分からなっている。最初の四つの書は律法の続きの話になっており、イスラエル人がヨシュアの指導の下にカナンの地に入るところから、士師の時代を経て、サウルによる専制制度の確立、ダビデとソロモンの時代、王国の分割、最初の神殿の破壊、そして紀元前五八七年の独立の終焉までを描いている。残りの預言を収めた書はイスラエルのいわば野にある宗教的指導者のスピーチを集めたもので、紀元前七世紀以降の数々の指導者たちが民衆や王に対して宗教的義務や政治的出来事の宗教的意味を説いている。これらの預言者の中で最も有名なのはイザヤ、エレミヤ、ホセア、アモス、エゼキエルなどである。後の時代の預言者たち（ハガイ、ゼカリヤ、マラキ）の説教は、バビロニア脱出後ユダヤに帰還した初期の時代のものである。

第三の部分はその他諸々の書物からなっているが、主としてペルシア時代のものである。最初に詩篇から始まっているが、百五十編の宗教的な詩は神殿での儀式の時に歌われたものと思われる。箴言は宗教的、道徳的行いに関する格言集であり、ヨブ記は大きな苦しみにじっと耐え、最後に報われる人物を主人公にした詩である。その後に〝巻物〟として知られる五巻の短い書物がくる。愛の詩（雅歌）、エルサレムの荒廃を悲しんだ挽歌（哀歌）、人生の意味に関する瞑想（伝道の書）、ダビデ王の曾祖母の物語（ルツ記）、ペルシアのユダヤ人を根絶しようとしたペルシア宮廷における陰謀を描いた物語（エステル記）の五つである。ダニエル書はバビロン捕囚期における信仰の勝利を描き、エズラ記、ネヘミヤ記は復興の話であり、歴代誌はユダーヤの王たちの物語の要約である。

ユダヤと呼ばれる土地そのものは、エルサレム周辺の狭い範囲にすぎない。この地において、シェシュバツァルとやはりユダヤ王家の末裔にあたるゼルバベルが王家の権威をもって帰国者たちを指導し、崩壊した寺院の再建を試みた。しかしながら、この試みは大きく成功したとは言い難い。というのは、ユダヤ人は貧困や打ち続く飢饉と戦わなければならなかったからである。政治的には、ユダヤはペルシア帝国内の大きな州サマリアに属し、いわばサマリア総督からその一部を分けてもらっているかたちになっていたが、独立の動きはサマリア総督から厳しく抑えられていた。紀元前五一五年に寺院が再興されたが、その姿はとてもかつてのソロモンの寺院の偉容と比べるべくもなく（当時はまだソロモン寺院を覚えている人間もいた）、サマリアのヤハウェ信仰を持つ人たちの尊敬も得ることができなかった。また、エルサレムの要塞はいまだ崩壊したままであった。

エルサレムの壁の再建は試みられてはいたが、このプロジェクトは、紀元前四四五年から四三三年頃までとその後わずかの間ユダヤ地方を統治したアルタクセルクセス一世に仕えたネヘミヤによって進められるまで、完成することはなかった。ネヘミヤは優れた強い意志を持った指導者で、自ら回顧録を残しており、その内容は聖書の中に生かされている。それによると、ネヘミヤは壁の再建にあたり、ペルシア帝国のサマリア総督

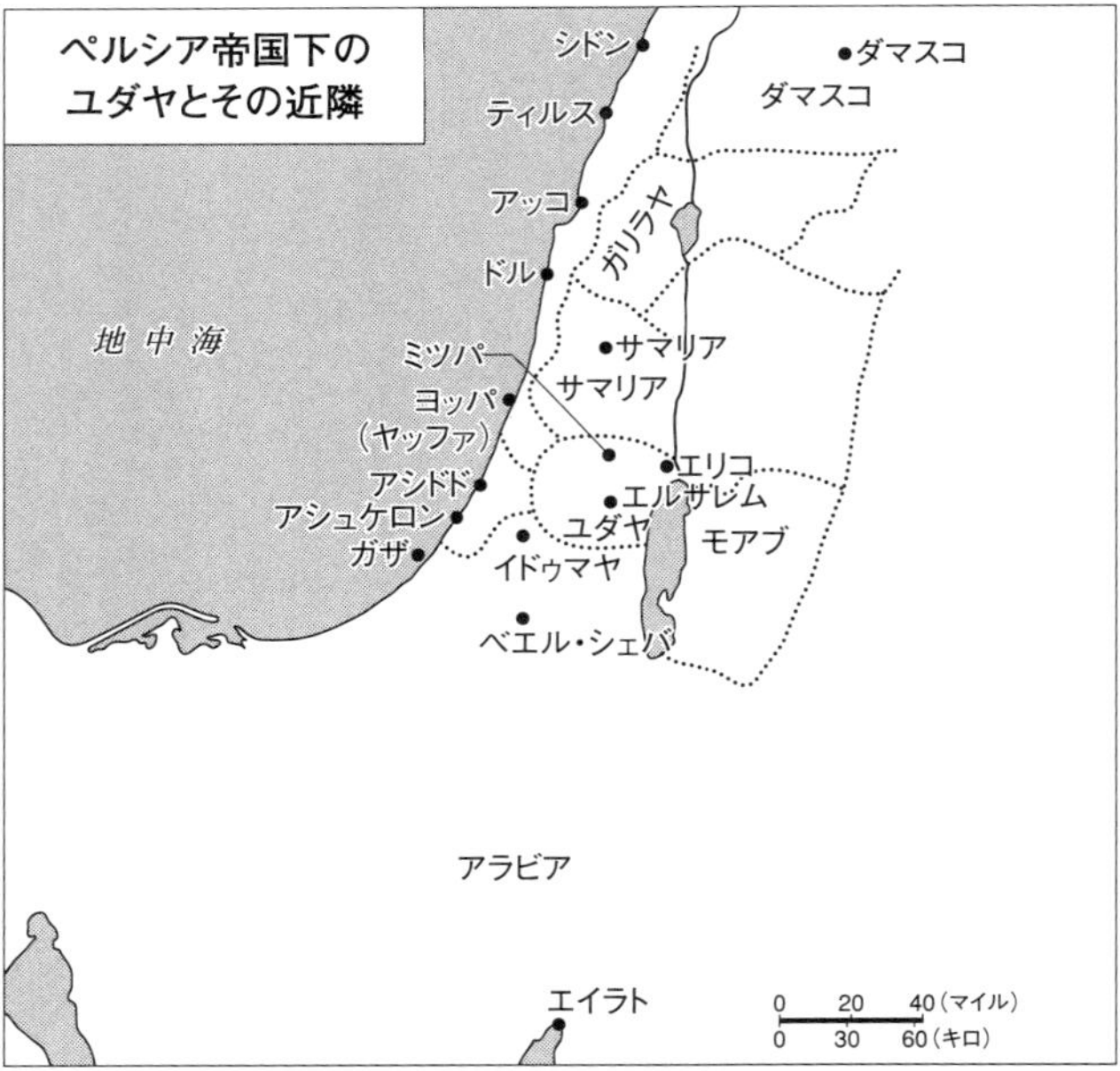

であったサンバラトの妨害を受け（彼はネヘミヤを暗殺しようとまでした）、またトランスヨルダンの総督であったトビヤの反対にも遭っている。ネヘミヤはいったんペルシアに帰り、その後再度エルサレムを訪れているが、そのときは同地における宗教組織の確立に力を注いだ。

　紀元前五世紀後半頃に、おそらくネヘミヤが指導していた時期と重なると思われるが、もう一人のユダヤ人官吏がペルシア皇帝の命令を受けてバビロニアからエルサレムに到着した。その命令とはトーラーをその地の法として確立することであった。聖書の中のエズラ記とネヘミヤ記は、エズラの任務と、トーラーが初めて公衆の前で正式に読みあげられペルシア皇帝の権威のもとに公布される感動的な儀式の様子を、アラム語で記録している。これはユダヤ人の歴史における最も重要な出来事であり、トーラーがシナゴーグで読みあげられるたびに再現される儀式でもある。

エジプトのエレファンティンで行われている宗教的行為に関し、ユダヤ人指導者たちは規制しようとはしたが、その存在が申命記で定めた掟に反するにもかかわらず、寺院そのものの閉鎖にまでは至らなかったようである（第一章参照）。そして、紀元前四一〇年にエジプトの一部の部隊がペルシアの支配に対し反乱を起こすまで――このときユダヤ人守備隊はペルシアに忠誠を保った――一定の役割を果たした。この反乱のときには、雄羊の頭を持つ神クムヌを崇拝するエジプトの神殿の僧侶たちがユダヤの神殿の破壊に立ち上がった。これは、ユダヤの神殿が動物の生け贄を捧げることに対し、彼らが常日頃反感を持っていたためである。反乱を鎮圧するにあたり、その壮大な建造物としての重要性に鑑み、ペルシアの指導者たちはエレファンティンの神殿の再建を認めたが、ユダヤとエジプト双方への気遣いから、動物の生け贄を禁止し、供物は農作物に限るとした。こうして、神殿は再建されたが、結局エレファンティンのユダヤ人社会は紀元前四世紀初めには消滅した。

ペルシア帝国後半期におけるユダヤ人社会の様子は歴史家にとっても不明な点が多い。

神官とペルシア帝国に任命された統治者による、一種の神権政治が行われていたということ以上のことははっきりしない。次に歴史の舞台にはっきりとした形で現れるのは、ネヘミヤから約一世紀後のアレクサンダー大王の登場の際である。そして、この出来事はユダヤ人の運命を大きく変えることになるのである。

アレクサンダー大王が初めてペルシア帝国を攻撃したのは紀元前三三四年であった。十一年後、彼が三十三歳で死んだとき、ユダヤ、エジプトを含む旧ペルシア帝国の領土はすべて彼の支配下にあった。そしてユダヤ人のディアスポラもほとんどその中に含まれており、いずれもギリシア文化の影響を強く受けることになった。ユダヤ人たちはこの後何世紀にもわたり、この文化に魅惑されながらも反感を感じるという複雑な状況のもとで過ごすことになるが、たとえどんなに忌み嫌ったとしてもその影響を逃れることはできなかった。そして、より文明論的に言えば、ここに西洋文明における永遠のテーマの一つである、ユダヤ文化（ヘブライズム）とヘレニズム文化の相克が始まったのである。

アレクサンダー支配下において、サマリアの都市は反乱を試みたが鎮圧され、その報復としてマケドニアの植民地になり、多数のマケドニア人が移住してきた。元からの住人は（彼らの中心は古代北イスラエル王国の住人の子孫と、紀元前八世紀にアッシリアによって移住させられた人々であった）、新しくマケドニアから移住してきた異教徒たちとの宗教的違いをはっきりさせるため、シケム（現在のナブルス）にヤハウェ崇拝者たちの聖域をつくった。この宗教的コミュニティの住人はその後サマリア人として知られるようになり、数は著しく減ったものの存在し続けた。新約聖書の中の「善きサマリア人」の話は、三世紀後に彼らがユダヤ人とどのように反目しあっていたかを示すものである。

アレクサンダー大王の死後、彼の築いた帝国は将軍たちによって分割されたが、それに伴いユダヤ人も二つの区域に分かれて住むことになった。セレウコスは、イラン東部、メソポタミア、シリアを手中に収め、セレウコス朝を開いたが、バビロニアのディアスポラ社会がこれに属した。プトレマイオスはプトレマイオス朝を開き紀元前三〇年までエジプトを治めたが、そこにはエジプトのディアスポラ社会が含まれた。セレシリアとして知られるユダヤ地域を含む地中海東岸は、古代イスラエル王国の時代と同様にメソポタミア勢力とエジプト勢力が覇権を争う場となった。紀元前三〇一年にエジプト勢がメソポタミア勢に対して勝利を収めた結果、プトレマイオス朝エジプトがまずこの地域を治めることになった。プトレマイオス朝エジプトはユダヤ人に対して干渉することを控え、ユダヤ人が神官と長老たちによる神政政治を行うことを認めた。この間、エジプトにおけるユダヤ人社会は急速な発展を遂げ、特に新しく築かれた都市アレクサンドリアはユダヤ人社会の一大中心地となった。さらに特筆すべきは、エレファンティンの守備隊の伝統を引き継ぎ、ユダヤ人が傭兵として重要な役割を果たしたことであった。彼らはすっかりギリシア化していたので、法律的にはギリシア人として扱われていた。このことは、彼らが階級的には被支配階級であるエジプト人の上に立つことを意味してい

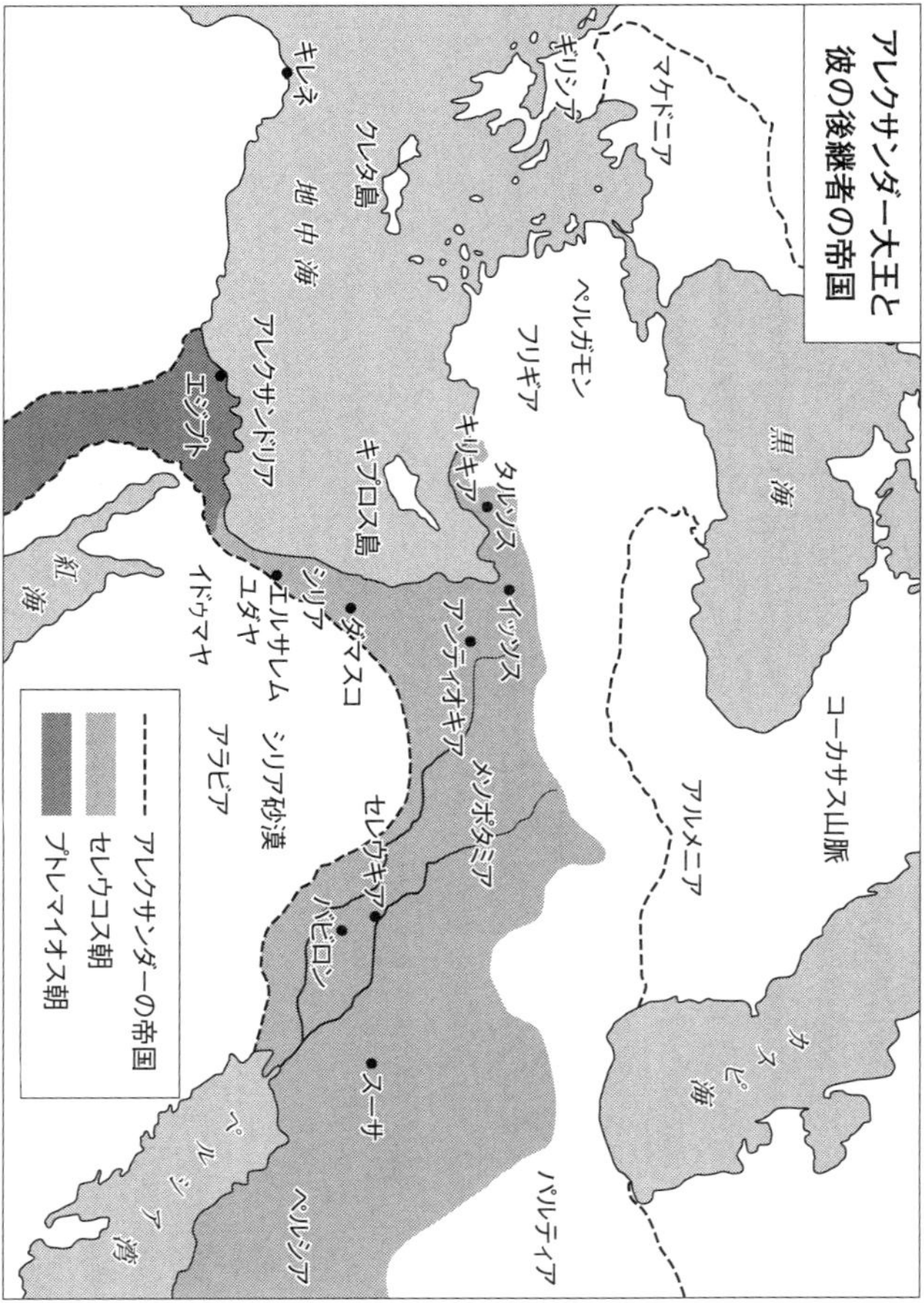
アレクサンダー大王と
彼の後継者の帝国
マケドニア
ギリシア
キレネ
クレタ島
地中海
ペルガモン
フリギア
黒海
コーカサス山脈
アルメニア
カスピ海
アレクサンドリア
エジプト
キリキア
タルソス
キプロス島
イッソス
アンティオキア
紅海
イドゥマヤ
ユダヤ
エルサレム
シリア
ダマスコ
アラビア
シリア砂漠
メソポタミア
セレウキア
バビロン
スーサ
パルティア
ペルシア
ペルシア湾
アレクサンダーの帝国
セレウコス朝
プトレマイオス朝

た。この時期、トーラーがギリシア語に翻訳されたのはこうしたギリシア化したユダヤ人のためであった。おそらく、紀元前三世紀後半にはこの地域のユダヤ人はパレスチナのユダヤ人よりも多かったと思われる。

紀元前一九八年、セレウコス朝の統治者アンティオコス三世（大王）がプトレマイオス朝をアジアから駆逐したとき、パレスチナはセレウコス朝の支配下に入った。アンティオコス三世はユダヤ人に対し半ば自治的な状態を認めた。しかし、彼の二代後の継承者アンティオコス四世エピファネスの時代にユダヤ人とギリシア人支配者との間の蜜月関係は終わった。セレウコス朝にとって何よりも大きな問題はローマの勢力拡大で、すでにアンティオコス三世のときにローマに手痛い敗北を喫していた。軍資金の必要性から、セレウコス朝の統治者は、支配下の民族の神殿や寺院から略奪を始めた。神殿や寺院には儀式に使うための貴金属でつくられた用具や装飾があり、またその場所は神聖なところと認められていたため、公の、あるいは個人的な金庫の役割も果たしていた。こうして、ユダヤ人の神殿は、セレウコス朝の統治者の目には、まさに宝の山と映ったのである。

しかし、アンティオコス四世とユダヤ人の間の摩擦は、単にエルサレムの神殿の財宝をめぐるものに終わらなかった。アンティオコス四世は、支配下の民族を、中東における新しい国際的なヘレニズム文化の下で統一的に治めることを望んだのである。それらは、ギリシア語、ギリシア風衣装、ギリシア的宗教行為、哲学と肉体的訓練を含む教育プログラムからなっていた。ユダヤ人の間では、アレクサンダーの支配以後、身近になったこれらのヘレニズム文化に対しては、二通りの反応があった。貴族階級の多くは──これには神政政治で支配者階級を構成していた祭司たちも含まれるが──ヘレニズム文化を個人的生活のレベルまで取り入れていた。中には、国家の宗教と文化の現代化を進めるのに熱心なあまり、神殿の儀式をギリシア風に改めるとともに、ギリシア人の感覚からすれば原始的とも思えるトーラーの法を廃棄することを主張する者も現れた。これらの貴族階級に属するユダヤ人は、改革に反対するユダヤ人に対し、アンティオコス四世と同様の立場を採った。

ヨシュアあるいはヤソンという名前の一人のユダヤ人の祭司が（当時の上流階級のユダヤ人はヘブライ風とギリシア風の二つの名前を持っていた。それは、ちょうど現在アメリカに住む多くのユダヤ人がヘブライ風と英語風の二つの名前を持っているのとよく似ている）、アンティオコス四世に対し賄賂を差し出し、自分を大祭司に任命してくれるなら国家をギリシア風につくり替えることを約束すると言った。この動きに対し、正統な大祭司は逃亡を試みたが、暗殺され、彼の息子がエジプトに亡命し、レオントポリスに神殿を建設した。この神殿はその後何世紀にもわたって、生け贄を捧げるユダヤ的な礼拝を守り続け、その点からも重要な場所となった。

ヤソンはエルサレムにジムナジウム（訓練場）を導入した。このギリシア的な施設においては、神を讃える目的で各種のゲームが裸で行われた（ジムナジウムはギリシア語の裸という言葉から来ている）。ゲームの持つ宗教的性格は全くヤハウェ信仰と相容れないものであったし、さらにジムナジウムではユダヤ教伝統の割礼の習慣がいやでも目を引くことになった。粗野あるいは旧弊と見られることを嫌った多くのユダヤ人は、割礼をやめたり、中にはわざわざ手術をして元に戻す者まで現れた。こうして、ジムナジウムの導入はエルサレムをギリシア化する第一歩となった。

　ヤソンを引き継いだメネラオスは、神殿の什器を売り払い、さらには紀元前一六九年にアンティオコス四世が神殿を略奪した時、その正面に飾られた金の葉を剝ぎ取るのを手助けすることまでした。しかし、その頃には民衆の間ではギリシア風のやり方に染まった人間に対する反感が強まり、またセレウコス朝の統治に対しても強く反発し始めた。この反発を鎮めるため、アンティオコス四世は市の一部分を破壊し、市民の一部を殺害し、市の壁を取り壊した。そしてアクラとして知られる要塞を神殿の近くに築き、そこにセレウコス朝の守備隊を駐屯させた。この要塞は、その後二十五年間にわたり、ユダヤ人にとってギリシアに対する憎しみの象徴となった。アンティオコス四世はまた、ギリシア化を強引に推し進めた。ペルシア王アルタクセルクセス一世によってユダヤの法として施行されたトーラーを廃止し、その文書も破棄した。またユダヤ教独特の割礼、安息日、祝祭などは禁止された。国中に異教の祭壇が設けられ、人々は新しい法と宗教に従順である証として、豚肉を食べることを強制された。紀元前一六七年十二月、ユダヤの神殿は正式に異教の神殿に衣替えされ、祭壇には豚肉が捧げ物として祀られた。アンティオコス四世はまた、自らを神として崇めることを要求した。王を崇拝する行為はアレクサンダーにより始められ、近東のギリシア支配下の国々では必ずしも奇妙な習慣ではなかったが、一神教のユダヤ人にとってはそのこと自体が異常な行いであり、彼らはほどなく彼の称号であるエピファネス（神の表れ）をもじって、エピマネス（狂った人）と呼ぶようになった。

アンティオコスの採った政策はユダヤ人の歴史を貫く重要なテーマの一つ――ユダヤ教とは迫害される宗教であるという概念――の始まりでもあった。このときまでは、たとえどんな不幸が身に降りかかっても、それは南や東の巨大勢力に脅かされてきた小国の運命であるという、純粋に政治的な観点から考えられてきた。また宗教も、近隣の異教と大きく異なってはいたが、それは単に文化の違いであり、それゆえに攻撃されるというようなことはありえなかった。ところが、アンティオコスの採った政策はユダヤ人国家を対象にするというよりも（国家そのものはその統治の初期にすでに支配下に置いてしまっていた）、ユダヤ人の宗教や文化を対象にしており、自ら治める他の地域の宗教や文化と調和させようとする意思の表れでもあった。同じように考えた多くのユダヤ人がいたことも事実であるが、結果的にはこの政策が最初のユダヤ人殉教者を生み出し、各地で反乱を引き起こし、この地域の情勢を不安定なものにすることとなった。

反乱はまず、モディンという村の祭司マタティア・ハスモン（その出自についてはよくわからないところがある）に率いられて起こった。彼と彼の五人の息子はセレウコス朝の部隊を繰り返しゲリラ的に襲い、また異教の祭壇を破壊した。マタティアの死後は、ユダ・マカベア（ハンマーの意味）として知られる、彼の三番目の息子ユダが後を継いだ。彼はセレウコス朝との戦いで相次いで勝利を収めたため、彼に同調する反乱勢力もかつてないほど膨れ上がった。そして、紀元前一六四年十二月にはとうとうエルサレムに入城し、憎しみのアクラ要塞を包囲するに至った。彼は汚された神殿を清め、祭壇を再興し、ヤハウェに感謝を捧げた。この出来事を記念して、ハヌカの祭り（神殿を清める祭り）が始まり、いまでもユダヤ社会では重要な行事となっている。ただ、こうした状況においても、ユダヤがセレウコス朝から完全に独立を果たしたわけではなかった。

紀元前一六二年、アンティオコスの後継者は公式に彼の政策を放棄し、トーラーをユダヤの法として復活させ、アルキムスを大祭司に任命した。この処置はギリシア主義者の勢いを抑え、ユダ・マカベアの反乱を終わらせるはずであった。しかし、ユダは、アルキムスがアンティオコスの迫害の時代に採った妥協的な態度を指弾して、彼の任命に反対した。そして、再び戦いを挑んだが、今回の敵は異教徒ではなく、アルキムスを支持するユダヤ人、その多くはかつてともにアンティオコスの軍隊と戦った人々であった。新しいセレウコス朝の王デメトリオス一世はニケノルという将軍を送りユダと戦わせたが、ユダはこれを破り、紀元前一六一年に再びエルサレムに入城した。この戦いの結果、ユダは事実上国の統治者となった。セレウコス朝の力が次第に衰えていくなか、他のセレウコス朝支配下の小国の長と同様に、ユダはローマに対し支援を求めた。これに対し、ローマの元老院はユダヤ人国家の独立を保証した。こうして、紀元前五八七年のバビロニアによるユダ王国征服以来初めて、ユダヤ人は独立した国家の建設を認められることになった。しかし、この決定は同時に、ユダヤ人社会に対するローマの不吉な介入のきっかけとなるものでもあった。

ユダは紀元前一六〇年に殺され、その後を彼の兄弟のヨナタンが継いだ。ヨナタンは八年後にはセレウコス朝のデメトリオス一世の対抗者から、デメトリオス一世に反旗をひるがえすことを条件に大祭司に任命された。この任命はマカベア家（ハスモン家と同じ）の支配の性格を根本的に変えるものであった。彼らの反乱はもともとセレウコス朝とユダヤ人上流階級のギリシア主義者に対する反感から始まったものであったにもかかわらず、いまやヨナタンはセレウコス朝によって任命され、他の同様な立場にある小領主と同じように、セレウコス朝の内部の権力闘争を絶えずうかがいながら自らの地位を守ることになった。ヨナタンの後は、やはり兄弟のシモンが後を継いだ。彼はセレウコス朝に対する朝貢をやめ、アクラの要塞を解放した。紀元前一四二年、シモンは国の有力者たちによって大祭司に任命されるとともに、正式に国の支配者としても認定された。こうして、紀元前三七年まで続く王朝が成立したが、これがハスモン王朝である。

ハスモン家の繁栄はセレウコス朝が次第に衰退していくなか、その存在がローマにとって有益な間は続くことになる。その頂点はヨハネ・ヒルカノス（在位紀元前一三四～一〇四年）、アリストブロス一世（在位紀元前一〇四～一〇三年）、アレクサンドロス・ヤンナイ（在位紀元前一〇三〜七六年）の時であった。ヨハネ・ヒルカノスは、その領土を北に向かってはガリラヤの地に広げ、サマリア人の神殿を破壊し、南に向かってはイドゥマヤ（ほぼ現在のネゲブにあたる）を占領し、イドゥマヤ人のユダヤ化を図った。アリストブロスは、従来の大祭司の称号に加えて、王の称号を名乗った。そして、ヤンナイは地中海沿岸地帯を征服しその領土をトランスヨルダンにまで広げた。こうした三代にわたる統治の間に、ハスモン家の性格は元来のギリシア主義者に反対する祭司の家系から、ギリシア主義的な専制君主へと変わっていった。

こうした変化に対して、神殿はハスモン家の大祭司により汚されたと考え、社会から隠遁して生活する人たちも現れた。こうした宗教的グループは国中にいくつか見られたが、最も有名なのが紀元前二世紀頃から死海のそばの荒野に修道院のような組織をつくって生活をしていたエッセネ派である。一九四七年に発見され、いまだもって完全には公開あるいは解読されていない死海文書は、このエッセネ派の文書庫のものであるとするのが、現在多くの学者の意見である。

またハスモン家の統治に対し、時に強力に反対したのがファリサイ派の人たちである。彼らはもともと祭司出身ではないが、ユダヤ教の儀式を厳密に行うことを主張する人たちで、そのためしばしば時の支配階級と衝突することがあった。彼らの指導者は、祭司のような宗教的役職を占めることを求めず、トーラーの補足的な役割を果たすとされた口伝によるトーラーに基づいて、宗教的な法や知識そのものを重要視することを主張した。彼らはさらに、個々のユダヤ人は、祭司が自分たちの代わりに犠牲を捧げ宗教的義務を果たすことでよしとせずに、それがいかに複雑で詳細なものであっても自ら細心の注意を払って神の法を守ることを強調した。紀元前一世紀頃には、祭司や貴族たちの中にもこれに対する同調者が現れていた。ヨハネ・ヒルカノスやアレクサンドロス・ヤンナイは彼らの動きを鎮めるため、時には力にも訴えたが、ヤンナイの妻であり王位を引き継いだシュロムツィオン・アレクサンドラ女王（在位紀元前七六〜六七年）は、ファリサイ派の影響を受けており、彼女の治世下においてはファリサイ派はますます強力になった。現在のユダヤ教の主流とも言える、律法に基づくユダヤ教の核心はこのファリサイ派から発展したものであると信じる宗教学者もいる。

この時代にはまたサドカイ派と呼ばれるグループがいたことが知られているが、彼らについてはその詳細な実態はよく分かっていない。ただ、彼らは主に国際派あるいは貴族的な祭司たちからなり、エッセネ派、ファリサイ派の対極に位置するような存在であったと考えられている。

【コラム】死海文書

一九四七年初め、死海の西に位置する洞窟の中から多数の写本と写本の断片が発見された。これらの断片のあるものは聖書の中の書物と他のすでに知られていた古代文書であり、その他のものは公式にはまだ知られていない文書の一部であった。大部分は羊皮紙かあるいはパピルスにヘブライ語で書かれており、わずかのものがアラム語とギリシア語で書かれていた。大部分がローマに対する戦争（紀元六六〜七〇年）以前に書かれたもののように思われる。これほど昔のヘブライ語の文献が大量に発見されたことはなく、またこれまでに知られていなかった文献が多数含まれていたことから、この死海文書は後期第二神殿時代のユダヤ教を理解するためのきわめて重大な資料として一躍脚光を浴びることになった。

最も多数の死海文書が発見されたのは、死海の北西の角にあるクムランの洞窟群の中からであった。一部の学者は異議を唱えているが、現在ではこのクムランの洞窟から発見された文書は、ユダヤ陥落に先立ってこの地域に住んでいた宗教集団が文書庫としてあるいはローマとの戦争の被害を避けるためにこの場所に保管したものと一般に考えられている。その宗教集団としてはエッセネ派と考える説が有力である。この集団の規則や信仰は「宗規要覧」「ダマスコ文書」「感謝の詩篇」「光の子らと闇の子らの戦いの規則書」らに詳しい。これらの文書から分かることは、この集団のメンバーはエルサレムの祭司たちを強奪者と見なし、ハスモン朝の王たちを激しく非難していたことである。一方、初期の大祭司の家系、特に殉教したミステリアスな高潔の師を強く崇拝していた。彼らはまた彼らに律法の正しい解釈を教える啓示を得たとし、自分たちだけの宗教行事を行っていた。さらに、自分たち

（光の子）と敵対する勢力（闇の子）の間には恐るべき内戦が迫っており、その結果自分たちが勝利を収め、復興することを主張している。もし彼らが本当にエッセネ派だとしたら、彼らは外部から孤立した状態で集団生活を送り、財産を共有し、純粋さを何よりも尊び、自分たち以外を堕落した存在と見なす人たちであったことになる。中には結婚しない人もいた。彼らのこういった教条は初期のキリスト教の教えと一部共通したものもあった。

死海文書はもともと不完全なものであったが、さらに研究者たちの間の競争がこれに加わり、全体の公刊と研究を非常に難しくまた時間のかかるものにしたことが知られている。ただ、この遅ればかりが注目された結果、実際にはかなりの部分がすでに一九五〇年代から英訳されて公開されていることを見落としがちである。なおその他の文書も大部分は暫定的な形ではあるが公刊されている。

ところで、ローマ人はユダ・マカベアの頃から常にユダヤ社会の政治の黒幕として動いてきた。そして、シュロムツィオンの死後、王朝が混乱したときには、直接介入してきた。ポンペイウスはその輝かしい近東遠征の途上、エルサレムを占領し、ヒルカノス二世（在位紀元前六三～四〇年）を退位させ（大祭司の称号は残し、名目上の国家の統治者とした）、その領土を削減した。紀元前三七年には、ローマはハスモン王朝を廃止し、同地域を再組織するとともに、ヘロデ（在位紀元前三七～四年）をユダヤの王とした。

ヘロデの統治はユダヤの歴史において、興味深い転換点となった。というのは、彼自身はユダヤ人の血を引いていなかったからである。彼の先祖は、ユダヤの南方に住みヨハネ・ヒルカノスに征服されたイドゥマヤ人（エドム人）であり、ヘロデの父はハスモン家の下で総督を務め、ユリウス・カエサルによってユダヤ州の統治者に任命された。ヘロデはその出自から大祭司に任命されたことはなく、ファリサイ派からはけっして正統な統治者とは認められなかった。そのため、ファリサイ派との間には常に緊張関係があった。ヘロデは、ローマの利益に対しては常に忠実であり、臣下の歓心を買うためユダヤの文化や宗教に敬意を払うふりをしたが、実際はギリシア主義者であった。歴代のローマの将軍や皇帝たちは、ヘロデの無慈悲な策士ぶりと、巧みな外交官としての能力、それに豪放な性格を高く評価したため、長い間彼は統治を続けることができた。

ヘロデの生涯はローマの歴史において決定的に重要なある出来事と交差している。すなわち、アントニウスとオクタビアヌスの争いである。ヘロデはアントニウスを支持していた。しかし、エジプトのプトレマイオス朝の女王であり、アントニウスの愛人でもあったクレオパトラは、アントニウスのヘロデに対する信頼をなくすための陰謀を企て、ヘロデの手からパレスチナをもぎ取って自分のものにしようとした。そのため、オクタビアヌスが紀元前三一年のアクティウムの戦いにおいてアントニウスとクレオパトラの連合軍を破って、古代ローマの初代皇帝アウグストゥスとなったとき、ヘロデはかつてアントニウスの側にいたにもかかわらず、アウグストゥスの歓心を買い、自分の有能さを売り込むことができた。皇帝アウグストゥス（在位紀元前二七〜紀元一四年）は、ヘロデがいわば東方の小ローマにおいて権勢を振るうことを許した。ヘロデの支配する地域はこのとき、ヨハネ・ヒルカノスやヤンナイの時代に匹敵するまでになり、その地域には多数の非ユダヤ人が住んでいた。ヘロデは、自分の思うままに支配体制をつくり上げた。まず、サンヘドリン（ユダヤ最高の審議機関である長老の議会）の力を制限し、大祭司の任期期間を短縮し、さらに自分個人に忠誠を誓う外国人傭兵を雇い入れた。

ヘロデとその政権は繁栄を続けた。ヘロデは農民の暮らしを楽にするために様々な方策を実行し、灌漑設備を拡充し、また強盗を取り締まった。また教養ある国際派の支配者として、ギリシアの詩人や学者をユダヤに招いた。彼はまた壮大な建造物、例えば水道や劇場また公共用の建物を次々につくることにより国家の威信を高めようとした。同様に彼はかつてのサマリアの地にセバスティア、地中海沿岸地域にカエサレアなどの新しい都市を建設し、さらにエルサレムのアントニア、エルサレムの南のヘロディオン、死海を見下ろす崖の上のマサダなどの要塞を築いた。そして自分自身のためには贅を尽くした宮殿を建設した。これらの数々のプロジェクトの中で最も有名なのはエルサレムの神殿の改築である。彼は完成以来すでに四世紀以上経っているかつての質素な建物に代えて、その場所に敷地を広げて目を見張るような立派な宗教建築を建立した。この民族宗教を崇拝する彼の施策は彼の反対者でさえ心を許すほどのものであったが、実際へロデがこの改築により保守的なユダヤ人の歓心を買うことをねらった可能性は否定できない。現在のエルサレム市内の「嘆きの壁」（西の壁としても知られる）はヘロデの建造したこの神殿の壁の遺跡である。

しかし、これらの業績の陰には多大の犠牲があった。病的に猜疑心の強かったヘロデは自分の地位を脅かす可能性のあったハスモン家のすべての人間を殺害したが、その中には彼の妻のマリアムネや自分の三人の子供も含まれていた。しかし、ヘロデは同時に自らの非道の行為に対する自責の念からひどい憂鬱状態に襲われることもあった。彼の宮廷は残酷さと陰謀と裏切りが渦巻いていた。それでもなお、ヘロデはユダヤの歴史を通して最も優れた、そして最も華やかな人物であることは確かで、その通称であるヘロデ大王と呼ばれるのにふさわしい人物であった。

この呼称はまた、一族の他のヘロデと区別するためにも有効である。彼らはヘロデ大王の死後、ローマによりその領地が分割された後、その一地方を治めたヘロデたちである。その中には領主ヘロデとして知られるヘロデ・アンティパスがいる。彼はガリラヤとトランスヨルダンの一部を治めたが、洗礼者ヨハネを、おそらく妻ヘロディアスと継娘サロメの要求で殺したことで知られる。

ユダヤ国とローマ帝国の関係はその後長い悪化の道をたどることになり、最終的には紀元六六年のユダヤ人の反乱に結びつく。最初の段階は紀元六年に起こったユダヤ王国の再編で、ローマ帝国の一地方として、総督と呼ばれる外国生まれの統治者によって治められることとなった。彼らの多くは無能で堕落した人物であり、ユダヤ人とローマの行政府との間の緊張は高まった。彼らの中で最もよく知られているのはポンテオ＝ピラトで、彼の統治期間中（二六～三六年）にキリストの処刑が行われた。この出来事は後のユダヤ人の歴史は言うに及ばず、その後の世界の歴史に決定的に大きな意味を持ったが、それが起こった当時はローマ統治のもたらした数々の血なまぐさい事件の一つにすぎなかった。ピラトはローマ帝国の鷲の紋章を軍団の軍旗につけることを命令したが、このことはユダヤ人の間に大きな動揺をもたらした。長年にわたるローマ総督府の行政、過酷な課税、至る所に見られるローマ軍の異教的儀式やふるまいは、ユダヤ人の間に次第に怒りを蓄積させていった。そして、その怒りは皇帝カリギュラ（在位三七～四一年）が、自らを神として敬い、金で造った自分の像をエルサレムの神殿に据えて拝むように命令したとき、まさに爆発寸前までいった。しかし、この爆発は気のふれた皇帝の突然の暗殺によってようやく回避された。

緊張状態はカリギュラの後継皇帝クラウディウスの登場によってしばらくの間緩和された。クラウディウスはヘロデ大王の孫にあたるヘロデ・アグリッパをまずユダヤ北部の統治者にし、さらにユダヤ国の王（在位四一～四四年）にした。ヘロデ・アグリッパはクラウディウスと個人的にも親しく、そのため皇帝は問題の絶えないこの国を統治するにあたってはアグリッパに対してある程度の自由裁量を認めた。アグリッパはヘロデ大王よりもユダヤ人の生活と宗教に対しより好意的であり、そのため多くの臣下から慕われた。ファリサイ派は彼を自分たちの同調者と見なしたが、他の非ユダヤ人の中でも当時はまだごく少数の勢力でしかなかったイエスを信仰する人たちからは好まれなかった。

しかしアグリッパの統治は彼の突然の死によって終わり、その後は再び総督たちによって治められることになった。彼らのやり方はローマの支配に対する反感を一層あおるものであり、緊張状態はますます高まった。シカリ党（ラテン語で短剣を意味する）と呼ばれるテロ集団が町に現れ、ローマに対する協力者と目される人々を襲った。総督の住むカエサレアの町ではギリシア人とユダヤ人の衝突が起こり、また市民とローマの兵士たちの間では絶えず小競り合いがあった。結局最後の総督になるフロルスが神殿の宝物を奪い、それを多額の金に換金しようとしたとき、いままで抑えられていた怒りがとうとう爆発した。紀元六六年に祭司たちがローマ皇帝のために犠牲を捧げることを中止したことをきっかけに反乱が始まり、瞬く間にローマ史に知られる「ユダヤ戦争」へと発展した。

この戦争は結局四年間も続いたが、その原因はひとつにはローマ人に戦争に対する準備ができていなかったこと、またひとつにはローマの将軍ヴェスパシアヌスが紀元六八年の皇帝ネロの死に伴う後継者争いに加わるため戦列を離れたことにあった。この間ユダヤの各勢力は内部で激しく争い、結局お互いの力を弱めることとなった。なかでも、熱心党と呼ばれる過激な革新派はやっかいな存在であり、彼らは貴族階級や他のグループを、戦争に対する取り組みが不十分として激しく攻撃した。紀元六九年、ヴェスパシアヌスはローマ皇帝となり、ユダヤとの戦争を息子のティトスに委ねた。ティトスは紀元七〇年にエルサレムを陥れ、その軍隊はヘロデの神殿を破壊した。他の地域の要塞の中にはその後数年持ちこたえたものもあった。中でも有名なのはシカリ党が立て籠もったマサダ要塞で、彼らは紀元七三年あるいは七四年にローマ軍の手に落ちるよりはと全員が自決した。

ヴェスパシアヌスにとってもエルサレム攻略は皇帝としての最初の大きな軍事的成功であり、盛大にその勝利を祝った。彼は記念のコインを発行し、ユダヤ人の捕虜や、神殿から持ち帰った儀式用の祭器などの戦利品をローマ市民に見せるために凱旋パレードを行い、ローマの広場には記念の凱旋門を建てた。この門の壁面にはエルサレム神殿から奪った七つに枝分かれした燭台の絵が描かれている。この凱旋門はいまでも広場の遺跡の中に見ることができる。

エジプトにおけるギリシア化したユダヤ人は、ローマによるエジプト征服（紀元前三〇年）後もその数は増え続けていた。彼らはエスナーク（行政長官）――後に元老院に取って代わられたが――と呼ばれる統治者の下である程度の自治を認められた社会を形成していた。しかし彼らの社会的立場はプトレマイオス朝のときよりも低いものであった。というのは、ローマ人はユダヤ人をギリシア人とは認めず、エジプト人の支配下にある民族と見なしていたからである。ローマ人はエジプトのユダヤ人が完全な自治と市民としての完全な権利を主張することを僭越なことと見なしていたのである。

従って、ローマの支配が確立するにつれ、エジプトのユダヤ人の地位は次第にさらに低いものとなっていった。紀元三八年に、エジプトのローマ総督フラックスは大衆をあおってユダヤ人に対して暴動を起こさせた。この暴動はフラックス自身が他の理由によって皇帝カリギュラに更迭され処刑されたことで鎮静したが、ユダヤ人の怒りは収まらずカリギュラの暗殺（紀元四一年）後に反乱を起こした。また彼らは紀元六六年にも、そしてさらにこれが最後になったが紀元一一五〜一一七年にも反乱を起こした。後者の反乱はトラヤヌス帝の治世に起こったものであり、キレネ（現在のリビア）とキプロスにおけるユダヤ人の反乱に呼応したものであった。この反乱がもたらしたものは、アレクサンドリアのユダヤ人社会に対する徹底した弾圧であり、かの有名な会堂の破壊であった。アレクサンドリアのユダヤ人社会はこの後次第に衰退していくが、イスラム教徒による征服以降も細々と長らえた。

バビロニアにおけるユダヤ人社会はパルティア帝国の下で繁栄をきわめた。パルティア帝国は紀元前二世紀半ばにセレウコス朝からイランとメソポタミアの支配を奪って成立した国家であった。ローマがパレスチナを奪った後、そのユダヤ人に対する圧政的な姿勢が明らかになるにつれ、ユダヤ人は当時のローマに対する一大勢力であったパルティアに対する忠誠心を一層強めた。パルティアもこの忠誠に応えるため、ユダヤ人を好意的に扱い、ペルシア人が認めていたような自治権を与えた。こうしてパルティアのユ

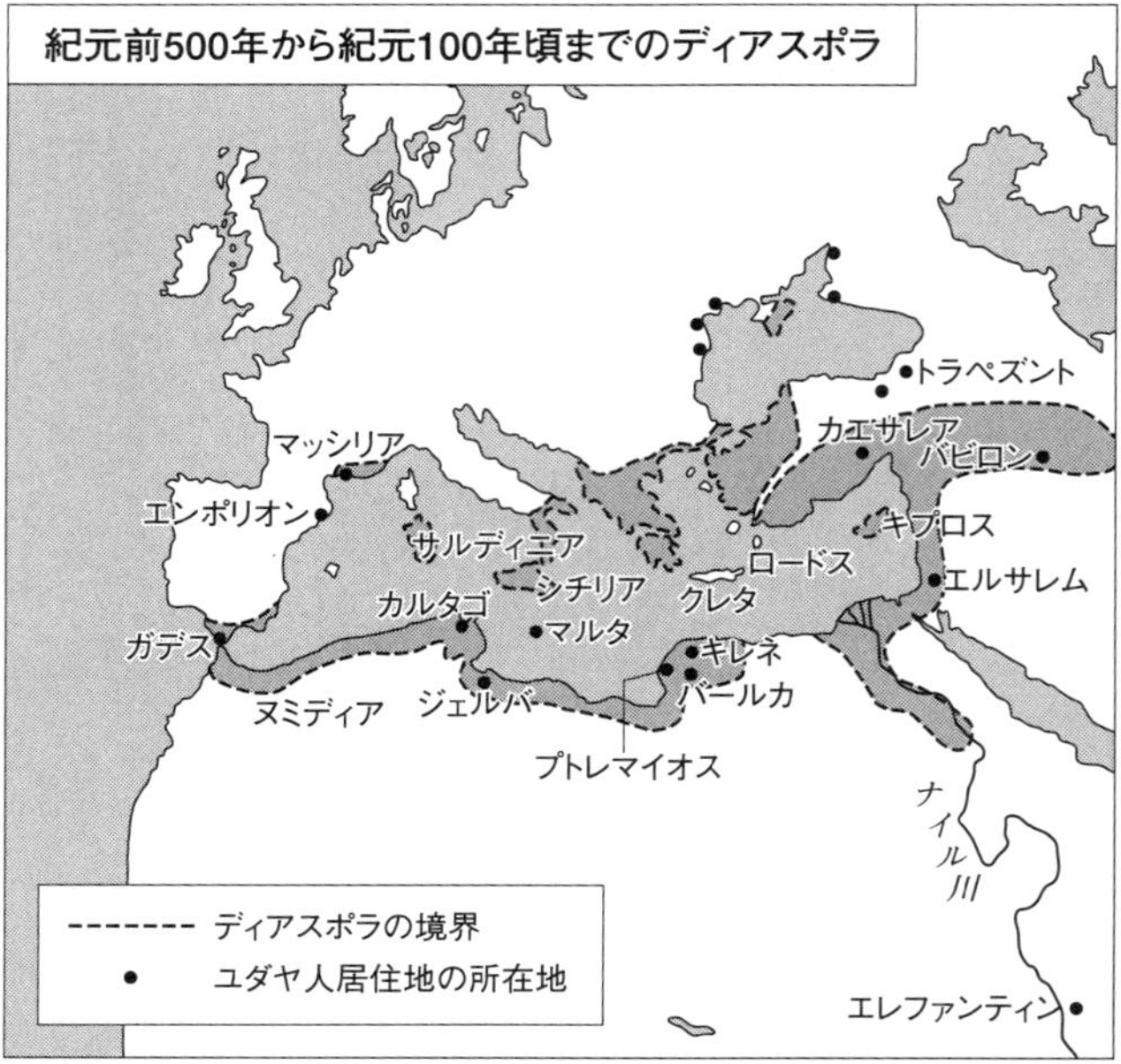

紀元前500年から紀元100年頃までのディアスポラ

ダヤ人は栄え、生活を次第に農業から都市での商業に切り換えていった。

パルティアにおけるユダヤ人の自治組織は元々エグザラークと呼ばれる世襲制の統治者によって治められており、その実態は後に至るまでよく知られていた。伝統的に、ダビデに始まるユダヤ王国の王家の子孫が代々その地位を引き継ぐことになっていた。先に述べたように、ユダヤ王ヨヤキンは紀元前五九七年に国を逃れ、晩年はバビロニアで過ごした。彼は最初は捕えられたが、その後解放され、王族としての待遇を与えられた。バビロニアのディアスポラ社会はダビデ家の子孫によって統治されることにある種の満足と誇りを感じていたのである。この組織はパルティアの時代からササン朝さらにはイスラム支配下における数世紀を生き延びて紀元十一世紀まで存在した。

紀元七〇年の段階において、ユダヤ人はすでに中東の一小国の住人という範疇を超えた存在であった。紀元前六世紀初頭においても早くもバビロニアやエジプトには重要なディアスポラ社会があり、それが紀元七〇年までには、すでに見てきたように中東全土からローマ、さらにスペインを含むヨーロッパ西部のローマ帝国の属州内にまで広がっていった。ユダヤ人は自分たちを古代イスラエル王国の子孫であると見なし、一方ローマ人も彼らをあくまでユダヤ人として他の民族と識別した。ユダヤ人は世界中から毎年半シケルをエルサレムに献金し、またユダヤ地方のユダヤ人が反乱を起こすと、これらのディアスポラのユダヤ人は、自分たちの周囲が反ユダヤ人的な動きを示すため苦しんだ。こうして、多くの点からパレスチナはユダヤ人のアイデンティティの中心となったが、同時にユダヤ教は、世界のいかなる場所においても立派に生き続ける宗教として再認識されるに至った。

第三章　ローマ帝国下のパレスチナとササン朝ペルシアのバビロニア（紀元七〇年から六三二年まで）

ローマ人が紀元七〇年にエルサレムの神殿を破壊したとき、彼らはユダヤ王国を壊滅させたり、ユダヤ人をエルサレムから完全に追放したわけではなかった。しかし、彼らの採った手段は十分に過酷なものであった。多くのユダヤ人は捕えられ、またそれを逃れるため国外に出た者も多かった。さらに、残された人々もその土地を没収され貧困にあえいだ。こうして、ユダヤの地は正式にローマの一属州となった。ユダヤ人には、かつての神殿への年間半シケルの献金の代わりに、ローマのジュピター神殿に年二ドラクマの懲罰的な意味を込めた税金を収めることが強要された。しかし、今回の追放は紀元前五八七年に見られたような庶民階級を含めた全面的な追放とは様相が異なり、主に貴族階級をその対象としていた。そのため、多くのユダヤ人の日常生活そのものは以前と同じように進んでいった。

一方、民族宗教は深刻な影響を受け、この破壊によって根本から変化したといえる。

ユダヤの宗教的中心だった神殿の喪失により、社会的宗教的指導者層を形成していた祭司職そのものの衰退をもたらした。祭司職の崩壊はやがていままでの伝統にとらわれない新しい宗教的指導者層を生み出したが、これがいわゆるラビである。ラビとは師あるいは教師の意味であるが、彼らがいまやユダヤ人の宗教的生活を再構築し、その中心を担うようになった。

ここに宗教的指導者が祭司からラビに移ったことを示すある言い伝えがある。それによると、ラビの中でも指導者的立場にあったヨハナン・ベン・ザカイはローマと戦っても勝ち目のないことを知っており、戦いに反対していた。彼はエルサレムが包囲されると自らの身体を棺桶の中に入れさせ、それを弟子に運ばせて包囲網を脱出することに成功した（ローマ兵は、死者をエルサレム郊外に葬ることを礼儀正しくも認めていた）。ヨハナンはそれからヴェスパシアヌスのもとに出かけていき、同胞の命を救うことを求めた。ヴェスパシアヌスは彼の大胆さと知恵、それに戦争に反対する態度にうたれ、ヤブネに学校をつくることを認めた。ラビの優位性はもはや明らかであった。町も、寺院を中心とする宗教も、あるいは政治的主権ももはやかつてのような重要な意味を持たなくなっていた。いま意味を持つのは、トーラーに込められた宗教的伝統であり、あるいは実質的に日々増え続けている宗教的規則である。ヨハナン・ベン・ザカイと彼の仲間たちはこうしてユダヤ教を今日にまで最も広く見られる、ラビを中心とした宗教につくり替えていった。ラビのユダヤ教はトーラーの日常的学習とそれに関連した口承による伝統を重視しており、宗教的規則の厳格な遵守を要求し、それはまた法体系とも密接に結びついていた。トーラーの学習を宗教生活の中心に据えたことにより、ラビたちは結果的に、後のユダヤ社会のすべての知的活動やユダヤ文化の基礎をこの時代に築くことになった。

シナゴーグもやはりこの時期にユダヤ人社会に欠くことのできない存在として誕生した。この〝シナゴーグ〟という言葉はギリシア語の〝集会〟から来ており、文字どおり集会の場所としてユダヤ人のいるあらゆるところに存在し、神殿の破壊以前から儀式や礼拝（特にパレスチナ以外の地域で）のために使われていた。神殿破壊以降は、公的宗教活動の中心となり、共同社会での礼拝が定期的に行われるとともに、そこで行われるトーラーの朗読と解釈は人々の宗教生活の上でますます重要な意味を持つようになった。

神殿の破壊は、こういった礼拝式の分散化を通して、宗教を個人的レベルで責任を持って遂行するというラビの意向を広めるのに貢献した。たしかに、宗教の中心的機関の破壊は取り返しのつかないほどの衝撃ではあったが、こうした広がりによって将来の復興の基盤が形成されたといってもよい。

第二章で触れた、一一五～一一七年のディアスポラのユダヤ人による反乱はユダヤ人全体には大きな影響を与えなかったが、ローマ人支配の過酷さと農民たちの貧困化はやがて第二次ユダヤ戦争をもたらした。直接のきっかけはハドリアヌス帝（統治期間一一七～一三八年）によるエルサレム再興計画であった。ハドリアヌス帝はローマ帝国の至る所で神殿や都市を再興したが（ティベリアスやセフォリスにおいても神殿を再興した）、それらはいわばローマの神ジュピターに捧げるためのものであった。かつてのユダヤ王国の首都エルサレムもアエリア・カピトリーナと称されたが、このような形で再興することはとうていユダヤ人にとっては受け入れ難いことであった。

この一三二年の反乱は六六〜六七年の反乱と比べるとずっとよく組織化されたものであった。そして、アキバのようにみんなから尊敬されていたラビたちの支援も受けていた。反乱の指導者はシメオン・バル・コジバであったが、彼はメシア（救世主）と目されていた。彼は自ら〝イスラエルの王子〟と称し、また「イスラエル救出元年」と銘打った貨幣を鋳造した。彼の名は一般にはバル・コホバとして知られているが、その意味は「星の子」であり、トーラーの語句から採ったものであった。彼は古代イスラエル王国の王あるいは軍事指導者のようにふるまった。しかし、コホバの真に堂々たる人間性と、有名なラビの支援をもってしても、勝利のためには十分とはいえなかった。一三五年に彼は殺され、彼に従っていた者はベタルとエンゲディで包囲された後掃討された。

ローマ軍は最初の反乱に対しては自制していたが、今回は情け容赦なく報復を行った。ユダヤ領内のユダヤ人を完全に追放し、代わりに非ユダヤ人を住まわせた。ユダヤ人の多くは北のガリラヤに送られたが、残りの者は奴隷として売られた。こうして売られたユダヤ人の数は膨大なものになったので、奴隷の価格が下がり、馬の値段と同じにまでなったと伝えられている。エルサレムは完全に異教徒の都市となり、ハドリアヌス帝の彫像とローマの神を祀る神殿が町の中心にあり、ユダヤ人はもちろんそれに近づくこともできなかった。割礼は違法となり、またトーラーを公の場で教えることや、ラビの叙任も禁止された。この地方の名前はユダヤから、シリア＝パレスチナに代えられたが、これはかつてのユダヤ人の敵でずっと昔に姿を消していたペリシテ人の名前から採ったものである。こうして、この地域からユダヤ人の国家と宗教をうかがわせるようなものはすべてぬぐい去られた。

これらの施策がもたらした結果は悲惨なものであった。多くの住民は避難し、シリア、小アジア、ローマ（同地においてはユダヤ人の地下墓地の跡が見られる）におけるユダヤ人の人口は増大し、スペイン、ガリア、ライン地方においてもユダヤ人の増加が見られた。その他、ローマ帝国の領土から完全に脱出しパルティア・バビロニアのユダヤ人社会に加わる者も見られた。またラビの活動の禁止は多くの殉教者を生み出すことになった。アキバのようなラビは活動を続けた結果、捕らわれ投獄されたあげく、身の毛もよだつような方法で殺された。ユダヤ人の間では、ハドリアヌス帝時代の十人の殉教者の話が有名であるが、これは当時がいかに受難の時代であったかを物語っている。ユダヤ人の言い伝えによると、ハドリアヌス帝はアンティオコス＝エピファネスやティトスと同様に悪魔のような人物として言い伝えられている。

事態が次第に落ち着くにつれて、ユダヤ教に対する締め付けもハドリアヌス帝の次の皇帝の時代には緩められ、二世紀に入るとローマとパレスチナのユダヤ人の間には一種の妥協が見られた。ユダヤ人は過激主義者をコントロールし、暴発を防ぐのと引き換えに、ユダヤ教の公認と、皇帝崇拝やローマの神に対する儀式を行うことを免れることになった。さらに後の皇帝の時代になると、割礼も認められるようになった。ただし、認められたのはユダヤ人に対してのみで、非ユダヤ人には相変わらず禁止されていた。そのため、結果的にユダヤ教に改宗することは禁止されたも同然であった（改宗はやがてはっきりと禁止された。このことが後にユダヤ教が改宗を積極的に勧めなくなった理由のひとつと考えられる）。ユダヤ人に対する二ドラクマの課税もインフレが進むにつれ負担が軽くなっていった。さらに重要なのは、ローマ帝国がユダヤ人に対して自治組織を認めたことであった。

バル・コホバの反乱が失敗した後、いまやパレスチナにおけるユダヤ人の中心地となったガリラヤにラビが召集され、審議と立法のための中心的な機関が創設された。この機関は、神殿破壊前に存在した機関と同様に「サンヘドリン」と呼ばれ、また同じように存在した総主教と呼ばれる指導者のもとで運営された。この総主教は、神殿破壊の約一世紀前に有力な存在であったヒレルの子孫であり、バビロニアにおけるエグザラークのように、ダビデ王の末裔であると噂された。ヒレルの子孫一族は神殿破壊以前からその勢力と財力を保ち、後にはヤムニアのアカデミーを拠点に力を示していた。二世紀後半になると、総主教を中心とした組織はユダヤ人の間のみならずローマ人からもユダヤ人の政治的機関として認められるようになった。彼らは立法行為や課税、司法官や行政官の任命、そして宗教行為、なかでも宗教行事の年間予定表をも決定するようになった。こうした行為が実効性を持つに従い、ローマ人はユダヤ人の自治の範囲をより広く認め

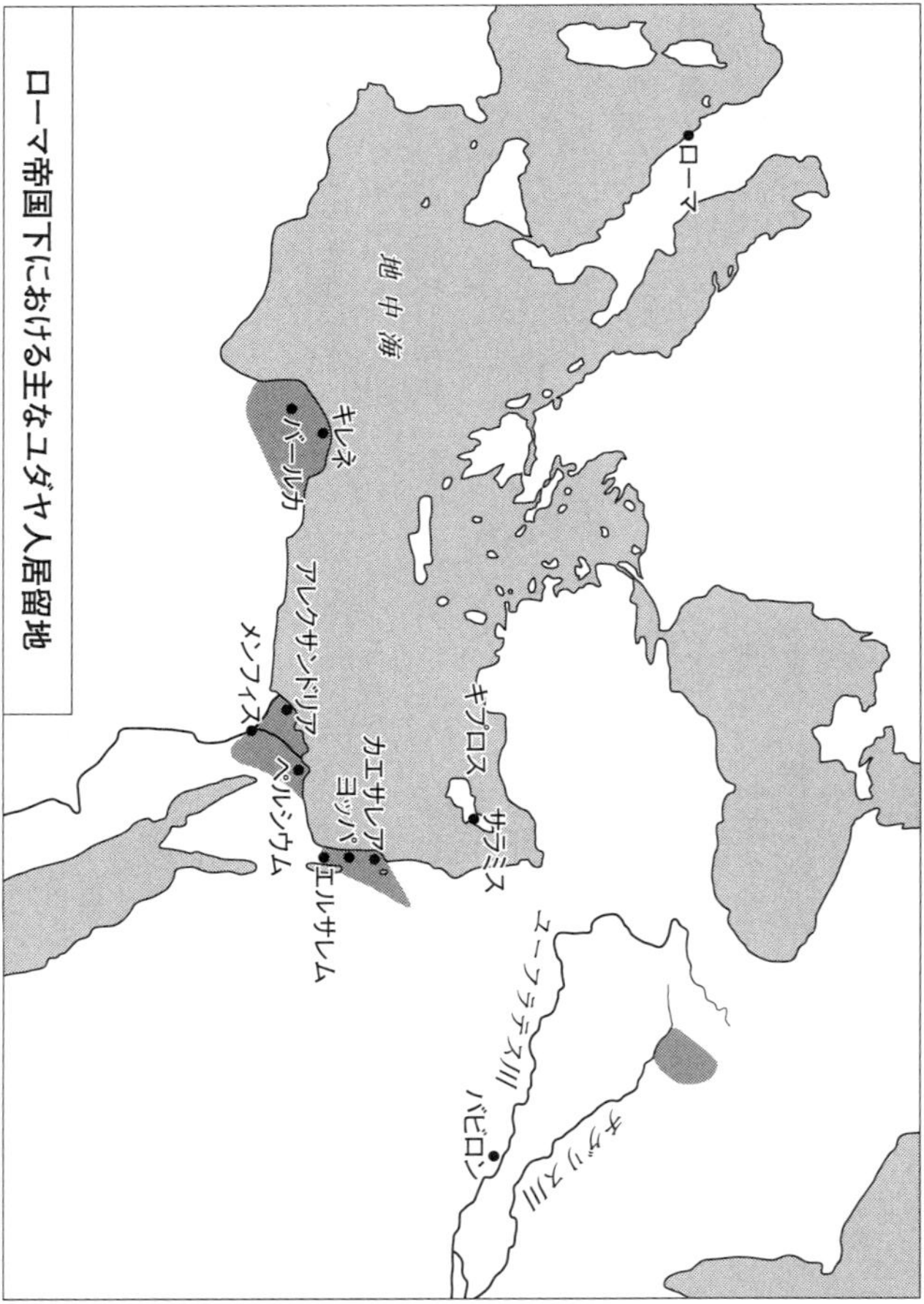

ローマ帝国下における主なユダヤ人居留地

るようになり、一方ラビたちも憎むべきローマ人に次第に歩み寄っていった。さらに時代が進むと、総主教の権限は確固たるものになり、四世紀には元老院の地位とローマ帝国内すべてのユダヤ人に対する徴税権を持つに至った。

歴史的に見れば、これはラビによる組織がユダヤ人社会および生活の中心として公式に認められた初めてであり、以降のラビを中心にしたユダヤ教が定着する大きなきっかけでもあった。そして、二世紀末に総主教ラビ＝ユダがミシュナー（口伝律法）を編纂し公布したことがこの動きを決定的なものにした。ミシュナーは当時のラビたちが受け継いでいたあらゆる分野の法規を総集成したものであった。儀式にかかわるものばかりでなく、商業行為、財産、相続、訴訟手続き、そして不法行為、さらには消滅した神殿にかかわる法規までが含まれていた。その完成以来現在まで、ミシュナーはラビの学識の基本テキストであり、行動の基本原理を教えるものであった（ただし、現代においては様々な分野におけるラビの裁判権はほとんど消滅しているが）。

ユダヤ人とローマ帝国の間には暫定協定が成立し、パレスチナのユダヤ人はローマ帝国を構成する他の少数民族とほぼ同列に扱われるようになった。そして、二一二年カラカラ帝のときに、ローマの市民権を認められた。三世紀になるとユダヤ人をめぐる様々な問題は、ユダヤ人とローマ帝国の反目よりも、むしろローマ帝国自らの経済的、政治的衰退を原因とするものが増加するようになった。パレスチナ地域も貧困化が進み、人口も次第に減少していった。

一方、この間バビロニアにおけるユダヤ人は、文化的に多様で、政治的に分権化していたパルティア人の帝国が二二六年にササン朝ペルシアに取って代わられた後、幾分かの迫害と自治の喪失があったものの、比較的平穏な時代を過ごしていた。ササン朝の新政権はゾロアスター教の布教を試み、文化的、宗教的多様性を抑えようとした。当初ユダヤ人にはローマ帝国のほうがまだましだとの思いがあったが、シャープール一世（二四一～二七二年）のときにはもうその政策は緩められ、以前の関係が戻ってきた。すなわち、ペルシア帝国の施政者は、ユダヤ人がエグザラークのもとで自治活動をすることを大幅に認め、さらに積年の宿敵であるローマ帝国に対抗するために彼らの力に頼ることもしていた。バビロニアのユダヤ人はローマの軍団に直接苦しめられることはなかったが、彼らはユダヤの地のユダヤ人に対して、同胞としての同情と歴史的同一性を強く感じていた。

三世紀初頭まで、バビロニアのユダヤ人は、エグザラークに管轄されてはいたが、パレスチナのラビを宗教的指導者と見なし、パレスチナの総主教を最高権威と考えていた。その表れのひとつが、総主教による宗教暦の決定である。宗教行事の日程は毎年、総主教が決定し、ディアスポラのユダヤ人社会に伝えられた。バビロニアの地位は、ハドリアヌス帝のときに多くのパレスチナの学者がパレスチナから避難し、バビロニアに入ったことにより高まった。しかし、バビロニアが真の意味で宗教研究の中心となったのは、三世紀に二人の高名なラビが活動したことによる。その一人はバビロニアの学者シュムエルで、彼は資産にも恵まれ、またシャープール一世とも親交を持っていた。もう一人はパレスチナのラビ、ラヴで総主教ラビ＝ユダの弟子筋にあたり、二一九年にバビロニアにやって来た。バビロニアのユダヤ人にミシュナーを紹介したのはラヴである。彼は自分の神学校をスーラに開いた。シュムエルは同じく神学校をナハルディアに開いたが、この町が破壊された後はプムバディタに移り、以降プムバディタ神学校の名前で知られるようになった。これらの神学校はやがて、衰退しつつあったパレスチナの神学校の重要なライバルとなり、またお互いが良きライバルとして十一世紀まで続き、ユダヤ知識人の活動および宗教活動の中心地として大きな役割を担った。

三世紀に確立したユダヤ人とローマ帝国の間の平穏な状態はコンスタンチヌス一世（在位三〇六〜三三七年）の時代まで続いた。彼は自らキリスト教に改宗することにより、将来キリスト教がローマの国教になる道筋を整えたが、このことによりある意味で西洋の歴史の方向を、さらにはユダヤ人の歴史をも変えた人物といえよう。ユダヤ教の一派――ユダヤ教内の一宗教運動でありユダヤ人を対象としたものであった――としての初期キリスト教は、ローマ帝国下のユダヤ人社会におけるラビの権威に挑戦するものとして、ラビの激しい反発を受けていたが、一定の成果をあげていた。しかし、ローマ帝国内のパレスチナ、シリア、小アジアなどの異教徒に目を向け、彼らの改宗を進めたところ、めざましい成功を収めることとなった。

そして、非ユダヤ人の異教徒に広めていく過程で、キリスト教自体大きな変革を遂げた。一方、ユダヤ教はこれまで述べてきたような特定の歴史（古代王国、バビロニア捕囚、復活、ローマの占領、破壊）を持つ特定の民族のための宗教としてとどまり、民族固有の願望（古代王国の復活と独立国家としての地位）に固執した。一方、キリスト教は共通の歴史や法に定められた生活よりも共通の信仰に重きをおく超国家的な社会をつくり出した。こうしてキリスト教は、指導者による民族再生というユダヤ人の考え方を、個人個人が救済を求めることによりキリストによる贖《あがな》いが得られるという考え方に転化し、ユダヤ教の大きな特徴であった儀式や慣例をほとんど捨て去った。しかし、キリスト教はその母体であるユダヤ教を含め、すべての他の宗教を排除するという、ユダヤ教の持つ一神教としての特徴を保持したため、異教徒の間に混乱を引き起こしたのも事実であった。キリスト教がいかにして西洋史上最大の帝国であるローマの宗教となったかは、それ自体大変興味のあるテーマである。ただそれはユダヤ人の歴史そのものではないのでここで詳しく述べないが、そのもたらした結果がその後のユダヤ人の歴史にも大きな影響を与えたのは事実である。

以降のユダヤ教徒とキリスト教徒の関係の基本的な部分は、キリスト教勃興からコンスタンチヌス帝時代に至るまでの間に決定した。一世紀においては、ローマ帝国の多くの市民はギリシアの神々も信じなければ、ローマの異教思想も信じなくなっていた。そして、彼らは東方の異国の宗教の中に何か彼らを導くものを見いだそうとしていた。彼らは、従来の自分たちの宗教に、例えば、ペルシアの神ミトラ、あるいはエジプトの神イシス、さらにはフリギア人の神キュベレなどの要素や形式を一部取り込んでいた。同様にユダヤ教も、正統派およびキリスト教化したものも含め、東方地域およびローマそのものの上流社会に支持者を得るようになった。しかしローマ人のなかには、苦痛を伴う割礼などの儀式を経て本格的にユダヤ教に改宗する者はほとんどおらず、安息日にランプを灯したり、シナゴーグに通ってみたり、あるいは他の宗教をのぞくようにユダヤ教の祭式を見学する者がほとんどであった。こういった人々は、〝神を恐れる人たち〟と呼ばれて、ローマの知識人の間では時に嘲笑の対象となった。しかし、中には本格的に改宗を成し遂げた例もある。最も有名なのは、メソポタミア北部の小さな王国アディアベネの例で、三六年から六〇年まで統治したその地の王はユダヤ教に改宗し、エルサレムの神殿に多くの寄進をした。

すでに使徒パウロ（六二年に死去）の手により、キリスト教はユダヤ教のような改宗のための煩瑣な手続きをいっさい廃止しており、改宗を勧める上でユダヤ教に対して非常な優位に立っていた。パウロは儀式の廃止に関しても、元来パレスチナやディアスポラのユダヤ人はイスラエルの宗教の正統な相続人の立場ではないので、それを守る必要はないと主張した。そして〝本当のイスラエル〟とは、イエスに帰依する精神のなかに存在すると説いた。こうして、パウロはユダヤ教の持つ伝統的価値を利用する傍ら、民族固有の歴史や生活様式は排除した。〝本当のイスラエル〟とは、排他的儀式と、見込みのない願望を持つユダヤ地域に住むローカルな人々ではなく、世界中に広がるキリスト教世界の人々であるとした。

キリスト教はその主張を進める上で二つの論争上のテクニックを使った。ひとつは聖書のキリスト教的解釈で、ヘブライ語の聖書をキリスト教教義の権威を高めるために使った。この方法は特にユダヤ教と論争する際に使われたが、同時にすでにユダヤ教の教義に関心を持っていた異教徒に対しても有効であった。もうひとつの方法はユダヤ教に対する告発で、ギリシア時代に存在した反ユダヤ教の論拠を拡大したものと、ローマ時代になってからローマ人異教徒により唱えられた説をその基盤にしていた。

【コラム】タルムード、ミドラシュ、ピュート

タルムード、ミドラシュ、ピュートはいずれもビザンチン帝国およびササン朝ペルシア時代のユダヤ人の知的活動の中心地で生み出された大きな学問的成果である。

タルムードは中世以来、伝統を重んじるユダヤ人にとって、最大の研究および学習の対象である。それは、法律的議論、伝承、逸話、格言などの膨大な集大成である。現代以前においては、ラビたちが儀式に関することばかりでなく、ビジネスや社会的組織に関することでも判事の役割を果たしたが、その際、タルムードの中の法律に関する議論が決定を下すための根拠となった。今日においても、正統派ユダヤ教においては、タルムードはラビ教育の最も中心的な教材であり、また神の言葉

に従い儀式を行うための文献として広く学ばれている。

タルムードは二〇〇年頃総主教ラビ＝ユダによって編纂された口伝律法であるミシュナーへの注釈書としてつくられた。実際には、二種類のタルムードが存在する。ひとつは、パレスチナ・タルムードで三八〇年頃ティベリアスで編纂され、もうひとつのバビロニア・タルムードは四九九年頃に現在のイラクで編纂された。中世になるとバビロニア・タルムードが正統的なものと認められるようになり、今日まで広く知られるようになった。このタルムードはイスラムの征服以前にイラクで使われていたアラム語で書かれており、簡潔で暗示的表現が使われているので、マスターするのに何年もかかる。伝統的ユダヤ社会では、「タルムードを解する」というのは一般の人に対する大変なほめ言葉である。この非常に重要な文献の研究を容易にするため、中世においていくつかの注釈書が書かれたが、中でも有名なのがラシとして知られるラビ、シュロモー・ベン・イツハキー（一〇四〇～一一〇五年）の手によるもので、彼は現在のフランスのトロワに住んでいた。現代版のタルムードでは、本文のすぐ傍らにこの注釈が書かれているので、これを学ぶ学生は一本の指で本文を指し、もう一本の指で注釈をたどりながら読むことができる。中世あるいは現代に書かれたその他の注釈も現在では同様に付随して刊行されている。

ミドラシュ（複数ではミドラシーム）はもともとは聖書の言葉を引用し、内容を詳述あるいは新しい方向に拡張して宗教的な考え方を表現する方法であった。これがテクニックとして宗教的考えや律法の問題を解決するために使われたのである。しかし、ミドラシュは同時に文学的ジャンルの名前にもなっている。これはミドラシュの中に本の形に編纂されているものがあるからである。タルムードの中の法解釈の議論の多くは複数のミドラシュを検討あるいは引用し、どのミドラシュがそれぞれの場合適当かを述べている。また別のミドラシュは宗教上の考え方や態度について言及しているが、これらは説話あるいは説教の典拠となっている。

ピユート（複数ではピユーティム）はシナゴーグで行われる礼拝に使うために書かれた詩である。古代の集会では、通常、散文よりも詩文の祈りの言葉が使われており、それが現代の伝統的な祈禱書に発展した。先唱者はかつては単に詩を朗唱するだけでなく、安息日や祭日の礼拝ごとに、異なった詩を朗唱することを期待されていた。これは集会に集まる者が同じ詩を耳にすることがないようにである。後になって祈禱書の内容が定まってからは、標準の祈禱書に従ってピユートは朗唱された。中世（中東社会のある地域においてはごく最近まで）においては、ピユートの創作はユダヤ人にとって最も重要な芸術的行為であった。新しいピユートを創作することは現在ではもう見られないが、既存のピユートのいくつかは現在でもシナゴーグで朗唱されている。

ユダヤ教のある部分はその古さゆえに広く尊敬されていたのは事実であるが、同時にそれに対する反発もあった。教えを説かれた異教徒は、ユダヤ人が他の人々の神や儀式を尊重しないことが理解できなかった。すべての神を認める人たちにとって、他の神をすべて否定するユダヤ人は冒瀆的で不信心者にさえ見えたのである。さらに、ユダヤ人の頑なな一神教主義がもたらす、皇帝崇拝に対する抵抗は、国家に対する忠誠心を疑わせるものであり、それはまたユダヤ人の反抗の歴史が物語ってもいた。さらに、よりはっきりとした政治的理由もあった。それは、ギリシアの都市において、ユダヤ人たちは寄りそって住むことを選び、市民権を主張しながらも、できるだけ別個の独立したひとつの共同体として活動することを望んでいた。この彼らの矛盾した願望が、第二章で取り上げたアレクサンドリアの知事フラックスとの対立、さらに三八年の反乱の背景にあることを私たちは見てきた。最後に、純粋にプロパガンダ的要素があった。紀元前二世紀にユダヤの神殿を攻撃したアンティオコス四世は自らの行為を正当化するためユダヤ教という宗教そのものを非難した。アレクサンドリアではアピオンという著述家が三八年の出来事を正当化するため、非常に念入りな反ユダヤの宣伝文を書いた。そして、有名で影響力の強いローマの歴史家タキッスは七〇年の神殿破壊に関する議論のなかで、ユダヤ教に対しては従来どおりの蔑みの視点を相変わらず踏襲していた。こうして、二世紀には反ユダヤ教文献の主たるものはほとんど出そろっていた。これらはキリスト教指導者によって利用されただけでなく、より感情的に増幅して述べられ、とりわけ神を殺した罪が声高に述べられた。

四世紀初頭までは、キリスト教はローマ帝国との間にユダヤ教以上に多くの問題を抱えていた。一方、ユダヤ人の悲願であった独立した国家を持つという望みは完全に不可能となった。かつての故国の地においてはユダヤ人の人口は大幅に減り、いまやローマ帝国にとっては脅威でも何でもない存在となった。それに対し、キリスト教はローマにとっては大きな脅威となり、二世紀以上にわたって迫害されることになった。これらキリスト教徒に加えられた弾圧は非常に激しいものであったため、それがいったんローマ帝国の公式の宗教となったときには、その激しい鉾先は生みの親であるユダヤ教に向かうことになった。こうして、パレスチナにおけるユダヤ人の状況は急速に悪化した。

四世紀末までに、ローマ帝国はビザンチウム（コンスタンチノープル）を首都とする東ローマ帝国とローマを首都とする西ローマ帝国に分かれた。西ローマ帝国は時には東ローマ帝国と協力し、時には反目したが、結局蛮族の侵入により崩壊し、五世紀末にばらばらの状態になった。西ローマ帝国最後の皇帝ロムルス＝アウグスツルスは四七六年に廃位された。一方、パレスチナはギリシア語を話すキリスト教徒のビザンチン帝国（東ローマ帝国）に支配された。

四世紀から七世紀にわたるビザンチン帝国の統治下において、ユダヤ人の宗教および商業活動を制限する法律が次第に導入された。キリスト教徒との婚姻が禁止され、公職に就くことも新しいシナゴーグを建設することも禁止された。総主教ヒレル二世はディアスポラに対し儀式の日にちを公布する権限を剝奪された（彼はこの処置に対し、宗教儀式の日程を決定するための基本原則を公開することで対抗したが、このことはパレスチナがディアスポラ社会を支配するための大きな手段のひとつを失ったことを意味した）。さらに、ユダヤ人によるキリスト教徒奴隷の所有禁止は経済的に大きな打撃となった。今日から見れば、奴隷制度は不快以外の何物でもないが、ローマ時代においてはそれは農業を支える基盤となっていた。そのため、ユダヤ教徒は、奴隷を所有するキリスト教徒と農業において競争することが不可能になり、結果的に生活手段としての農業からユダヤ人は排除されることになった。この制限は、具体的には大土地を所有するユダヤ人を直撃したが、ユダヤ人と土地とを切り離す最初のきっかけとなった出来事でもあり、やがて中世においてユダヤ人のほとんどが街に暮らす住民となる布石でもあった。

キリスト教会の指導者のなかには、ユダヤ教を完全に非合法化することを主張し、三世紀のローマ時代に彼らが経験したような「改宗か死か」を迫る者もいた。スペインでは、実際に西ゴート王国の王シシプート（在位六一二～六二一年）はユダヤ人に対し、改宗、死、追放のいずれかを迫った。しかし、その後何世紀にもわたってユダヤ人への政策として主流になったのは聖アウグスティヌス（三五四～四三〇年）によって唱えられ、ローマ教皇グレゴリウス一世（在位五九〇～六〇四年）によって公認されたもので、ユダヤ人にとって不愉快ではあるがもう少し穏やかなものであった。すなわち、イエスを彼らの救い主として認めないユダヤ人の頑固さは十分、圧政と屈辱を受けるに値するものであるが、完全に抹殺すべきものではない。その代わり屈辱的な貧困と社会的排斥を受けながら生きながらえることにより、自分たち自身の聖書の発するメッセージを頑なに拒否していることへの罰を受けるべきであるとした（ここでいう聖書は現在キリスト教徒により「旧約聖書」と呼ばれるものであり、彼らはこのユダヤ教の聖書は、新しい宗教が本物であることを証明するメッセージを暗喩したものであると信じた）。さらに、キリスト教の永遠の優位性と、非信心者がどういう運命をたどるかを証明するためにこそユダヤ人は存在すべきであるとした。ユダヤ人に対する自分の考えを立証するために、アウグスティヌスは聖書から引用して「我々の民が忘れないために、彼らを生かしめよ」と述べたが、この言葉はかつてユダ王国の王が自分たちの敵に対して言った言葉であり、それがいまやユダヤ人自身に対して使われるようになったのである。アウグスティヌスの方針は厳しいものであったが、この言葉は中世においても何度も教皇たちによって繰り返され、時にはユダヤ人にとっても神学上のかそけき生命線ともなったのである。

四世紀にユダヤ人がビザンチン帝国の圧政を免れ得るかもしれないと期待した二度の時機があった。最初はペルシア帝国の皇帝シャープール二世がメソポタミアでローマ帝国を脅かした時で、パレスチナのユダヤ人はこの機をとらえて、総主教の指導のもと三五一年に反乱を起こした。しかし、この反乱はまもなく鎮圧された。より大きな可能性があったのはユリアヌス帝（背教者ユリアヌスと呼ばれ、統治期間は三六〇～三六三年であった）の時で、彼はローマ帝国のキリスト教化を覆すことを試み、かつての異教を公式の宗教として再び復活させた。そして、前帝の反ユダヤ教の法律を廃止したばかりでなく、エルサレムに神殿を再建しユダヤ人を再定住させることを約束した。しかし、彼の早すぎる死によりこれらは何一つ実現しなかった。彼の後継者たちはすべてキリスト教徒で、かつての皇帝よりもさらに激しくユダヤ教を弾圧した。ユダヤ人の職業を制限し、身分を貶《おとし》め、キリスト教への改宗の圧力を強めた。ユダヤ人自治の最後の名残であった総主教の地位は四二九年に廃止されたが、その頃にはパレスチナの住民の多くはキリスト教徒になっていた。ユスティニアヌス一世（在位五二七〜五六五年）の時代に、ローマの弾圧はユダヤ人の内面生活にまで及ぶようになった。すでに存在する反ユダヤ教的な法律の強化に加えて、ユスティニアヌスは宗教的礼拝に関する論争にまで介入した。彼は、この機会を利用し、シナゴーグにおける儀式に条件をはめて、ラビが聖書の解釈を行うことを事実上禁止した。

しかし、パレスチナのラビの神学校は引き続き活動を行い、四世紀には非常に重要な歴史的記念碑であるパレスチナ・タルムード（時にエルサレム・タルムードと誤って呼ばれることがある）を完成させた。これはミシュナーに関する議論や解説を包括的に収集したもので、古代からの多くの法律的および宗教的伝統に関する記述も含まれている。説話と聖書の説教的解説を集めたミドラシュもやはりこの時期に編纂された。また、文学的業績としては、礼拝の詩文の編纂があり、中世におけるユダヤ人の芸術的活動としていまに残っている。バビロニアにおいてもラビたちは、活発な活動を行った。五世紀にはバビロニア・タルムードとして知られるタルムードを編纂した。これはパレスチナ・タルムードと同じくミシュナーにかかわる知識を集約したものであるが、結局こちらのタルムードが中世を経て、世界中に散らばるユダヤ人のための権威ある史料集となった。現在でも正統派ユダヤ教徒にとっては、このタルムードはラビたちの教育と研究の中心的題材となっている（どうしてバビロニア・タルムードがこの地位を獲得したかについては第四章で述べる）。こうして、この時期、ビザンチン帝国下のユダヤ人が激しい迫害を受けるという事実はあったが、バビロニア・タルムードをはじめ今日まで引き継がれている数々の業績をつくり上げたのである。

パレスチナのユダヤ人がビザンチン帝国の圧政からようやく逃れることができるかもしれない瞬間がこの帝国の末期にやって来た。それは何世紀にもわたるローマとペルシアの戦いの最終戦が始まったときであった。ペルシア王コスロー二世は六〇三年にビザンチン帝国の領土の東域を攻撃し、六一四年にはエルサレムを占領した。長年ペルシアを潜在的解放者と見なしていたユダヤ人は、この戦いにおいて積極的にペルシアに協力した。コスロー二世は占領後、多数のキリスト教徒を殺害、追放し、この町をユダヤ人の手に委ねた。この町に足を踏み入れることを禁止されてからほぼ三百年、ようやくユダヤ人はエルサレムの盟主になることができたのである。しかし、この満足すべき状態は長くは続かなかった。というのは、ペルシア人のためにパレスチナを維持するにはユダヤ人はあまりに非力で、しかも人口が少ないことがわかったのである。六一七年にコスローは方針を変えて、エルサレムをキリスト教徒の支配に任せた。数年後、ローマ皇帝ヘラクリウスが反撃を開始し、六二九年にエルサレムに入り、再び正式にビザンチン帝国の支配下に入れた。

ヘラクリウス帝の勝利はユダヤ人にとって苦い落胆となったが、その落胆もそれほど長続きはしなかった。数年後には、このローマとペルシアの長い対立は永遠に終わったからである。ビザンチン帝国はパレスチナ、エジプトに対する支配権を失い、ペルシア帝国は単に消滅したのである。いまやこの地域の運命と西洋世界の歴史は、七世紀に出現した新しい勢力の手に委ねられることとなった。すなわち、イスラムである。

【コラム】ギリシア、ローマにおける反ユダヤ主義

アレクサンダー大王の征服はギリシア語とギリシア文学をアジア各地にまでもたらした。また、ギリシアの拡大に伴い、ギリシアの学者や文学者たちはアジア各地の新しい、そして当時としては珍しい文化に接するようになった。そしてその中にユダヤ人の文化もあった。初期のギリシアの文学者はユダヤ人を、インドのバラモンのように、哲学的民族と畏敬の念を込めて描いている。これはおそらくユダヤ人の食事に対する厳格な決まりがピタゴラス派の禁欲主義を思い起こさせ、トーラーの内容が政治的、宗教的ユートピアを目指すものと彼らの目に映ったからと思われ

る。後に、ローマの作家がユダヤ人のヤハウェ信仰を賛美しているが、これは彼がヤハウェをローマ人のジュピターと同じものと思い、またその禁制的イメージに引きつけられたのがその理由である。一、二世紀には多くのローマ人がユダヤ教に魅力を感じていた。中には、ドミチアヌス帝の従兄弟のように、ユダヤ教に改宗した者までいた。ただ、ギリシアの民族誌学者が記しているように、ユダヤ人の割礼に対する嫌悪感や豚を食べないことをあざ笑う風潮は確かに存在した。

ユダヤ人に対する誹謗は政治的煽動者の間で広まった。紀元前二〇〇年頃、エドム人を擁護する（従って反ユダヤ的である）ギリシアの作家は、ユダヤ人はエルサレムの神殿で金のロバの頭を拝んでいると書いた（後の作家たちの作品の中には、これが豚の頭になっているものもある）。エジプトにおいてはユダヤ人との緊張関係の中で、作家たちはユダヤ人の歴史をゆがめて侮蔑的な調子で書いて流布させた。それによると、もともとユダヤ人は異邦人の征服者としてエジプトにやって来て、町に火をつけ、エジプトの神殿を破壊し、住民を虐待し追い出したとなっている。また他の作家の書いたものでは、ファラオの時代にエジプトにやって来たユダヤ人は、ファラオが汚染された住民を国から追放したときにともに追放されたとなっている。さらに、彼はユダヤ人を採石場で働かせ、そして後にアヴァリスに定住させている。そのアヴァリスで、ユダヤ人の指導者モーセは、エジプトの神を拝み、エジプト人が尊ぶ動物の肉を食べることに異議を唱え、ユダヤ人は自らに忠実であるべきと主張したとしている。同様に、政治的意図が見えるものでは、アンティオコス四世がエルサレムの神殿を冒瀆したあと流布したもので、アンティオコスは神殿でギリシア人の男が人身御供のために太らされているのを発見したというのがある。

一、二世紀のローマの作家の作品では、反ユダヤを煽動したテーマがよく見られた。彼らはユダヤ人の反乱やローマ人の上流階級の間でユダヤ教への改宗が進んでいることに憤慨し、これらの作品を書いたが、なかでもユダヤ教への改宗は保守的なローマ人にとっては外国人および外国文化の侵略以外の何物でもなかった。ローマの作家はユダヤ人が、ローマ人が食料あるいは捧げ物として尊重する豚を食べないことを、ことのほか馬鹿にした。さらに彼らは、割礼を人間を不具にするものとし、安息日の遵守をなまけ癖と非難した。有名なローマの歴史家タキッスは、ローマの保守派の立場からユダヤ教を「異国の迷信」と非難している。ただ、この同じ時代に一方では、多くの重要なローマの作家、特に哲学者たちが、初期ギリシアのユダヤ人、中でも哲学者、立法者としてのモーセに対する畏敬の念を引き継いでいた。

第四章　イスラム社会におけるユダヤ人／イスラムの勃興と中世の終わりまで

（六三二年から一五〇〇年まで）

七世紀までには、ビザンチン帝国もササン朝ペルシアもまたその属国も、たび重なる戦火にすっかり疲弊してしまっていた。その間隙を縫うような形でアラビアに新しい勢力が興った。

アラビア半島には砂漠で生活する遊牧民と町で生活する住民とがいた。彼らはもともとビザンチン帝国とペルシアの両方と境界を接し、様々な形で強くかかわっていた。彼らと貿易したり、傭兵として雇われたり、時にはその隊商を襲ったり、またどちらかの庇護のもとで小さな王国を築いたこともあった。彼らは、独自の宗教を信じていたが、なかにはキリスト教あるいはユダヤ教を信じている人たちもいた。メッカの商人ムハンマド（五七〇～六三二）が一神教の考えを得たのは彼らとの交流を通してと思われる。唯一の神が存在し、その神は自らの意思を聖なる教典を通して表し、最後の日には人類すべてに裁断を下す。ムハンマドはこの意思をアラビア語で人々に広めるよう神から啓示を受けたのである。

六二二年、ムハンマドは彼の信者とともにメディナに移り、イスラム（アラビア語で〝神への服従〟を意味する）と呼ばれる彼の宗教に基づく共同社会をつくったが、このコミュニティは小さいながらも成功していた。彼の死後、ムハンマドの預言は『コーラン』として知られるイスラムの教典にまとめられた。数十年以内に、彼の信者たちは、近隣する地域を攻め落とし、この新しい宗教を広めていった。数十年以内に、パレスチナとエジプトをビザンチン帝国から奪い、イラクとペルシアをペルシア帝国から奪った。八世紀半ばまでには、千二百年以上も前にキュロスによって成立したペルシア帝国（第二章参照）は消滅し、ビザンチン帝国も、バルカン半島、小アジア、南イタリアの一部にその領土は縮小した。

この結果ユダヤ人の大部分は、東はインダス川流域から西は大西洋まで、さらにスペインを含むイスラム大帝国の世界に居住することとなった。この事態により、パレスチナ、エジプト、スペインのユダヤ人は敵対するキリスト教国家から受けてきた迫害、嫌がらせ、屈辱から、つかの間ではあったが逃れることができた。また、ディアスポラとなって以降初めて、ひとつの文化、ひとつの経済、ひとつの政治体制のもとで暮らすことも意味した。新しい状況はユダヤ人が安定した豊かな生活を営むことを可能にし、近代以前では最も成功したディアスポラ社会を築くことを可能にした。

アラブ人は征服に乗り出したとき、世界のすべてをイスラム教に改宗させる意図は持っていなかった。当然改宗への強制はある程度あったが、人々がイスラム教へ改宗したのはむしろ、イスラム教体制下ではその教徒として生活するほうが何かと都合が良かったからである。同様に、人々はアラビア語を使用したが、これもアラビア語が公用語であり、生活語でもあったからである。イスラム教は、キリスト教やユダヤ教と同じように土着の異教には厳しくあたったが、キリスト教、ユダヤ教に対しては、神の啓示を受けた聖典を持つ同じ一神教の仲間として敬意を払った。従ってイスラム教は、ユダヤ教徒、キリスト教徒が一定の条件を守ることでそれぞれの宗教を保持することを許可した。

イスラム政権の下で暮らすユダヤ教徒やキリスト教徒はズィンミ（被統治者）と見なされ、ウマルの法と呼ばれる規則でその地位と身分が定められた。この規則により、ズィンミの生命と財産は守られ、その宗教も、特別の税を払い被統治者としてふさわしくない行動をとらない限り認められた。だが、新しい教会やシナゴーグを建てること、古い教会やシナゴーグを修復すること、公衆の前で宗教的儀式を執り行うこと、あるいは他人を改宗させようとすることは禁じられた。また、イスラム教徒を打つこと、武器を携帯すること、馬に乗ることも禁じられ、さらにユダヤ教徒であることがわかる服装をすることを義務づけられた。その後、イスラム教徒より背の高い住居に住むこと、アラブ風の名前をつけること、コーランを学ぶこと、発酵飲料を売ることなども禁じられ、公的サービスの対象からも外された。

こういった侮辱的ともいえる制約に耐え、しかも特別に税まで払うことは、キリスト教徒やゾロアスター教徒にとって耐え難いことであった。そのため、彼らの中には改宗に走った者も少なくなかった。しかし、キリスト教政権の下で生活を体験したユダヤ教徒にとっては、確かにこのウマルの法は一見厳しいものであったが、実際には彼らに一種の安堵感をもたらした。というのは、イスラム教とイスラム政権はユダヤ教徒の地位と生きる権利および信教の自由を認め、それも聖アウグスティヌスのような屈辱的論理のもと不承不承認めるというよりも、預言者ムハンマドの命令によるものとして認めたのであった。ムハンマドはその生涯の後半においてはユダヤ人を非難し、メディナでユダヤ人を迫害したが、イスラム教とユダヤ教との関係は、キリスト教とユダヤ教が持ったような直接の対立関係ではなく、歴史的にも怨念を抱くような理由はなかった。こうして、ウマルの法は、イスラム教発足当初の一世紀の間はしばしば無視されたり、あるいはごく形式的なものだったりした。概して言えば、イスラム教国の勢力が強力であったとき、すなわち十世紀までと、後に述べる（第六章）オスマン帝国が最盛期を迎えた十五、十六世紀には、ユダヤ人は比較的自由を享受し、見事な住居を建て、アラビア風の名前をつけ、コーランを学ぶ者さえ現れた。キリスト教徒は発酵飲料を売る酒場を経営し（時にはイスラム教徒にも売った）、そしてこの頃には誰もがそれぞれの宗教がわかる服装をすることには抵抗を感じなくなっていた。というのはもうそれがすっかり習慣になってしまっていたからである。

初期のイスラム教支配が、ユダヤ人にとっては必ずしも厳しいものでなかったことのもうひとつの理由は、キリスト教支配下のときと違って、ユダヤ教徒がこういった差別

イスラム世界の中のユダヤ人
紀元750年までにイスラムの支配下に入った地域
大規模なユダヤ人社会の存在地
ユダヤ人が居留していた地域
コルドバ
フェズ
トレド
サルディニア
カイ
シチリア
バールカ
アレクサンドリア
フスタ
アンティオキア
ダマスカス
アレッポ
タブリーズ
モスル
バグダッド
クーファ
メディナ
メッカ
シラーズ
ケルマン
ヘラト
ブハラ
サマルカンド
インダス川
0
400（マイル）

待遇を受ける唯一のグループではなく、ましてや最大のグループでもなかったからである。差別待遇はキリスト教徒にも当てはまり、むしろ彼らのイスラム政権下での立場はユダヤ教徒よりも厳しいものであった。コーランはキリスト教徒もユダヤ教徒も同じ「聖書の民（ユダヤ人）」の範疇に入れたが、キリスト教の三位一体の説は、神学的に唯一神を信じるイスラム教徒には疑惑を抱かせるものであったし、さらにキリストの十字架に架かる姿や聖像を拝む姿は、偶像崇拝を厳しく戒めるイスラム教徒には受け入れ難かった。一方、ユダヤ教徒は数の上でもずっと少なく、しかも厳格な一神教徒であったため、イスラム政権の注目や疑いを引くことはずっと少なかった。さらに、キリスト教徒と異なり、ユダヤ教徒は自分たちの国家そのものが消滅してしまっているため、政治的にはほとんど意味を持たなかった。イスラム帝国は、地中海を隔て（西アジアでは直接境界を接して）キリスト教の神権政治を行っているビザンチン帝国と対立関係にあったため、国内のキリスト教徒がビザンチンと連携しているのではないかと疑ったり、あるいは少なくともビザンチン帝国による覇権を願っているのではないかと警戒を怠らなかった。以上のような理由で、初期イスラム社会においては、キリスト教徒の立場はユダヤ教徒の立場よりも厳しいものであった。

イスラム帝国の成立に伴い、西洋の歴史の中心はギリシア語やラテン語を話す世界からアラビア語を話す世界へ、質量ともに移動した。この事実は現代のアメリカやヨーロッパの読者にはなかなか理解しがたいところである。というのは、ヨーロッパ文化の継承者として歴史の本流は常にヨーロッパにあると考えがちなためであるが、実際は七世紀から十三世紀においてはヨーロッパはずっと傍流にすぎなかったのである。五世紀に蛮族の侵入を受けて以来、西ローマ帝国は政治的、経済的、さらには技術的にも衰退し、ヨーロッパ文明は下降期に入った（「暗黒時代」と呼ばれる時期である）。そして、この時代から回復するにはさらに数世紀を要するのである。ローマ帝国を東方で引き継いだビザンチン帝国は、急速にその領土を狭め、イスラム帝国に対して防戦一方となった。一方イスラム帝国は、アラビア語とイスラム教を共通の基盤とする巨大で強力、そして繁栄する帝国を築き上げた。その領土は、かつてペルシア帝国に属したところからローマ、ビザンチン帝国の領土であったところ、さらにその他の地域を合わせたものであった。この空前の規模の領土は巨大な富をもたらしたばかりでなく、併合された地域の技術や学識はこの新しいイスラム文化圏で一体となり、偉大な文化を花開かせた。こうして、ヨーロッパの暗黒時代はイスラムの黄金時代と重なることとなったが、ユダヤ民族の大部分はこの大帝国の住人としてその偉大な時代の余得を享受することができた。

パレスチナのユダヤ人社会は、イスラム政権下で幾分かその繁栄を取り戻したが、ローマ帝国がキリスト教化する以前と比べるとはるかに見劣りするものであった。アラブ人は六三八年にエルサレムをビザンチン帝国から奪い、ハドリアヌス帝以来のユダヤ人の居住禁止を解除した。しかし、七五〇年にアッバース朝が支配を確立し、バグダッドをその首都と定めたときから（七六二年）、パレスチナは過去にもそうであったようにメソポタミアとエジプトとの間の通路のような存在となった。一方、バグダッドは世界の首都となり、イラクのユダヤ人社会は（バビロニア帝国はずっと前に消滅していたが、いまもバビロニア共同社会として知られている）、ハルン・アル・ラシッドのような偉大なカリフの治めるイスラム王朝のもとで最も有力なディアスポラ社会として存在した。イスラム政権はユダヤ人に対して、ペルシア時代と同様の半自治的状態を認めた。エグザラークは、少なくとも理論的には、廷臣となり、単に一地方のディアスポラ社会の長としてではなく、カリフ統治下のすべてのユダヤ人社会の長として徴税やユダヤ人法廷の裁判官を任命する権限を持った。言い伝えによると、彼がカリフの宮廷に出仕するときは、伝令が彼の前をアラビア語で「道を開けよ！　ダビデのご子息のお通り」と叫んで走ったといわれる。これはエグザラークがユダの王の子孫であることを主張し、貴族と同等の待遇を与えられていたからである。

イスラム政権のもとでは都市生活や商業が栄えたが、ユダヤ人もこの風潮に影響され、以前にもまして農業から遠ざかり、商業に従事するようになった。八世紀末までには、イスラム世界のユダヤ人は町に住む職人や商人がほとんどになり、農民はますます少なくなった。地中海、紅海がひとつの政治的、文化的、言語的世界で統一されたことにより、地域間の貿易が促進され、ユダヤ人も富を蓄えるようになり、中には地中海とインド（一〇〇〇年頃コーチンの近くにユダヤ人社会ができたことが確認されている）の貿易に活発に従事したユダヤ人もいた。

経済的繁栄は、多数派であるイスラム教徒に対しても、また少数派のユダヤ教徒に対しても、文化的繁栄をもたらした。イスラム文化がバグダッドを中心に栄えるようになるにつれ、イラクのユダヤ人組織は全世界のユダヤ人社会に大きな影響力と権威を持つようになった。スーラとプムバディタの神学校はバグダッドに移り、基金を集め、イスラム世界全土から学生を集めた。そして、その指導者はユダヤ人の宗教的伝統の最高の解説者であり、宗教的法律やその施行における最高の権威と見なされるようになった。彼らはガオン（複数ではゲオニーム）と呼ばれたが、この名前はヘブライ語の「すばらしき輝き」から来ており、「ヤコブの栄光の神学校の長」という華やかな名前の略称としても使われた。

イスラム世界のほとんどの地方で、ユダヤ人社会は一定の自治を享受した。ラビは宗教的儀式や家族に関する法の権威としてばかりでなく、共同社会すべてにおける権威としての役割を果たした。イスラム世界各地のラビは、判断に迷う様々なケースに関してゲオニームの裁決を仰いだ。それは、共同社会の組織に関する問題、ビジネスに関する問題から相続、離婚（宗教的観点より財産の分割が問題となった）に至るまで広範にわたった。これらに対する答えはレスポンサと呼ばれたが、これはイスラム社会のファトワー（イスラム法の解釈をめぐって権威ある法学者が提出する意見）に相当するものであった。

イラクの神学校で取り上げられた主要な科目は宗教法であり、その中心となる教科書は当然のようにバビロニア・タルムードであった。これは第三章でも述べたように、ササン朝時代にスーラおよびプムバディタの神学校の長によりまとめられた大宗教法典である。バビロニアのゲオニームはその世界的影響力でバビロニア・タルムードのパレスチナ・タルムードに対する優位性を認めたため、バビロニア・タルムードはますます世界的に広まり、世界各地で学ばれるようになったが、その傾向は今日まで続いている。同様に、ゲオニームで編纂された祈禱書が世界中のユダヤ社会での標準となり、それに伴いパレスチナで行われていた祈禱儀式はすっかり廃れた。ゲオニームはユダヤ人の宗教生活に後々まで影響を与えており、七世紀から十一世紀までのユダヤ人の歴史をゲオニームの時代と呼ぶのは的を射た表現である。

その中で、最も精力的で影響力が強かった一人が、スーラのガオン、サアディア・ベン・ヨセフ（八八二〜九四二年）である。彼の経歴はユダヤ人の知識人の中では画期的なものであった。サアディアは、ユダヤの法律や宗教について最初にアラビア語で書物を書いたラビであるが、そのことだけでもユダヤ人の知識人にとっては従来の枠を大きく超えたものであった。サアディアは、いわば新しいタイプのラビであり、その活動の対象は法や説教にとどまらず、より広範な舞台で活躍した。

ユダヤ人は一般にその置かれている環境に従った言語を使ったが、イラクがイスラム教徒のもとに置かれるようになると、他の住民たちと同じように、アラム語からアラビア語にその使用言語も次第に代わっていった。イスラム圏の拡大に伴い、かつては辺境の一地域の言葉であったアラビア語が広大な地域で使われる国際共通語となっていった。

イスラム教の学者たちは、彼らが接するようになったインドやペルシア、ギリシアの古代文明の知恵を吸収し、それらをアラビア半島に昔からあった文学的伝統とミックスさせた。彼らはかつての文明の書物、とりわけギリシア語の書物をアラビア語に翻訳し、それらを熱心に研究してはその考えを取り入れて発展させ、イスラム教やアラビア文学の伝統との調和を試みた。こういった知的生産活動は国際的知識人を生み出した。その多くはイスラム教徒であったが、その他に、キリスト教徒やゾロアスター教徒、さらにはユダヤ教徒もいた。彼らはみな、それぞれ異なったあるいは敵対する宗教や社会を基盤にしていたにもかかわらず、共通の哲学や科学の伝統を引き継ぎ、お互いを理解し合った。総じて言えば、より広い意味の共通の基盤はギリシアの哲学と科学であり、共通の言語はアラビア語であった。

アラビア語とアラビア文学に精通していたサアディアは、この新しくまた広範な知識を持つ教養人として、また有力なラビとしてユダヤ人の伝統を初めて系統的に考察した人物であった。彼以前に同様の試みをした唯一の人物はアレクサンドリアのフィロンであったが、彼は紀元一世紀にユダヤ人の伝統をギリシア哲学の立場から考察することを試みていた。フィロンがその成果をギリシア語で記したように、サアディアはアラビア語で書いた。フィロンと違って、サアディアの活動はラビによるユダヤ教がユダヤ教の主流となった後であり、しかも彼自身もその権威の一人であったため、当時の文化的背景とも相まって、彼の仕事はイスラム世界のユダヤ人社会のみならず、さらに広い範囲に大きな影響を与えた。

サアディアは最初にアラビア語を使って多くの作品を書いた人物としてユダヤ・アラビア文学の祖とも見なされている。彼はラビとしては当然の題材であるユダヤ教の法律について記したばかりでなく、聖書をアラビア語に翻訳し、それにアラビア語で詳しく注釈を付けた。これは当時、聖書がラビの教育上で扱われていた地位を考えるとなかなか特異な仕事であった。彼のこの聖書の注釈は、ラビによる最初の哲学的考察であり、彼の著作『信じることと思うこと』は最初の系統的なユダヤ教神学の学術論文といえる。サアディアはこれらの仕事を通して、ユダヤ教の哲学的解釈の立場を公式に確立した。彼はまた、自分と意見を異にするラビや狭量な宗派主義者に対して精力的に反論し、それをアラビア語やヘブライ語で著した。また、シナゴーグのための詩を、それまで使われていたヘブライ語で作詞するとともに、礼拝に立ち会う詩人のための指導書はアラビア語で著した。このように、サアディアはユダヤ教のアラビア化を、ただ単純に言葉をアラビア語に代えるだけでなく、ラビの伝統を当時の知識人の生活にふさわしい形に変えることで実現させたといえるかもしれない。

このようにサアディアは、ユダヤの伝統と、ギリシア文化およびアラビア語を通じて得られた科学的知識をうまく調和させようと生涯にわたって努力した。やがてこうした傾向は、イスラム世界が西洋文明の中心であった時代に生きたユダヤ人知識層に特有のものとなった。そしてこの動きはアラビア語を使うラビによって、イスラム世界がその優位性を保つ間ずっと続いた。この時期のイスラム社会は西洋において最も進んだ知的社会であり、従ってその中のユダヤ人も世界のユダヤ人社会の中で最も知的に進んだ存在であった。

サアディアは、聖書の持つ矛盾と論理的誤りを攻撃する合理主義者との宗教論争で聖書を擁護した。彼の行った論争の中で特に重要なのは「書の民」を意味するユダヤ教の一派カライ派との論争である。この一派は八世紀後半にアナン・ベン・ダビデにより始められたが、アナンはラビによるユダヤ教はユダヤ教の基本を不正に歪曲したものであると宣言することにより、ゲオニームの権威を一気に否定しようとした。アナンの意図は、聖書をかつてのように唯一の宗教的拠り所としたうえで、一人ひとりが自由にそれを解釈できるが、カライ派によって築かれた伝統のみによってそれは制限されるというものであった。こうした解釈は、ガオンの支配をあまり受けていなかったペルシアなど遠隔地のユダヤ人社会で支持されたが、その性格上、宗派の維持は困難をきわめた。九世紀、十世紀のアナンの後継者たちは彼の教義をやや修正し、聖書の解釈についても自分たち独自の伝統に基づく解釈を採用し、儀式のやり方や法的規範についての決まりをアラビア語で編纂した。

カライ派は聖書の研究を熱心に進めたが、その結果、彼らはヘブライ語文法や聖書の写本の研究においてパイオニアになるとともに、聖書の注釈についても多くの労作をものした。聖書のヘブライ語テキストが定まったのは十世紀においてであったが、この仕事はそのすべてがカライ派によって直接なされたものでなかったとしても、彼らに強く影響された結果できたものであることは疑いない。

カライ派はもともと、ラビの指導によるユダヤ教の複雑さと硬直性に反抗して始まったものではなく、むしろさらに厳格で禁欲主義的なユダヤ教を求めていた。にもかかわらず、イスラム全土の主に裕福な階級のユダヤ人から信奉され、広まっていったため、ユダヤ教の一派としてはっきり認知されるようになった。一方、タルムードに導かれるユダヤ教徒は、これと区別するため〝ラバナイト〟と呼ばれるようになった。この二つの派はお互いを異端と見なしていたが、最初の頃は相互の間での通婚も行われていた。しかし、その伝統とエグザラークや神学校などの持つ名声のために、イスラム政府からはラバナイトのほうがユダヤ教の正統な代表と見なされていた。そのため、ラバナイトは結果的にカライ派を圧倒することになったが、完全に排除するまでには至らなかった。カライ派の活動は十二世紀にはイスラム帝国の東の地域では下火になったが、エジプトにおいては近代に至るまで続いた。スペインではわずかの間だけ盛んであった。また、パレスチナとビザンチン帝国のコンスタンチノープル周辺においては有力な共同社会を形成し、そこから十七、十八世紀にクリミアやリトアニアに派生した共同社会は近代まで存在した。カライ派の小さな共同体は現在もイスラエル、トルコその他の地域にわずかながら存在する。

サアディアの後、イラクにおけるユダヤ社会は次第にその力を失っていった。その理由は、イスラム帝国がそれぞれの地域のイスラム政権に分裂していき、イラクがもはや帝国世界の中心とは言えなくなったからである。十世紀には、ゲオニームが世界のディアスポラ社会に対しその研究活動の維持のために寄付金を求めており、実際にガオンとして国際的な権威を示すことができたのは一〇三八年に死んだプムバディタのハイが最後であった。

イラクがちょうど下降期に入ったときに繁栄を迎えていたのが、八世紀にイスラムに征服されていたスペインであった。このイスラムによるスペイン征服は、同地方で厳しい弾圧に遭い消滅寸前であった小さなユダヤ社会を救うことになった（第三章参照）。イスラム政権の寛大な統治のもと、ユダヤ人社会は繁栄したが、これはスペインがイスラム帝国の束縛から抜け出して独自の繁栄を享受し始めたのと軌を一にしている。十世紀までには、スペインの統治者は「カリフ」という称号を名乗り、すでに衰退の兆しの見えたイスラム帝国からの独立を主張した。首都コルドバは華やかな様相を見せ、イスラム世界の最も繁栄した都市の一つとして富を集め、さらに芸術家や学者を呼び寄せた。経済的繁栄と自分たちの地域の独自の文化に対する自負は同地のユダヤ人にも恩恵をもたらし、なかには織物製造や貿易で富を築く者も現れた。

十世紀半ばに、ハスダイ・イブン・シャプルートという名前のユダヤ人がコルドバのカリフの宮廷で廷臣として仕え注目を浴びた。彼はイスラム支配下のスペインにおいて最初の典型的なユダヤ人指導者、すなわち廷臣にしてラビであった。こうした人物は公的にも力と影響力を持ち、ユダヤ人社会の事柄についても責任を負った。彼らの多くは宗教的伝統を学んだ者であったが、なかにはさらにイスラム化したスペインの文学的、知的文化の発展に積極的に貢献した者もいた。ハスダイは彼の権力を利用して、ユダヤ人社会の利益のために働いたが、またその富と影響力を行使してコルドバにユダヤ人の詩人と学者のためのサロンをつくった。なかでも、彼はヘブライ語の詩を奨励し、中世のヘブライ文学の黄金時代の始まりを彩る二人の有名な詩人を積極的に援助した。

ヘブライ語で書かれた詩はユダヤ教の礼拝式では常に重要な役割を占めており、常に新しい詩を作る努力がなされてきた（サアディアがこのことを奨励したことは前に触れた）。ただ、宗教の場を離れてヘブライ語の詩が書かれたことはなかった。ユダヤ人はイスラム教徒の生活様式や習慣を採用するようになるにつれ、アラビア語の詩にもなじむようになり、それはアラビア語が使われたり学ばれたりしているところではきわめて人気の高いものであった。アラビア語の世界では、詩は単に娯楽ではなく、日常生活において伝達や宣伝の手段として重要な役割を果たしていた。ハスダイの援助した詩人たちは、このアラビア語の詩の機能を、ユダヤの少数の上流階級の知識人を頭に描いて書いている自分たちのヘブライ語の詩にも持たせようとした。このアラビア文学の機能の採用は、サアディアの始めたユダヤの伝統をイスラム世界の知的、文学的流行と融合させようとする試みを引き継いだものともいえる。やがて、詩人たちはアラビア語の詩で扱われているあらゆる流行の題材を、ヘブライ語で書き始めた。それらは、恋愛やワインに対する賛美

（飲酒はイスラム教では禁じられていたが、アラビア語の詩では好んで取り上げられた）、友情、また日常生活や仕事などの題材であった。こうした世俗的なヘブライ語の詩は、次第に他のアラビア語圏にも広まっていったが、やはりスペインにおけるものが質量ともに最高であった。

ハスダイ以降最も勢力を持ち、また興味深い存在の廷臣かつラビであったのは、シュムエル・ハナギード（九九三〜一〇五五年または一〇五六年）である。彼は、十一世紀にイスラム・スペインが多くの小国に分裂したとき、グラナダでその名をあげた。伝説によると、彼は外交文書で使われていた華麗なアラビア語文書に熟達していたことで宮廷の注目を集めたとされている。個人的魅力と、政治的手腕が認められ、彼はグラナダの皇子にとってなくてはならない存在になり、時には事実上国を動かすほどになった。また、軍事的にも貢献したことが、グラナダと隣国との戦いの様子をヘブライ語で書いた詩からもうかがえる。彼は、廷臣としての仕事の他、学問的にも宗教法やヘブライ語文法についての書を著し、また様々な題材の詩も数多く書いた。ユダヤ社会の中で、シュムエル・ハナギードはその多才さ、人間としての品格、学識、そしてユダヤ社会に対する忠節から理想の人物と目されていた。イスラム教徒もまた彼の能力を尊敬していたが、彼がユダヤ人以外の非イスラム教徒に対し権力を行使することに対しては快く思わない人たちもいた。シュムエルの存命中はこれらの不満を抑えることができたが、彼の死後その宮廷における地位を引き継いだ息子のヨセフはそれができず、一〇六六年にグラナダで起こったユダヤ人に対する暴動の中で殺された。この暴動は、ユダヤ人の地位が一般的には守られていたこの時代にあって、イスラム・スペインおよびイスラム世界全体から見てもほとんど突発的出来事であった。ただ、たとえイスラム世界で許容されているように見えても、やはりユダヤ人は異邦人なのだということを思い起こさせるうえで重要な事件であった。

この、グラナダの虐殺は、次世紀に起こるさらに悪い出来事の先駆けとなった。一一四六年、モロッコの急進的イスラム教徒の一派、アルモハーデ（アラー一体論者）がスペインに侵入し、次第にその地を支配下に置くようになった。彼らはその領土内でユダヤ教もキリスト教も禁止した。これはイスラム帝国の歴史において二度目の組織的な反ズィンミ（二度目は先で述べる）的な動きであったが、その激しさはユダヤ教徒にとっては衝撃的なものであった。アルモハーデは最後にはその決定を緩めたが、ユダヤ人にとってそのダメージはもはや癒しがたいほどのものとなっていた。というのは、この事件は歴史上で最も繁栄し、かつ創造的であったユダヤ人社会の終焉を意味していたからである。多くのユダヤ人がイスラム支配下のスペインから避難し、プロバンス地方を目指した。そして、彼らは独特のユダヤ・アラブ文化を携え、この地方のそれまでの偏狭な社会に知的な彩りを与えることになった（第五章参照）。

イベリア半島全体から見れば、多くのユダヤ人は半島内にとどまることができたが、これはアルモハーデの迫害が始まる前に、イスラム教徒に最後まで侵略されなかった北部のキリスト教国がイスラム支配下の地域に進出し始めていたからであった。一〇八五年には、カスティリャ王がトレドを陥れたが、ユダヤ人はこれらのキリスト教国の領土が広がるのを歓迎した。というのは、当面このキリスト教国は、キリスト教団の一般的な傾向とは異なり、イスラム教政権よりもユダヤ人に寛大な施策を採ったため、多くのユダヤ人がそこに避難することができたからである。しかし、次章で見るように、ユダヤ人にとってこの好ましい状態は長くは続かなかった。

アルモハーデの迫害を逃れたコルドバの家族の一つにマイモンという名前の宗教審判官の家族がいた。今日ではマイモニデス（一一三八～一二〇四年）として知られるマイモンの息子は、やがてイスラム時代の最も有名なユダヤ人の一人となった。マイモニデスは家族がスペインを離れてモロッコに渡ったとき、わずか十歳であった。彼らは、その後パレスチナに移り、マイモニデスが大人になったときにはエジプトに定住していたが、そこで彼は輝かしい成功への道を歩み始めた。

エジプトはユダヤ人社会にとっては長く重要な位置を占めていた。十世紀には、ファティマ朝の支配下にあり、カイロがその首都であった。ファティマ朝の創始者は、スペインのアブデル・ラーマンのようにカリフの称号を名乗り、その独立性を主張したが、彼を取り巻く助言者の中にイスラム教からユダヤ教に改宗した者がいた。ファティマ朝の穏健な政策のもと、ユダヤ人は繁栄を享受した。ファティマ朝はやがてパレスチナもその傘下に収め、ユダヤ人に対してかなりの範囲の自治権を認めた。約一世紀にわたり、ファティマ朝はパレスチナのラムレのユダヤ教神学校をユダヤ人社会の最高権威機関として認知していた。一〇七一年、パレスチナ地方が侵入してきたトルコの手に渡ったときには、代わりの機関として「ユダヤ人の長」と呼ばれる官職を置き、ユダヤ人社会の責任者とした。ファティマ朝で唯一ユダヤ人が困難を強いられたのはアル・ハキム二世の時で（在位一〇〇七〜一〇二一年）、やや不安定な状態にあった同政権はキリスト教徒とユダヤ教徒に対し差別政策を採った。しかし、この政策は長続きせず、結局アル・ハキム自身によって廃止され、ユダヤ人にとってもその後遺症は長く残らなかった。一一七一年、マイモニデスがエジプトに到着して数年後、ファティマ朝が亡び有名なサラディンに率いられたアイユーブ朝に取って代わられた。アイユーブ朝もまたユダヤ人に対し基本的に寛大な政策を採った。このため、ファティマ朝、アイユーブ朝それぞれにおいて宮廷で高官の地位にまで上ったユダヤ人もいた。

マイモニデスの生きた時代のエジプトのユダヤ人社会は、中世を通して最もよくユダヤ人の記録が残された社会である。というのは、そのシナゴーグの一つにおいて「ゲニザ」が立派に生き残ったからである。「ゲニザ」というのは破棄された本や書き残された資料の保管庫である。こうした保管庫は、神の名前が記された資料を損傷することは神に対する冒瀆であると考えるユダヤ人にとっては不可欠なものであった。たとえ、宗教的な書類でなくても、神の名を引き合いに出すことはごく日常的であったため、結局ヘブライ語で書かれたものは捨てられずに何から何までこのゲニザに保管されることに

マイモニデスの自筆の手紙。ユダヤ・アラビア語で書かれておりゲニザで発見された。マイモニデスの署名が最後の行にある。写真 © Suzanne Kaufman. ニューヨーク、アメリカ・ユダヤ教神学院図書館提供

なった。こうしてもはや必要とされなくなった書籍や書類は、埋蔵地に埋められない限り、無制限にゲニザに集められた。もともとカイロの北にあった古い町フスタートは、現在はカイロの一部になっているが、そこには有名なベン・エズラ・シナゴーグがあり、このシナゴーグはこの種の保管庫をずっと十九世紀末まで維持し続けていた。この保管庫は十九世紀にヨーロッパの書籍蒐集家の注目を集めることになった。一八九七年に保管庫が開けられ調査されたが、その結果ここにはあらゆる種類の書類や文献が収められていることがわかった。聖書の注釈書、タルムード、レスポンサ、詩、祈禱書、哲学書および科学書。こういった書物が中世以来ここには保管されており、その結果中世の知識人たちの生活が一挙に明らかになった。さらに重要なのは、このゲニザにはその他の各種の雑多な書類が保管されていたことで、それらは個人的なあるいはビジネスの手紙、商取引の契約書、船積み証券、結婚契約書、書取練習帳、書籍目録、財産目録、お守り等々、実に広範囲にわたった。これらの文書により、十世紀から十三世紀にかけてのエジプトにおけるユダヤ人のみならずイスラム教徒を含めたすべての人々の日常生活の様子が、従来のイスラム文献だけではけっしてわからなかったところまで知られるようになった。しかし、これらの文書はあまりに広範で、しかも断片的、判読困難、アクセス困難で、さらにヨーロッパやアメリカの図書館や蔵書に分散して収集されたため、発見から一世紀たった今日でもいまだ全貌の完全な解明はなされていない。近年ベン・エズラ・シナゴーグ自体は修復されたのでカイロで訪れることができる。

一一六五年にマイモニデスがエジプトに来たとき、彼はいわばよそ者だったので、社会で認められて指導者の地位を獲得するためにはまず従来の指導者の反対を乗り越えなければならなかった。しかし、「ユダヤ人の長」の称号を獲得したか否かは定かではないが、実質的にエジプトにおける最高のラビとしての権威をやがて認められるようになった。さらにその意見が、地中海世界のみならずキリスト教下のヨーロッパからも求められるような、国際的な人物となったが、一方では、彼の名声は従来の権威を侵す者として、イラクのゲオニームとの軋轢を生み出した。彼の名声はその宗教的知識だけによるものではなく、哲学、科学、医学などに精通していることからもきていた。彼はサラディンの高官の主治医となり、その妻たちや子供たちを診るため、絶えずフスタートからカイロへと出かけていた。

マイモニデスはサアディアが生み出したラビの理想の姿であった。すなわち、宗教法に精通しながらその他の分野でも当代最高の知識人であり、その著作はユダヤの伝統と科学の両方をふまえたものであった。彼の不朽の名声と権威は、彼の二大著書に負うところが大きい。その一つはヘブライ語で書かれた独自の論理的構成を持つユダヤ法典であり、もう一つはアラビア語で書かれた『迷える者への指南（手引き）』と呼ばれた哲学書である。後者は、哲学を学ぶユダヤ人学生に対し、ユダヤ人の伝統が哲学的に見ても十分正しいことを説いたものであり、中世のユダヤ哲学の最も有名な書物となった。しかし、この書物はアラビア語を話さないユダヤ人社会、すなわちギリシア＝アラビア的哲学の洗礼を受けていない社会にとってはやや先鋭的すぎるものであった。マイモニデスにはその他医学関係の専門書や論理学の著書もあるが、これらは純粋に学術的なもので、その対象はユダヤ人、非ユダヤ人を問わなかった。

パレスチナのユダヤ人社会は、十字軍の手からアイユーブ朝エジプトがふたたびこの地域を奪って後、特に注目に値する動きはなかった。自分たちだけのラビの神学校を、初めはティベリアスに、後にはラムレに持っており、イラクの神学校とその正統性を争った。かつてこの神学校はディアスポラのユダヤ人社会の宗教行事の日程を定める特権を獲得しようとしたことがあったが、この試みはサアディアによってつぶされた。いずれにしろ当時のパレスチナはユダヤ人にとってもまたイスラム教徒にとってもその関心からやや離れた位置にあった。

しかし、イスラム教徒にとってこの状況は、一〇九九年に十字軍がこの地に足を踏み入れたことによって大きく変わった。以後ほぼ二世紀にわたり、この地をめぐってイスラム教徒と聖地の再建を目指すキリスト教徒は激しく争った。キリスト教徒は一〇九九年にエルサレム王国の建設に成功し、この王国は一一八七年まで続いた。その後も一二九一年に完全に追放されるまでキリスト教徒はこの地にとどまった。ユダヤ人は市内に住むことは許されなかったが、訪問することは認められており、十字軍が占領したパレスチナの地域内において迫害されることもなかった（これは一〇九六年にユダヤ人がヨーロッパ中で十字軍によって迫害されたのとは違っていた。第五章参照）。その地位は十字軍占領下におけるイスラム教徒の立場と似ており、従って十字軍は中東のユダヤ人社会にすぐに大きな影響を与えることはなかった。

しかし十字軍の活動はその後の長期間にわたるイスラム世界の衰退のきっかけとなったことは疑いなく、この衰退がやがてユダヤ人社会に対しても影を落とすようになる。七世紀に瞬く間にペルシア帝国とビザンチン帝国を征服し、広大な領土と莫大な富を持つ国家を築いたイスラム帝国は、無数のモスクや学校のある繁栄した都市、優れた学者と進んだ知的生活を生み出したが、これらの成功が彼らの自信となり、被統治者となった民族には寛容さを持って臨み、彼らの生活が平和に過ごせるように計らった。九世紀にはイスラム帝国は政治的に分裂を始め、それぞれ独立あるいは半独立状態の国家が存在するようになったが、それでもそのそれぞれの国家は自信に満ち活力にあふれていた。しかし、今回はイスラム教徒全体の力が衰弱しつつあった。シチリアでは十字軍の侵攻が始まる（一〇九一年）以前に、ノルマン人による征服が始まっていた。十字軍の東方への侵攻は、イスラム教徒にとって最大の宝庫というべきスペインへのキリスト教徒の侵入の開始と時期的に一致した。さらに、ベニス、ピサ、ジェノアなどのイタリアの都市国家が東地中海の貿易に乗り出し、その覇権を握るのを十字軍は可能にした。十三世紀末までには、イスラム教徒はヨーロッパから追放され、北アフリカも絶えずヨーロッパ人の侵攻の脅威にさらされるようになった。これに加えて、モンゴル人がはるか遠くアジアから侵入し、一二五八年にはバグダッドがモンゴル人の手に落ち、かつてのイスラム帝国の繁栄の名残に終焉をもたらした。こうして、力と富は次第にヨーロッパのキリスト教国に移っていったのである。

一部では、イスラム教徒もこうした流れを非イスラム教に対する締め付けを厳しくすることによって食い止めようとした。かつてはほとんど注意を払われなかった、差別的規則を定めるウマルの法を厳格に適用し、ユダヤ人とキリスト教徒はそれぞれ自分の出自を示す服装を身に着けるとか、市内ではロバに乗ることも禁ずるなどを命じた。そして、教会やシナゴーグは破壊され、ユダヤ人の医師はイスラム教徒の患者を診ることを禁じられた。ユダヤ人やキリスト教徒はかつてない苦しみや恥辱を味わうことになり、暴徒の襲撃にさらされることもあった。イスラム世界がさらに経済的に疲弊していった十四、十五世紀になるとズィンミの状況はさらに悪化し、こうした状況から逃れるためにイスラム教徒に改宗する人たちが次々と現れる状態にまでなった。この現象を示す例として、かつて世界のユダヤ人社会の中心とまでいわれたアレクサンドリアにおいて、一四八一年にはユダヤ人家族はわずか六十家族しかいなかったことが挙げられる。

ただ、イスラム法は引き続きズィンミの生命を守ったので、虐殺といった事態は起こらなかった。またモンゴル人によるバグダッドの征服はズィンミの状態を一時的に向上させる働きもした。というのは、モンゴル人はイスラム教徒ではなかったので、ズィンミという法的カテゴリーそのものを廃止したからである。さらに、彼らはキリスト教徒やユダヤ教徒に対する宗教的偏見がなく、ただ自分たちを支持してくれる人間を必要としていたのである。初期のモンゴル人統治者のなかにはユダヤ人の医師や学者を高官として抱えた者もいた。しかし、彼らの名声は時にはイスラム教徒の反感を買い、暴動にまで至ったこともあった。さらに、一二九五年にモンゴル人がイスラム教に改宗してからは、改宗者特有の熱心さで差別的法律であるウマルの法を復活させた。こういった不寛容な雰囲気や経済状態の不振のために、かつてイスラム文化が栄えたときに見られたような文学的、学問的繁栄はもはや見られなくなった。同様に、イスラム世界の中心地におけるユダヤ教も沈滞期に入った。

エジプトにおいてはトルコ系のイスラム王朝マムルーク朝が一二五〇年に成立したが、その統治者はズィンミに対してばかりでなく、被支配者階級のイスラム教徒に対しても差別的政策を採った。そのため、下層階級のイスラム教徒は、自分たちよりもさらに社会的に下の階層であるズィンミに対し、その憎しみを向けるという構造ができた。ユダヤ教徒やキリスト教徒をイスラム教徒と区別し、彼らを公的生活から排除する施策が絶えずしかも巧妙になされ、かつてのイスラム帝国の華やかな時代には想像もできないような異教徒に対する敵対の雰囲気が醸成された。

【コラム】黄金時代の詩

イスラム支配下のスペインのユダヤ人貴族はアラブ人貴族と同様の生活を送って

いた。彼らの邸宅には庭があり、そこで夜にはワインパーティを開き、同輩の貴族をもてなした。こういったパーティではアラビア語やヘブライ語の詩が朗読され、時には楽器に合わせて歌が歌われた。だがすべてのユダヤ人がこういった行いを肯定していたわけではない。このパーティに出席した一人の人物の心の葛藤を詩人のダナッシュ・ベン・ラブラトがうまく表現している。十世紀にコルドバで開かれたパーティについて熱狂的に語りながらも、詩人は心のとがめを隠せない。

遠くで響く「目覚めよ!」との声
夜明けの光のなかでワインの杯を干す
バラと樟脳に囲まれて
饗宴は果てることなく続く

ザクロの木が茂り
アネモネが花開く
ブドウの木が枝を伸ばし
マツの木々が空に向かってそびえる

軽く弾むような歌手の歌声に

低く鼓動する太鼓の音
優しくかき鳴らすビオールの響きに
噴水の跳ねる水音

そびえ立つ木々には
実がたわわになり
鳥たちは喜びのあまり
木々のあいだで歌う

クークーと鳴く鳩の声は
愛の歌
さらにその上からは
仲間の鳩が笛のように歌う

庭に座りワインを飲む
頭上にはバラの花
悲しみも恐怖も消え失せて
ただ心浮かれてさらに杯を干す

贅を尽くした食べ物に
最高のワイン
巨人の食卓のように
果てることのない食欲

朝の光が射すと
牛を屠《ほふ》り
子羊も食卓に載せよう
さらに羊も、子牛も

突然流れくる強い香り
濃い香の煙の中で
我々の最後の日を待ち受けよう
いまの時間を楽しく過ごしながら

しかし、私は自らをたしなめる、「心を落ち着けなさい！」
どうして心ゆくまで飲めるのか

シオンの丘が失われ
ユダヤ人でない者の手にあるとき

愚か者のように語り
怠惰に自らを任せた
神の最後の審判で
その愚行は非難されるであろう

トーラーは神の歓び
しかしそれは心から消え失せ
シオンの丘の廃墟は
野蛮人の蹂躙に任されたまま

どうしてこんなに呑気でいられるのか
喜んで杯を掲げられるのか
ここにいる者すべては
すべからく拒否され、軽蔑されるのだろうか？

北アフリカにおいては、ユダヤ人の生活がそれほど悪化することはなかった。ムワッヒド朝初期の熱狂的な動きが落ち着いてからは、十二世紀末にはその差別的法律は厳しく適用されることは少なくなった。現在のチュニジアやアルジェリアにあったユダヤ人社会は安定した状態にあり、一三九一年にはキリスト教徒の支配するスペインから逃れてきたユダヤ人でその人口が膨れ上がり、活況を呈したほどであった（第五章参照）。彼らのなかには多くの学者やラビがおり、彼らは同地の知的活動を活発化させた。この移民の流入はモロッコのユダヤ人社会に対しても良い影響を与えた。モロッコのフェズを首都にして一二八六年から一四六五年までこの地域を統治したメリニッド朝は、ズィンミに対し非常に寛容で、ユダヤ人の廷臣さえ登用した。一方、イスラム社会の下層階級はズィンミに対して次第に反感をつのらせており、その動きはイスラム世界共通のものとなってきていた。一四三八年頃、大きな不安の種となっていた襲撃からユダヤ人を守るため、メラーと呼ばれる特別の壁に囲まれた地域が作られた。この処置はモロッコ中に広まり、その結果ユダヤ人は次第に一般住民と隔離された形で生活するようになり、初めは防御のために作られたものが結果として孤立をもたらすことにもなった。しかも、このメラーは必ずしも有効ではなかった。一四六五年にあるユダヤ人が政権の高官に任命されたことがきっかけとなり、国中にユダヤ人虐殺の動きが起こった。まさに、体制側と一般大衆のユダヤ人に対する態度の違いを明確に示す典型的な事件であった。

十五世紀後半は、十字軍以来始まっていた中東の歴史およびユダヤ人の歴史における変化の動きを一気に完成させた時期であった。全く新しい勢力が現れ、衰退していく旧勢力を一気に消し去ったのである。この新しい勢力とはオスマン・トルコである。彼らは中央アジアに発祥した一連の侵入者のなかで、最後のそして最も重要な意味を持つ勢力であった。彼らは小アジアを起点にその領土の拡張を始め、一四五三年にはイスラム教徒が七世紀以来切望してきたコンスタンチノープルを陥れた。一五一七年にはパレスチナとエジプトを、続いてイラクと北アフリカ沿岸を獲得した。こうして、ビザンチン帝国の千年にわたる歴史は終焉した。この時点より以前に、ユダヤ人はスペインおよび大部分の西ヨーロッパから追放されており、また一五〇二年のペルシアにおけるサファヴィ朝の成立は、かつての有力なユダヤ人社会を単なる辺境の一社会にしてしまっていた。しかし、このオスマン帝国の興隆は、新しく圧倒的な力を持つイスラム社会のなかでユダヤ人が新たに花を開かせる機会を提供するものでもあった。

【コラム】ユダヤ・アラビア語と文学

ラディノ語とイディシュ語という二つの重要な例外を除き、ディアスポラのユダヤ人は通常それぞれの地域の言語を使用してきた。従って、イスラム帝国の成立後は、世界のユダヤ人の大部分はイスラム世界の住人となり、他の同様の境遇の非ユダヤ人と同じようにそれまで使ってきたアラム語、ギリシア語、ベルベル語、ラテン語から徐々にアラビア語に切り換えるようになった。まもなく、彼らはアラビア語で文章も書くようになり、十世紀にはユダヤ人によるアラビア語文学が存在するようになった。

ユダヤ人がアラビア語で書くとき、彼らは通常アラビア文字のアルファベットよりもヘブライ文字を使うことが多かった。この理由はおそらく、彼らがヘブライ文字のほうに慣れ親しんでいたからであろう。当時、若者の教育はまず宗教教育から始まった。これはユダヤ人にとっては、まずヘブライ語の読み書きを覚えることを意味したので、ヘブライ語の識字率は極めて高かった。彼らはアラビア語についても一般的には書くことができたので、非ユダヤ人に向けて書くときはアラビア語を使った。ただ、他のユダヤ人との間のコミュニケーションにわざわざアラビア語を使うことはなかった。

ユダヤ・アラビア語文学には神学、哲学、ヘブライ語文法、聖書の注釈書、宗教法に関するラビの解説書などがある。また医学、天文学などの科学書もあった。さらにはヘブライ語の詩の書き方を教えた本まであった。

ただ、こういった文学的作品は全体から見ればわずかで、「ゲニザ」に保管されていた文書の大部分は手紙、財産目録、日々の雑記録などで、それらは各地で普段使われていたアラビア語で書かれている。そのため、これらは中世の地中海世界で一般庶民がどんな生活を送り、どんな風に話していたかを想像するための貴重な記録となっている。

中世以降、イスラム世界のユダヤ人にはより強い制約が加えられ、しばしば隔離された世界での生活が強制されたので、ユダヤ・アラビア語はよりユダヤ的訛りの強いものに変化した。一般向けの宗教書、聖書の中の人物たちを詠った詩、さらに結婚式や地域社会の行事の時に使われる宗教的な歌でもこのユダヤ訛りの強い言葉が使われていた。

第五章　中世キリスト教ヨーロッパ社会におけるユダヤ人
（九世紀から一五〇〇年まで）

アシュケナジム（中部、東部ヨーロッパのユダヤ人）の起源

古代ローマ帝国内においてユダヤ人社会は重要な地位を占めており、紀元一世紀にはローマ帝国の国境を越えてその周辺地域にまで移り住んでいった形跡がある。スペイン（この地域については本章の別のところで取り上げる）、プロバンスやガリア各地においてその足跡が見られるが、スペインを除いては永続性のあるものではなかった。西ヨーロッパにおける最初の重要なユダヤ人社会はシチリアと南イタリアに出現したもので、それらは一〇九一年までビザンチン帝国下にあった。九世紀以降これらの地域のバリ、オリア、オトラントの町にはラビの法を学ぶ神学校が設けられ、また礼拝詩の詩人を輩出したことでこのユダヤ人社会は一層有名になった。彼らの詩の中にはいまでもアシュケナジムの間で朗唱されるものがあるが、その詩は、ビザンチン帝国下において皇帝たちに迫害された歴史を述べたものである。

フランク族の王たち、中でもシャルルマーニュ（統治期間七六八〜八一四年）と彼の息子ルイ一世（敬虔王）は、イタリアのユダヤ人に対し、プロバンスやライン地方に移住することを奨励した。彼らのねらいは、遅れた農業地域であったこれらの地方に、活発な商業活動をもたらすことであった。この時期、ライン川沿いのケルン、マインツ、ヴォルムス、シュパイヤーなどに重要なユダヤ人社会が形成され、以降中央ヨーロッパにおけるユダヤ人の定着地として繁栄していった。

これらの地方はヘブライ語でアシュケナジと呼ばれたので、同地域に住むユダヤ人をアシュケナジムと称するようになった（第八章でアシュケナジムの文化が東欧、アメリカに伝わり、それらの国々でユダヤ人文化の主流になるいきさつを述べる）。

アシュケナジムはその始まりの時から、周囲と異なる性格を持っており、そのことがやがて非ユダヤ人社会との軋轢を生み出す原因のひとつになる。すなわち、西あるいは中央ヨーロッパのユダヤ人は、その商人としての技量を買われて支配者たちに招かれたのであり、土地所有者と農民からなる中世封建社会の枠組みからは最初からはずれており、その法的地位は王、封建領主あるいは司教たちに全面的に依拠していた。土地との関係がその人間の立場を決める封建ヨーロッパにおいては、これは異色のことであった。南フランスやリチャード一世（獅子心王）の時代のイギリスでユダヤ人が世襲の土地を所有することを認められたこともあったが、これは例外的で、封建制度のもとユダヤ人が土地を所有することはめったになく、仮にあったとしてもやがては奪われる運命にあった。

この特異な地位は、ヨーロッパの民衆とユダヤ人の社会的、経済的な立場の違いの根幹をなすものであった。そして、それに宗教的異質性が加わり、一般民衆が安定した生活を送れた良い時代においては嫌悪、悪い時代においては憎しみの対象となった。ユダヤ人の地位の特殊性は、同時に支配層との関係においては一種の特権でもあったが、民衆と支配層との関係にたえず翻弄される立場でもあった。たとえ高潔な封建領主であっても常にユダヤ人を守ってくれるとはかぎらず、悪質な領主の場合は自分が生殺与奪権を握っているのをいいことに、ユダヤ人を食い物にして金をゆすることもあった。さらに、貧乏な領主の中にはユダヤ人の財産没収を目的に、彼らを領地から追い出す者もいた。

ユダヤ人が土地の所有と切り離された結果、彼らは町の住人となり、商人あるいは職人として身を立てるようになった。これは、ある意味では農民にはできない自由な経済活動を可能にし、一見有利な立場にあったようにも思える。しかし、中世末期になり都市が発展するにつれ、文化的にもあるいは人口的にも多数派であるキリスト教徒がこれらの分野でも勢力を伸ばし、ユダヤ人はまず職人の仕事から、次いで社会的に尊敬されるようなビジネス活動の多くから排除されるようになった。

ただ、これらの現象は時代的にもまた地域的にも一様に進行したわけではなかったので、シャルルマーニュやルイ一世の時代のユダヤ人は特に迫害の対象とはいえなかった。

むしろ彼らは繁栄した生活を送り、東に向かっては東中央ヨーロッパに、西に向かってはフランスやイギリスに移住していった。この時代、ラビを養成する神学校の数は一千近くに上っていたと言われる。ただ、そこで学ばれていたのはもっぱら、タルムードとアシュケナジム社会におけるユダヤ法で、かつてのアラビアのイラクにおいてサアディアを生みだしたような豊穣な知的生産活動は見られなかった。その代わりタルムードの研究については、かなり高度なところまで究められた。その最も有名な成果がシュロモー・ベン・イツハキー（通称ラシ、一〇四〇〜一一〇五年）による『タルムード注釈』で、かつてのアラビア時代の水準をはるかに越えているのは言うにおよばず、現在でもタルムード研究をする上において無視することのできない業績である。

この時代のラビによるタルムード研究は、学問というよりももっと実用的な意味を持っていた。というのは、イスラム世界あるいはキリスト教世界においてユダヤ人社会は半自治的な立場にあり、ユダヤ人の商業活動に関する争いはユダヤ人自身が裁く必要があった。そのため、ラビには法律に精通した権威者としての重要な役割があったのである。こうした国あるいは地域を超えたひとつの法体系の存在は、その共通の言語へブライ語の存在と相まって、ユダヤ人が国際的な商業をする上で大きな利点となった。

ユダヤ人とキリスト教徒の関係は十一世紀末近くまでは安定した関係が続いていた。しかし、パレスチナの聖地、中でも聖墓（キリストの墓）をイスラム教徒から取り戻すための十字軍の動きが始まったとき、その様相は大きく変わった。遠隔地の非キリスト教

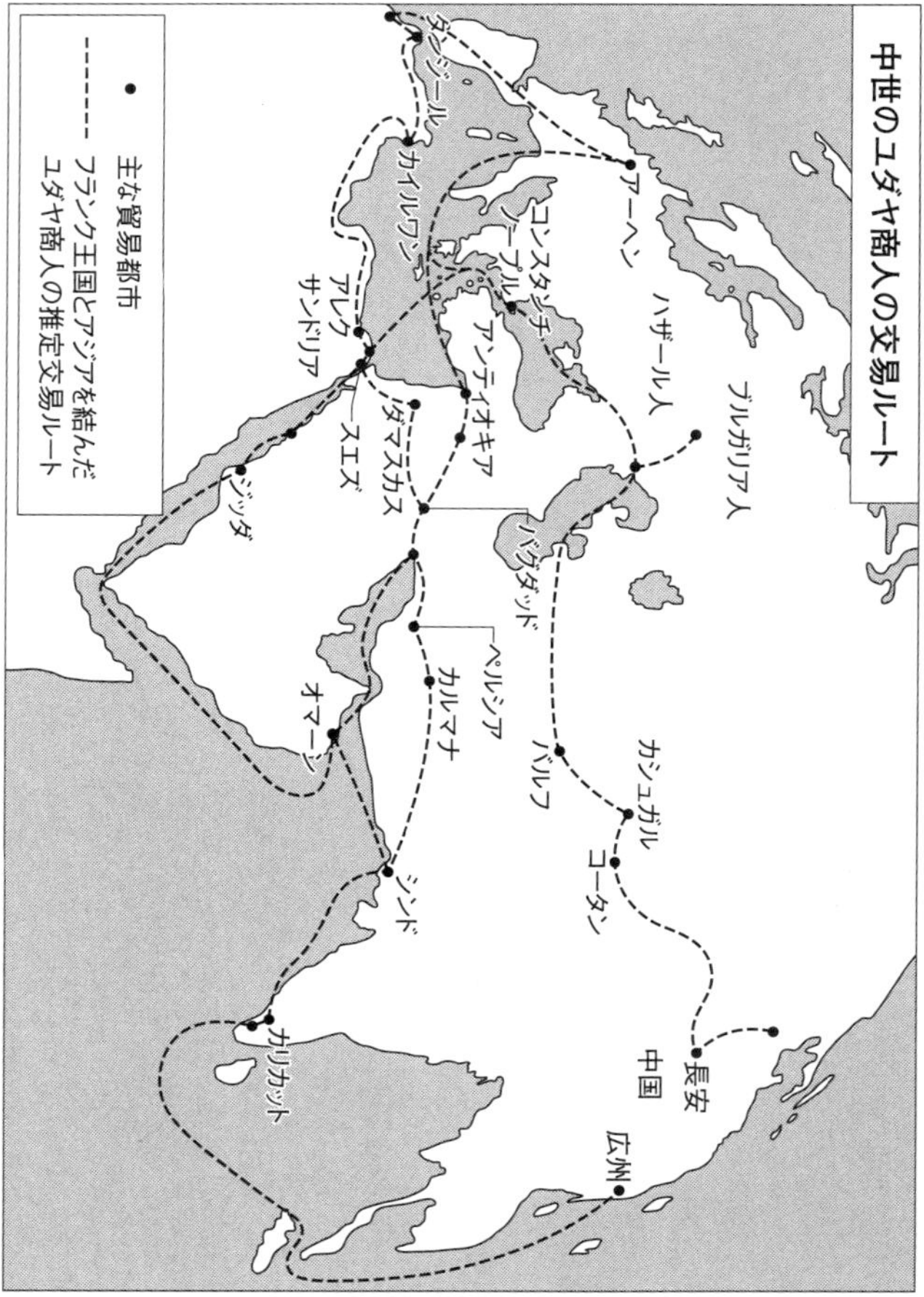
中世のユダヤ商人の交易ルート
● 主な貿易都市
フランク王国とアジアを結んだユダヤ商人の推定交易ルート
アーヘン
タンジール
カイルワン
アレクサンドリア
スエズ
ジッダ
ダマスカス
アンティオキア
コンスタンチノープル
ハザール人
ブルガリア人
バグダッド
ペルシア
カルマナ
オマーン
シンド
バルフ
カシュガル
コータン
長安
中国
広州
カリカット

徒に向けられた宗教的憎しみは、身近にいたユダヤ人に対しても向けられるようになった。一〇九六年春、第一回十字軍がヨーロッパを横切って東方に向かったとき、その最初の犠牲者となったのはライン地方に住むユダヤ人であった。この地方の地方領主や教会関係者の多くは法に従い彼らを守ろうとしたが、十字軍の武力に対抗するだけの手段は持ち合わせていなかった。その結果、大量虐殺と強制改宗が行われた。キリスト教徒の暴徒たちの手にかかるよりはと、多くのユダヤ人が自殺を選び、夫は妻と子供を殺しそのあと自らの命を絶った。この事件はアシュケナジムにとって最初の大きなトラウマになったが、悲劇はこれだけで終わることはなかった。第二次、第三次十字軍の際もやはり同様の事件があり、なかでもイギリスのヨーク地方のユダヤ人は一一九〇年、第三次十字軍の攻撃に対し集団自殺したことが知られている。この事件に対しいまでも多くのアシュケナジムのシナゴーグで定期的に祈りが捧げられている。

こうして、ヨーロッパの一般庶民の間に反ユダヤ的感情が定着していったが、この感情の一部は恐怖感に根ざしたものでもあった。文字も読めず、迷信深い中世の農民たちの目には、不思議な習慣と、奇妙な宗教儀式、それにヘブライ語の祈りを行うユダヤ人は、単に社会的、経済的アウトサイダーというだけでなく、黒魔術を操る異様な集団、悪魔の手先とも映っていたのである。こうした感情は、ユダヤ人は非ユダヤ人、特に子供を殺し、その血を過ぎ越しの祭りの儀式に使うという噂の流布（「血の告発」）となって現れた。この血にまつわる誹謗は以前にもあったが、中世キリスト教社会において最も顕著に見られた。というのは、キリスト教徒にとって、その中心となる宗教的儀式はミサであり、そこでワインとパンはキリストの血と肉となると唱えられていた。そして司祭たちは、ユダヤ人がキリストの血を流したとたえず信者に教えていた。こうした状況にあって、信じ込みやすい大衆が、ユダヤ人は血をもって悪魔的な復讐を遂げようとしていると考えるのは当然の成り行きでもあった。同じように、ユダヤ人は聖餐のパンを盗んだ、あるいはキリストの身体に釘を打ち込んで拷問にかけた、などの話が流布していた。時には、ユダヤ人は聖餐のパンを魔術の儀式に使っているとの非難まで起こっていた。

ユダヤ人に対する最初の組織的な弾圧は、一一四四年にイギリスのノーウィッチで起こった。ユダヤ人が、ウィリアムという名前の子供を捕まえて復活祭の前の聖金曜日にキリストの磔《はりつけ》にならって殺害した、との容疑をかけられたのだ。しかも、この儀式は世界中のユダヤ人の間の、毎年キリスト教徒の子供を一人犠牲にしなければならないという約束事に基づいて行われたとの噂まで広まった。こうして、ノーウィッチのユダヤ人は、これに反発する住民により大量虐殺され、さらにこの動きは次々とヨーロッパ中に広まっていった。

そしてユダヤ人が、殺されたキリスト教徒の子供の血を過ぎ越しの祭りに食べるマッツオー（種なしパン）に使っていると広く信じられるようになってからは、虐殺はさらに広範囲に及ぶようになった。個々の事例は様々であるが、結果的にはほぼ同じような行為が各地で行われた。ユダヤ人家族全員、時には地域のユダヤ人社会全体が、しばしば生き埋めにされて抹殺された。代表的なのは、一一六八年のグロスター（イギリス）、一一七一年のブロワ（フランス）、一一八一年のウィーン、一一八二年のサラゴサ（スペイン）、一二三五年のフルダ（ドイツ）、一二五五年のリンカーン（イギリス）――チョーサーのカンタベリー物語で触れられている――、一二八六年のミュンヘン、一四七五年のトレント（イタリア）、一四九一年のアビラ（スペイン）などで起こった虐殺で、特に最後の例はスペインにおけるユダヤ人排除運動の高まりを象徴するものであった。

こうした中世にあっても、キリスト教徒の知識人たちの間ではユダヤ人の血の贖いを信じる者は少なく、またイスラム社会においてもユダヤ人を悪魔の仲間と見なすような考えは存在しなかった。キリスト教徒の王や領主、高位の聖職者たちはユダヤ人をこうした異様な殺戮から守るため、力を尽くした。特に一二三五年のフルダの殺戮のあと、神聖ローマ帝国のフレデリック二世はこの事件を調査するための委員会を設けたが、それはユダヤ人を糾弾することがいかに根拠のないことかを明らかにするものであった。ユダヤ教では血の付いた卵でさえ口にすることを避けており、まして人間の血を儀式やその他の目的のために使うことは考えられなかった。一二四九年ローマ法王イノセント四世はユダヤ人に対する殺戮を非難した。

しかし、教区の僧や修道士たちは相変わらず、信者たちに向かって、ユダヤ人がキリストを磔にしたこと、また事あるごとにその再演を試みている、との話を繰り返ししていた。こうして、ユダヤ人に対する血の報復は完全になくなることはなく、現代に至るまで何か事あるごとに現れてきた（第六章で一八四〇年にイスラム社会で起こった事例を、第八章で一九一三年帝政ロシアでいかにこれが復活したかを見てみたい）。

十二、十三世紀になると、いくつかの歴史的展開が中央および西部ヨーロッパのユダヤ人の状況をさらに悪化させた。十字軍の遠征が相次いで行われるようになると、ベニスなどイタリアの共和国が地中海貿易を独占するようになり、ユダヤ人の貿易における地位を低下させた。製造業や職人の世界、あるいは商業なども次第に職能組合であるギルドによって支配されるようになり、それは職業の面ばかりでなく社会的、宗教的な面も規制するようになった。そしてユダヤ人は通常このギルドからは排除された。北イタリアにおいては、ユダヤ人の経済的状況はいくぶん恵まれていた。しかし、それも教皇の力が高まるにつれ、ユダヤ人に対する統制は強められ、俗界の君主や教会、個々のキリスト教徒との関係においても次々と規制する法令が定められた。

教皇のユダヤ人に対する基本的方針は、「その生命と財産は保障するが、貧困と屈辱の下で生活を送るべきである」という昔からのものであった。歴代の教皇は就任にあたり、これらを保障した勅命をそのたびに発したが、その内容は少しずつ異なっていた。例えば、一一九九年に即位したイノセント三世はユダヤ人に対する権利の保障を再確認したが、同時にユダヤ人がキリスト教徒に貸し付けた金銭は、もしそのキリスト教徒が十字軍に参加したなら返済の義務はなくなるという項目を付け加えた。また強力な教皇はたびたび会議を召集してはユダヤ人を規制する法令を発布した。特に一一七九年に開かれた第三回ラテラノ公会議は象徴的な会議であり、この会議では長年有名無実となっていたユダヤ人に対する様々な規制が復活した。その中のいくつかはユダヤ人とキリスト教徒を社会的に隔離しようとするものであった。ユダヤ人はキリスト教徒の召使いや使用人を雇うことを禁じられ、キリスト教徒はユダヤ人の住居地の近くに住むことを禁じられた。

一二一五年に開かれた第四回ラテラノ公会議はさらにユダヤ人の隔離を意図したもので、ユダヤ人を示す忌まわしいバッジをつくり、恥ずべき存在としてすべてのユダヤ人に着けさせた。またユダヤ人が公職に就くこと、イースターやその他の特定の神聖な休日には表に出ることも禁じられた。

この二回の公会議ではユダヤ人の経済活動を規制するための方策がいろいろと打ち出された。中でもユダヤ人にとって重大な意味を持ったのは、第三回会議で決められた、キリスト教徒の間では金銭の貸し借りに金利を取ってはならないという法令であった。ユダヤ人がキリスト教徒に金銭を貸す場合には適用されなかったので、折しもユダヤ人が他の経済活動からは完全に閉め出されつつあった状況下では、金貸し業だけがユダヤ人に残されたと同様であった。キリスト教徒の間で金利を取ることを禁止したとしても当然、金銭貸借の需要がなくなったわけではなかった。経済的成長、戦費の調達、さらには貧乏な人間にとっては文字どおり不可欠なものであった。キリスト教徒を高利貸しの仕事に手を染めさせず、代わりにユダヤ人に忌むべき質屋の仕事に携わらせるという中世社会の構図はこうして出来上がった。第四回公会議ではユダヤ人が取ることのできる金利の上限が決められ、さらにキリスト教徒の債務者がユダヤ人の債権者にその財産を没収されたとしても、ユダヤ人債権者は「十分の一税」は引き続き教会に払わなければならないと決められた。こうした一連の施策の結果、十三世紀末までにはユダヤ人の多くは次第に貧窮状態に陥り、その職業も行商人、中古品業者、質屋などに限定されるようになった。

キリスト教会の権威を決定的なものにするため、教皇イノセント三世はラングドック地方とプロバンス地方のカタリ派とワルドー派に対し宣戦を布告した。そして、これらの異端の排除を徹底するために、異端審問所を設けたが、この存在は十五世紀後半以降スペインやポルトガルで非常に大きな意味を持つようになる。彼はさらにフランシスコ会、ドミニコ修道会の創立も認めた。ドミニコ修道会はとりわけキリスト教内の異端派の改宗に熱心であったが、次世紀以降にはユダヤ人に対してもその鉾先を向けるようになった。

十三世紀になると、宗教的見地からユダヤ教を貶めようとする動きがさらに盛んになり、キリスト教に改宗したユダヤ教徒がタルムードをキリスト教神学者のもとに持ち込み、その検証が行われた。その結果、ユダヤ教の正統性をほのめかし、キリストを傷つける語句を含むタルムードは、キリスト教に反すると断罪された。グレゴリウス九世は一二三三年、公式にタルムードを非難し、一二四二年にはユダヤ教から改宗したニコラス・ドーニンの煽動により公開裁判が行われ焼却処分に付された。一二六三年にはアラゴン王の主導により、ユダヤ人をタルムードに基づく信仰やラビの教えから切り離すための公開論争が行われた。

一二三二年、モンペリエでドミニコ修道会の手によって、マイモニデスの著作が焼却された。ただこの事件は、部分的にはプロバンスのユダヤ人社会内の軋轢が生み出したものでもあった。当時、プロバンスにはムワッヒド朝のスペインからアラビア語を話すユダヤ人が移住してまだ間もない時期であった。彼らの洗練されたマナーと知的な能力は以前からそこに住んでいた多くのユダヤ人を魅了したが、同時に旧来の伝統にこだわるユダヤ人からは反感を持たれたのも事実であった。マイモニデスの高度な思想は論争を引き起こし(これは次の世紀にまで、さらにスペインにまで及んだ)、これに反対する守旧派はドミニコ修道会に彼らを訴えた。ドミニコ修道会は本来キリスト教内の異端派を追及することを本分としていたが、ユダヤ教内の異端に対しても同様の処置を行うことを期待されたのである。

ユダヤ人を西ヨーロッパ全体から追い出そうとする痛ましい動きはゆっくりとしかし確実に進んでいた。

イギリスにおいては、エドワード一世が一二七五年、ユダヤ人に対する借金を棒引きにすることを宣言し、以降ユダヤ人が金貸し業を行うことも禁止した。こうして、残された数少ない生活の糧を得るための職業からもユダヤ人ははじき出された。さらに彼はユダヤ人社会の指導者たちを投獄し、多額の身代金を要求した。一二九〇年、身代金が払われるとユダヤ人をイギリスから追放したが、ユダヤ人が再び入国を許可されたのは四世紀を経た後であった。

フランスにおいても、一三〇六年フィリップ四世がエドワード一世の政策にならい、ユダヤ人の財産を没収し国外に追放した。次の王の治世においてユダヤ人は帰国を認められたが、一三二〇年「羊飼いの十字軍」と呼ばれる民衆の運動によりユダヤ人社会は攻撃され、さらに翌年には五千人のユダヤ人が、井戸に毒を投げ込んだとして生きながらにして埋められた。一三二二年までには、フランス全土からユダヤ人の姿はほとんど見られなくなり、一三九四年にはほぼ完全に追放された。

フランスから追放されたユダヤ人は、当時まだフランスの領土ではなかったプロバンスへ向かった。プロバンスには十二世紀にスペインから逃れてきていたユダヤ人の社会があり、ユダヤ人の重要な知的活動の中心地ともなっていた。そこにおいてはアシュケナジムによるタルムードの研究がユダヤ・アラビア系の哲学的、文学的活動と結びつき融合していた。十二、十三世紀には、この土壌の中からユダヤ教神秘思想であるカバラが生まれ、まずスペインへ、やがて世界中へと広まっていった。しかし一四八一年にプロバンスがフランスに併合されると、ユダヤ人社会は次第に追放され消滅していった。

プロバンスのユダヤ人の多くはその避難先として、フランス国内にある教皇の飛び領地を選んだ。すなわち、プロバンスの一地域であるベネッサンとアヴィニヨン市である。これらの地域は十三世紀初頭より教皇の領土であり、特にアヴィニヨンには一三〇九年から一三七七年まで教皇が住んでいた。教会組織の最高権威として教皇は、ユダヤ人の最低生存権を保障するというその政策を厳密に守った。こうして、プロバンスのユダヤ人社会はアヴィニヨンとその周辺地域に圧縮される形で残り、以後十九世紀末までその特有の文化と伝統を守り続けた。

一三四八年から一三五一年にかけてヨーロッパはペストの猛威に襲われた。その被害はユダヤ人、キリスト教徒を問わず、およそ三分の一の人口が消え去った。パニックに陥った民衆はその恐怖をやわらげるため極端な宗教的活動に頼った。集団ヒステリー状態の中で、ユダヤ人が井戸を汚染しペストを広めているとの噂が飛び交った。ユダヤ人社会、特に中央ヨーロッパのユダヤ人社会がひとつひとつ襲われ、破壊され、追放されていった。血の粛清の際に以前の教皇たちが行ったように、教皇クレメンス四世は、ユダヤ人がキリスト教徒と同じようにペストで死んでいく中、こうした馬鹿げた主張を抑えようと何度も試みたが、結局ユダヤ人が血を流す以外に民衆を鎮める方法はなかった。

ユダヤ人は流浪の生活を余儀なくされ、その生命は極めて不安定な状況に置かれた。十五世紀中には中央ヨーロッパのドイツ各地から追放されたが、さらにショックだったのは十五世紀末にスペインから追放されたことであった（この点については後に触れる）。

一方、ヨーロッパ南東のビザンチンの中心地域であるバルカンや小アジアのユダヤ人は反ユダヤ教のキリスト教体制の下、パレスチナやエジプトの同胞がイスラムの征服により重圧から逃れられたのに比べ、過酷な状況にあった。ビザンチン帝国下の最も繁栄したユダヤ人社会は、この章の初めに触れたように、東の地域ではなくむしろシチリアや南イタリアで見られた。また有名な反ユダヤ運動は、ビザンチン帝国を七二六年から八四三年まで大きく揺さぶった偶像破壊論争の際に起こった。キリスト教の礼拝からイコンを排除しようとした一派は対立者からユダヤ人の手先という非難を浴びせられ、偶像崇拝を否定するユダヤ人に対する攻撃をさらにあおる形となった。

【コラム】エレアザルの詩より

中世ドイツの偉大なラビの一人、マインツのエレアザルの詩より。彼の妻と子供たちは、第三次十字軍の余波の中で殺された。

……私の上の娘ベレについて話をさせてほしい
彼女は十三歳、花嫁のように恥ずかしがりやだった
祈りの言葉と讃える歌はすべて母親から習い、すっかり覚えていた
控えめで、信心深く、美しく、聡明だった
母親に似た可愛らしい少女だった

私のベッドの用意をし、夜には私の靴を脱がしてくれた
ベレは家事を器用にこなし、しかもとても正直だった
神に仕え、糸を紡ぎ、衣服を縫い、刺繡をした
信心深く、完璧で、いつも善意の子であった
私がトーラーを語ると、静かにじっと耳を傾けていた
彼女は彼女の母親と彼女の妹とともにキスレブの月の二十日の夜に殺された
私が静かに私のテーブルに座っていた時だった
二人のごろつきがやって来て私の目の前で彼女たちを殺した
そして私と、私の弟子と、私の息子を傷つけた

私の下の娘について話をさせてほしい
彼女はもうシェマーを唱えることができた——最初の一行だけだったが——毎晩唱えていた
六歳で糸を紡ぎ、衣服を縫っていた
刺繡をし、歌を歌って私を喜ばせてくれた
ああ、私の妻よ、ああ、私の娘たちよ！
私は悲しい、私は哀しい——どうして私の罪が私を捉えてしまったのか！
私の息子たちよ、私の娘たちよ——みんな死んでしまった！

痛ましいかな私の信心深い妻よ！
痛ましいかな私の息子たちよ、私の娘たちよ、私は心から嘆き悲しむ……
しかし、神よ貴方は正しい、そして私は恥じ入る
神は正しきもの、私は罪人
たとえ貴方が私に何を与えようとも、私は貴方に感謝する
貴方を讃える歌を歌う
貴方に頭を垂れ、跪く

ビザンチン帝国の異教徒迫害はバシリウス一世および特にロマヌス＝レカペヌス一世の統治下で厳しくなり、それに伴い多くのユダヤ人はハザリアに逃れた。トルコ系遊牧民族であるハザール族により七世紀に建国されたこの小王国は戦闘的な性格で知られ、ボルガ川に面したアティルを首都とし、カスピ海と黒海の北にその領土を有した。注目すべきことに、この王国の王と支配者階層は七四〇年頃ユダヤ教に改宗した。ビザンチン帝国はなんとかこの王国を征服しようと試みたが、王国内の少数のキリスト教徒に対する迫害が強まるのを恐れて、徹底的に戦うことを控えた。この王国の存在は世界中のユダヤ人にとって心の拠り所となった。パレスチナの故国を失い、よくてイスラム教国の片隅で少数派として細々と生きるか、悪くすればキリスト教国でひどい迫害にあう運

命のユダヤ人にとって、神が彼らを見捨てなかったばかりか自らが主人となれる場所を用意してくれたという事実は実に大きな意味を持った。このハザリアのニュースは十世紀にはスペインにも届き、スペインのユダヤ人社会の指導者であったハスダイ・イブン・シャプルートは、当時ハザリアの王であったヨセフと文通を行った。ちょうどその頃がこのハザリアが最盛期を迎えていた時代で、九六五年には急に勢力を強めたロシアのキエフ公国により激しい侵略を受けた。十二世紀まではなんとかその存在が確認できたが、その後は歴史上からその姿を消した。

キリスト教国スペインにおけるユダヤ人

我々はすでに、イスラム教支配下のスペインにおいてユダヤ人社会が繁栄をきわめたこと、一一四〇年代にはムワッヒド朝の到来に伴いその繁栄が終焉を迎えたことを見てきた。ただ、イスラム王朝は半島全体を支配したことはなく、北東のバルセロナ周辺や北西のアストゥリアス周辺にはキリスト教徒の支配する地域が存在した。十一世紀末までにはキリスト教徒の小国がその勢力を南に広げ、一〇八五年にはカスティリャのアルフォンソ六世がトレドをその支配下に置いた。これは後に続くスペイン全体のキリスト教国化の第一歩となり、一二四八年までにはグラナダを除く全半島がキリスト教徒の支配下に入った。グラナダだけはその後もイスラム教徒の支配が一四二九年まで続いた。

このキリスト教国の支配は結果的にユダヤ人にひとつの機会をもたらした。ユダヤ人

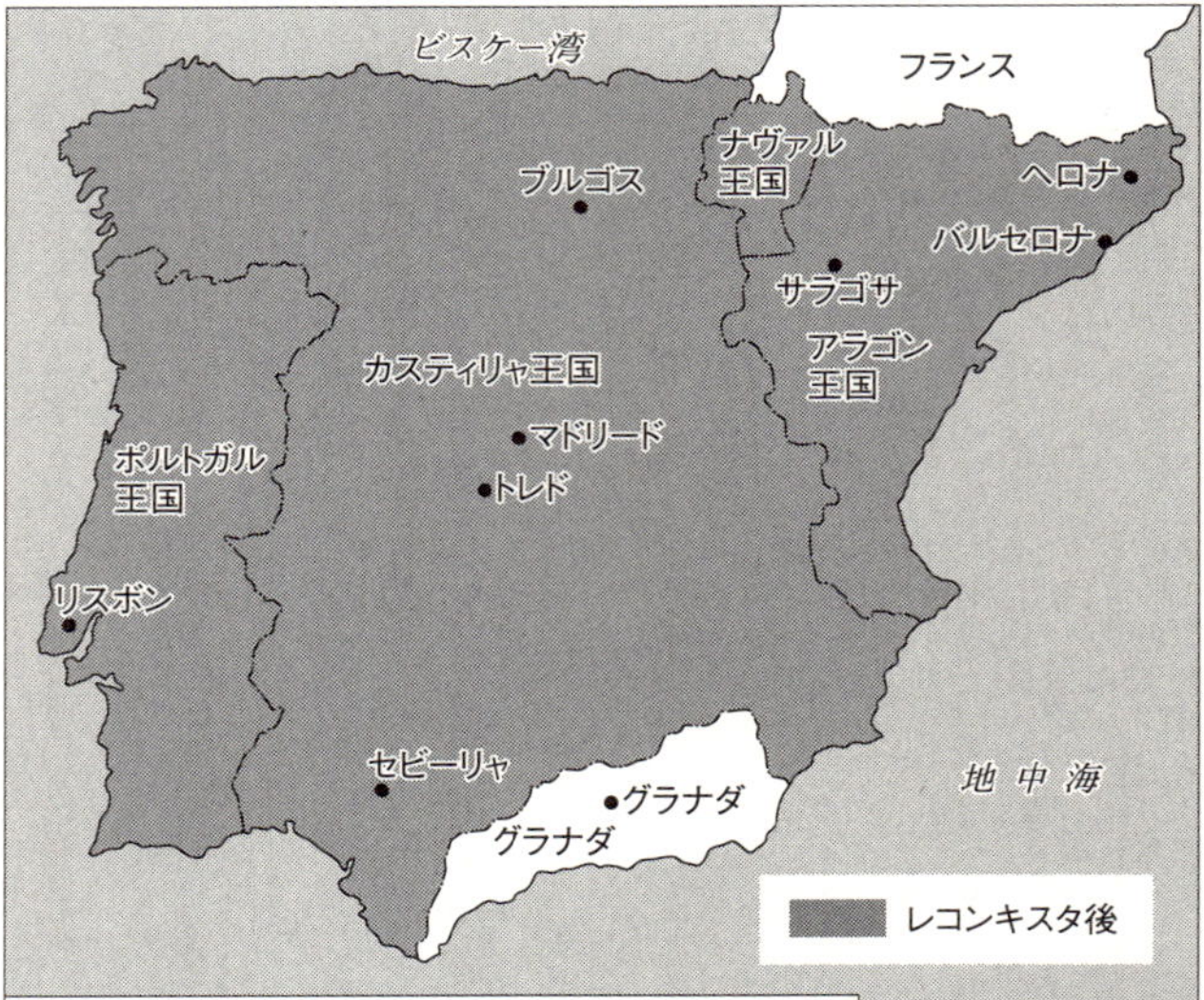

キリスト教徒によるイベリア半島奪回後の
主なユダヤ人社会の存在地

は、スペインの地理と住民、その言語であるアラビア語を知っており、さらに税金や財政について詳しい知識を持つ者も少なくなかった。新しいキリスト教徒の支配者たちは、自分たちの統治を助け、反乱を企てる可能性のある民衆をうまく支配する卓越した行政官を必要としていた。イスラム教徒の民衆は、隣接するイスラム教国の助けを借りてイスラム政権の復活を図るおそれがあったが、ユダヤ教徒はその種の野心を持たず新しい支配者に従順であった。こうしてスペインにおいて、これ以降の中世キリスト教国家体制におけるユダヤ人の生き方のひとつのモデルができた。すなわち、ユダヤ人は支配者の支配を助ける配下として一定の役割を担うというパターンである。そしてしだいにこの役割はうまく機能するようになり、ユダヤ人にとってスペインのキリスト教国家は非常に住み良いものとなった。さらに、スペインの支配者たちは教皇との関係においても次第に距離を置くようになり、ユダヤ人の扱いに関するローマ時代からの決まりについてもしばしば無視するようになった。

ユダヤ人は文化的に見ても価値ある存在であった。ギリシアの科学や哲学はアラビア語あるいはヘブライ語に翻訳された文献でしか利用できなかったから、これらの古代の知識を手に入れるためにはアラビア語は必須であった。ユダヤ人学者とキリスト教徒の学者が共存することにより、スペインはこれらの古代文化の研究や翻訳の中心地となった。ユダヤ人はラテン語を解するキリスト教徒とともに各種文献の翻訳に携わった。ユダヤ人学者がギリシア語の原典をアラビア語に翻訳したものを読み上げながらカスティリャ語に翻訳する。すると傍らで聞いているキリスト教徒の学者がそのカスティリャ語を聞きながらラテン語に翻訳する。こうした光景が見られたことが想像される。あるいは最初にヘブライ語に翻訳されたものが使用された場合もあったようだ。

こうした活動は、後のルネサンスの先駆けとも言えるものであり、ギリシア文化がラテン語を使う修道院や西洋の大学に伝達される重要なルートになった。賢公と呼ばれ一二五二年から一二八四年まで統治したアルフォンソ十世の時代には特にこうした活動が盛んで、彼は各種の文化的、科学的プロジェクトを支援した。アルフォンソ十世は自らの助言者としてユダヤ人の廷臣を抱え、またユダヤ人天文学者を後援した。

スペインにおけるもう一つのキリスト教強国であったアラゴンにおいては、ユダヤ人社会はまだ旧態依然たるところがあり、その地位もやや低かった。また、重要なユダヤ人社会があったバルセロナはアラビア化されたことは一度もなく、その属するカタロニア地方は常に南フランスと強い結びつきを持っていた。従って、スペインというよりは他のキリスト教ヨーロッパに近く、ユダヤ人も表面的にはアシュケナジムに似ていた。この時代、カタロニア地方はスペインのユダヤ人社会とアシュケナジム社会をつなぐ役割を果たしていた。ユダヤ人学者たちはプロバンス（ユダヤ文化においてはこの言葉で指す地域は単にプロバンス地方だけではなくフランスの地中海沿岸地域全体を指している）のナルボンヌやルネルとバルセロナ北方のゲロナを頻繁に往復した。十三世紀にはゲロナに重要な神学校が存在し、タルムードの研究がアシュケナジム的手法でなされ、プロバンスで始まったカバラがここを起点としてスペインの他地方に広まった。

この神学校における有名な指導者の一人がラビのモシェ・ベン・ナフマン（ナフマニデスとしても知られる、一一九四〜一二七〇年）である。彼はタルムードの優れた研究者であり神秘主義者でもあった。彼は個人的にはマイモニデスの思想に全面的に与したわけではなかったが、十三世紀にプロバンスとスペインでたびたび起こったマイモニデスの思想と哲学研究の自由をめぐる論争においては、穏健派の役割を演じた。しかし、彼の弟子のソロモン・アドレ（一二三五〜一三一〇年）になると、哲学の研究をすっかり禁止してしまった。

アラゴンのハイメ一世の統治下において、ユダヤ人は改宗の圧力を受けることになった。ドミニカ修道会とユダヤ人背教者パブロ・クリスチアーニの勧めにより、一二六三年に王自身が裁定者となったキリスト教とユダヤ教の間の宗教論争が行われ、ユダヤ教側からはナフマニデスが代表として召集された。このような場においてキリスト教に反駁することは、たとえどのように発言してもキリスト教に対する侮辱ととられ、危険きわまりないものであった。ナフマニデスは王も認めるほどその責任を十分に果たしたが、結果的にはやはり生命の安全のためにスペインを去り、晩年をエルサレムで過ごさなければならなかった。エルサレムには彼が創立したといわれるシナゴーグがいまも存在している。

カスティリャにおいてはユダヤ人の知的活動は、周りのキリスト教文化の要素を吸収しながらも、華麗なアラビアの伝統と結びついてしっかりと保持された。ここにおいても、カバラは信仰および知的活動で重要な意味を持ち、その結果はラビ、モシェ・ド・レオン（一二四〇〜一三〇五年）によるトーラーに関する神秘主義的解説をも含めたカバラの総解説であるゾハールとなって表れた。ゾハールは十六世紀になってやっと広く知られるようになる。

ヴォルムスのシナゴーグ。ラシ・シナゴーグとして知られる。11世紀にさかのぼる。クリスタルナハト（「水晶の夜」、1938年11月9―10日）に破壊されたが、1961年に再建された。写真 © Frank J. Darmstaedter. ニューヨーク、ユダヤ博物館提供

賢公といわれたアルフォンソ十世も、自ら制定した法の中に、第四回ラテラノ公会議で決められた厳しい反ユダヤ的な条項を含めており、その在位の晩年においてはユダヤ人の顧問に対しても次第に厳しくあたるようになり、中には投獄や死刑に処せられる者もいた。さらに、トレドのユダヤ人社会を強制的に破壊しようとまでした。

彼の死後はカスティリャにおけるユダヤ人の立場は、生命の安全こそ十四世紀前半の間は守られていたが、だんだんと不安定になっていった。ただ、特に財政や徴税の分野においては引き続き官僚としてその地位に残っており、なかでもペドロ一世に仕えたサミュエル・アレブは有名である。彼がトレドに建てた美しいシナゴーグは中世からいまに残る貴重なスペイン・シナゴーグのひとつである。

十四世紀を通して、キリスト教修道僧によるユダヤ教に対する非難は絶えることがなかった。そのため、一三四八年にヨーロッパの他の地方と同じようにスペインがペストに襲われると、ユダヤ人は大衆の集団ヒステリーの憎しみの対象となり、修道僧たちもその動きをさらにあおるような活動をした。一三九一年にセビーリャでドミニカ修道会の僧たちの主導によって起こされたユダヤ人社会に対する襲撃はたちまちスペイン全土に広まり、何千人ものユダヤ人が命を奪われるか強制的に改宗させられた（この動きには宗教的背景と同様にユダヤ人の財産目当ての動機もあった）。多くのユダヤ人は都市を逃れて地方に行くか、あるいは全くスペインを捨てて北アフリカに向かった。北アフリカに向かったユダヤ人は、その地で既存のユダヤ人社会と融合して、結果として彼らの文化に新しい息吹を吹き込んだ。ところで、この一三九一年の集団ヒステリーの結果、最も注目された動きはユダヤ人のキリスト教への大量改宗である。この現象はユダヤ人の歴史においてかつてなかったものであった。

【コラム】ゾハール

『ゾハール』はユダヤ教神秘主義の最も影響力のある代表的な教典とされているが、実は千年以上にわたって語り伝えられてきたいくつかあるユダヤ教神秘主義の一つの形にすぎない。それは単に一冊の書物ではなく、聖書に関する神秘的解釈と十三世紀後半に書かれた神秘主義的な論文で構成された大部な書物集である。これらの書物はお互いに関連し合っており、一つの書物の終わりが次の書物につながっている場合もあれば、二つの異なった書物の中身が実は内容的に全く並行している場合もある。あるいは、他の書物の中に突然現れる時もある。

ゾハールの主著者はモシェ・ド・レオンであるが、彼は、タルムードやその他古代のユダヤ教の本で使われたのち、数世紀前に使われなくなったアラム語でこの書物集を書いた。モシェ・ド・レオンがどうしてこんな手の込んだことをしたかといえば、これを彼が書いたものではなく古代に書かれたものを彼が発見したという形を採りたかったのである。彼は、著者は紀元二世紀の驚異のラビ、シオン・バル・

ヨハイであると主張した。実際この主張はしばしば疑問は呈されたが、ほぼ今世紀まで信じられてきた。確かにゾハールに織り込まれたいくつかの伝統は十三世紀よりもずっと前の時代のものであることも事実である。

ゾハールはトーラーの中のそれぞれの言葉が神の無数の相の一つ一つを指し、神の宇宙における存在が明白であることを示していると繰り返し述べている。神自身は隠れており、手の届く存在ではないが、神の存在の様々な相は「セフィロ」と呼ばれる顕示の形で現れる。この「セフィロ」は人間の骨格のように互いに関係しており、従って神は世界に一種の高貴な人間のような形で自らを顕示していることになる。しかし、「セフィロ」はその性質や他との関係を絶えず変化させており、この変化が宇宙の変化を決めている。トーラーの言葉が重要なのは、実は「セフィロ」の様々な変化について述べているからである。従って、トーラーは単に話や法ではなくて万物創造の神の詳細な見取り図であり、あるいは万物創造の神の神秘的な名前そのものでもある。「セフィロ」の相互交流は地球上の生命の行く道を決めるが、また逆に人間の行動が「セフィロ」に影響を与え、従って神に影響を与えることもある。人間の目的は、正しい儀式と聖なる生活を通して、世界創造をもたらした原初的混乱により乱された神の完全さを、元に復活させることである。人と神は従って、相互に依存し合っているともいえる。

この出来事は百年後に起きる、ユダヤ人社会の完全消滅への長い道のりの第一歩となる。改宗への絶え間ない圧力に伴い、スペインには多数派のキリスト教徒、少数派のユダヤ教徒、それにコンベルソと呼ばれるユダヤ教からキリスト教に改宗した第三のグループが併存するようになった。この常に膨張を続けるグループの多くは敬虔なキリスト教徒になり、一世代あるいは二世代後の子孫の中にユダヤ教の痕跡はほんのわずかしか見られなくなった。ただ、完全にキリスト教化してはいても、非改宗のユダヤ教徒の家族となんらかのつきあいを続けている者、あるいはいくらかのユダヤ教徒の伝統を、単に習慣として、または迷信、あるいは過去の生活への敬意から保っている者もいた。

改宗は多くのユダヤ人に対し、新しい機会を与えた。中にはキリスト教の聖職者として高い地位に上る者も現れた。ラビのソロモン・アレビはパブロ・ド・サンタ・マリアという名前でブルゴスの司教にまでなった。またヘロニモ・デ・サンタ・フェという名前に改名したロルカのヨシュアは対立教皇のベネディクトス八世に説いてトルトーサで宗教論争会を開かせた。アラゴンのハイメ一世が主催し、バルセロナで行われた論争は比較的落ち着いた知的雰囲気の中で進められたが、今回のトルトーサの論争は耐えがたいほどの喧噪の中で一年以上も続いた。一四一三年から一四一四年にかけて、ラビやアラゴンの指導者たちを前に一連の僧たちは、メシアはすでに現れており、それはユダヤ教の文献においても証明されていると主張した。一方ユダヤ教の代表者たちはその反論の方法も厳しく制限されており、この論争の結果がユダヤ人に大災厄をもたらさないように試みるのが精一杯であった。この茶番じみた論争会の結果は、主催者側が計算していたとおりに、多数の参加者の改宗とユダヤ社会の深刻な動揺をもたらした。

スペインからユダヤ人が放逐される前の一世紀は、ユダヤ人社会はその数においてもまた富においても著しく衰弱し、スペイン社会における存在感もまた希薄になっていた。他方、新キリスト教徒は社会の至る所で活躍し、宮廷や教会で以前には不可能であったような高位にまで上り詰めるようになった。ただこの活躍はやがて、かつてユダヤ人に向けられていた嫌悪がこの新キリスト教徒に向けられるきっかけともなった。彼らは単に自らの出世と国の支配を目的に改宗したにすぎないとの批判が起こったのだ。またユダヤ教的習慣を続けている者はキリスト教に対する信仰が足りないと非難され、ユダヤ人家族とつきあっている者はふたたびユダヤ教に改宗したのかと糾弾された。こうして改宗者はキリスト教社会の潜在的破壊分子と見なされ、昔からのキリスト教徒のみが本当のキリスト教徒で、新キリスト教徒は要するにユダヤ教徒がそう装っているだけと考えられた。こうした考え方は「血の純粋性」という観念から人種的差別を生み出し、社会に受け入れられる際の基準として働くようになった。十五世紀末までにはふたたび社会的緊張が高まり、今回その鉾先はユダヤ人そのものに対してよりはこれらの改宗者に向かうことになった。

こうした改宗者の問題がフェルディナンド王とイサベラがスペインに異端審問所を導

入するきっかけともなった。一四六九年に行われた彼らの結婚はカスティリャとアラゴンの統合をもたらし、事実上スペイン王国の誕生を意味した。彼らはその勢力をいまだイスラム勢力の支配下にあるグラナダにまで広げ、イベリア半島全体を宗教的に統一することを望んだ。異端審問所は、前にも述べたように、本来キリスト教内の異端を見つけだし訴追することを目的としたものであり、キリスト教会はユダヤ教それ自体を禁止していたわけではなかったので、ユダヤ教徒はその対象とはなっていなかった。しかし、新キリスト教徒は真摯なキリスト教徒ではない、あるいはユダヤ教に改宗のおそれがある、さらには本来のキリスト教徒と違った信仰を持つ可能性がある、として異端審問所に訴追される可能性があった。

異端審問所がスペインに正式に導入されたのは一四八〇年であった（ポルトガルにできたのはずっと後の一五四七年である）。さらにそれは新世界のスペイン領にも設けられ、驚くべきことに一八三四年まで続いた（ポルトガルでは一八二一年まで存続した）。キリスト教徒もユダヤ教の祭事を祝ったり、あるいはキリスト教徒らしからぬ行動をしていると見られると異端審問所に訴追されることになった。いったん逮捕されると、被疑者は通常拷問で責められ、もし自白したとなると親戚や友人まで告発することを強要された。まれに監禁から解かれるものもいたが、彼らは多くの場合肉体的にぼろぼろになり、実質的に廃人同様の状態であった。有罪を宣告され、さらに悔い改めることを拒否した者は生きながらに火あぶりの刑に処せられた。悔い改めることを誓った者も屈辱的な苦行を強いられ、しばしばひどい貧窮状態に貶められた。有罪となり火あぶりの刑に処せられることになっている者で最後に自らの罪を認めた者は、火あぶり刑から絞首刑に変更された。

しかし、このシステムは本質的に腐敗していた。教会は密告を盛んに奨励したが、それはもし被疑者が有罪となれば彼らの持っていた財産を没収することができたからである。さらに、政敵を貶める手段として用いられることがあった。教会は死刑の執行を自らの手では行わず、悔い改めた異教徒を死刑執行人として使うことにより、自らのモラルを保とうとした。当時、死刑の執行は手の込んだ派手な見せ物であり、一般大衆の間でもまた貴族たちの間でも非常に人気が高かった。

このように異端審問所は公式にはユダヤ教徒をその対象とはしていなかった。しかし、ユダヤ人のスペインからの追放、さらにポルトガルからの追放の後は、異端審問所に訴追された新キリスト教徒の多くは隠れユダヤ教徒であった。この隠れユダヤ教徒とは、スペインにとどまるため、洗礼を受け表面上はキリスト教徒になっているが、実際はユダヤ教の慣習を隠れて行っていた人たちである。彼らはスペイン語の「豚」を意味する言葉をとって「マラノ」と呼ばれた。

ところで、異端審問所を設けた後も、フェルディナンドとイサベラは二人の有名なユダヤ人の顧問、イツハク・アブラバネルとアブラハム・セネオルを抱えていた。彼らは、グラナダ征服後まもなく、一四九二年にユダヤ人追放令が実施されるのをなんとか阻止しようとしたが、結局その努力は実らず、三月三十一日にその勅令は署名され、八月一日以降はユダヤ人がスペインの土を踏むことは違法となった。隠れユダヤ教徒となった者もいたが、多くは海外に向かうか国境を越えてナヴァルかポルトガルに入った。

ポルトガルでは一四九六年までユダヤ教は非合法ではなかったし、さらにその後の非合法化もスペインにおけるほどはっきりとしたものではなかった。非合法化が決まり、ユダヤ人がポルトガルを後にしようとすると、ポルトガルの王はそれを押しとどめ、一四九七年の三月十九日に強制的にユダヤ人をすべてキリスト教徒に改宗させた。ただポルトガルにおける異端審問所の設立は遅々として進まず、実際に活動するのはさらに遅れたため、隠れユダヤ教徒にとっては、ポルトガルはスペインよりもずっと安全な場所であった。こうして、ポルトガルにおける新キリスト教徒と隠れユダヤ教徒はユダヤ教との密接な関係をずっと長く保持し続けた。続く二つの章では、こうした多くのポルトガルの隠れユダヤ教徒が、世界各地でユダヤ人社会にふたたび加わっていく様子を述べたい。

このようにして、中世社会における最高のユダヤ人文化は散逸していった。スペインのユダヤ人は中世ヨーロッパの他のどの地域においても見られなかった独特の長い伝統を引き継いでいた。キリスト教徒の侵入以前のアラビア的特徴を備え、キリスト教徒とともにスペイン人としてその文化を支えているという意識と誇りは中世末期には次第にはっきりとしたものになっていった。この思いを表すために、彼らはヘブライ語のスペインを意味する言葉から採って自分たちを、セファルディム（スペイン、ポルトガル系ユダヤ人〉と呼んだ。そして、流れていった先のディアスポラ社会においてもその独特の文化を維持し続けたが、その次第は次章で見たい。

第六章　オスマン帝国と中東におけるユダヤ人（一四五三年から一九四八年まで）

一四九二年のユダヤ人のイベリア半島からの追放は、単に追放された当事者ばかりでなくユダヤ人全体に影響を与えるものであった。この動きはやがて、海外のスペイン領にまで及びシチリア、サルディニア、イタリアの一部においてもユダヤ人追放が行われた。避難民たちは時には一カ所にとどまることを許されたが、それも長くは続かず、十六世紀末までにはまたもや追い立てられることになった。イベリア半島の奥深く、特にポルトガル領内にとどまっていたマラノたちも十六世紀、十七世紀には異端審問を避けるために次々と逃れていった。

こうして人の移動が絶え間なく続くなか、地中海沿岸のユダヤ人社会はマラノたちの抱える様々な問題に翻弄された形であった。それらは、富者の財産の保全、貧困層の救済、新しい定住場所の開拓、既存ユダヤ社会との融合、キリスト教徒として生きたことによって生じた宗教的問題等々あまたあり、これらの問題はやがて第七章で見るオランダ社会にも引き継がれた。

スペインのユダヤ人が彼らにとっての最後の苦難に耐えている間、地中海の東の地域ではユダヤ人亡命社会の再興と将来の繁栄を可能にする大きな地殻変動が起こっていた。オスマン・トルコは約一世紀半前に中央アジアから発祥してバルカン諸国とハンガリーを制圧し、一四五三年にはコンスタンチノープルを占領してビザンチン帝国を終焉させていた。彼らはまもなく、シリア、パレスチナ、エジプトを制覇し、さらにイラクや北アフリカの大部分もその支配下に収めた。オスマン帝国は、長い間よどんでまとまりのない状態を続けていた中東地域に新しい息吹を吹き込み、近代社会が始まったばかりのキリスト教ヨーロッパ社会の強力な競争相手としての地位を確立した。

オスマン帝国はその拡大に伴い、まずビザンチン帝国のギリシア語をしゃべるユダヤ人を、そしてさらに大部分がアラビア語をしゃべる中東のユダヤ人社会を包含していった。スペインにおけるユダヤ人が過酷な運命に遭うと、彼らも喜んで受け入れた。スルタンたちはユダヤ人亡命者を彼らの国が経済的に発展するために必要な人材と見なしていた。オスマン・トルコは軍事技術や農業技術においては先進国であったが、商業や貿易さらに法律的知識においては劣っており、これらすべてに優れているスペインからのユダヤ人亡命者はスルタンにとって願ってもない人材であった。スルタンのバヤジッド二世は、スペイン王フェルディナンドがユダヤ人を追い出して自国を貧しくし敵を豊かにしたことを見て、彼が巷間言われているような賢明な国王であるか疑いを持ったと伝

ユダヤの商人。オスマン・トルコ在住のペルシア出身のユダヤ人商人の図。ヘブライ語でモルデカイ、トルコ語でムラトと呼ばれた。写真 © Suzanne Kaufman. ニューヨーク、アメリカ・ユダヤ教神学院図書館提供

えられている。

　オスマン帝国は相次ぐ強力な指導者のもとで発展を続けたが、その間支配下の民族に対して宗教的に非常に寛大な政策を採った。中東のイスラム社会の長い衰退期にズィンミに対し屈辱を与えてきた差別的政策は無視され、ズィンミに課せられた特別の税を払えばユダヤ人社会内での自治を認めた。地方においては時にユダヤ人に対する虐待も見られたが、十六世紀半ばまでオスマン帝国内のスペイン系ユダヤ人は繁栄をきわめた。

　スペイン系ユダヤ人（セファルディム）亡命者は、オスマン帝国内の既存のユダヤ人社会を短期間に支配するようになった。ただ、すべての亡命者がセファルディムであったわけではない。オスマン帝国はアシュケナジムも同様に歓迎した。しかし、絶対数において勝り、しかも誇り高きスペインの伝統を引き継ぐ彼らは、オスマン帝国下のユダヤ人社会を支配し、その社会に濃厚なスペイン的色彩を与えた。

　こうした変化は当然のように、ユダヤ人の社会全体に大きな軋轢をもたらした。セファルディムのコミュニティはコンスタンチノープル、サロニカ、エディルネ、スミルナなど多くの都市に出現したが、中でもサロニカでは単にユダヤ人社会にとどまらず、市全体の行政を左右するほどの強力な勢力となった。スペイン、ポルトガルからのセファルディムの亡命者の数は、引き続き増加していった。さらに、ユダヤ人に対する迫害がイタリアの一部のスペイン領、そして一五六九年にはローマ教皇領の大部分にまで及んだのに伴い、イタリアからの亡命者の数も膨らんでいった。

オスマン帝国下のユダヤ人社会最大の特徴は、スペイン語の使用であろう。スペインにおいては、彼らは特に統一された言語は使わずそれぞれの地方の方言を主に使い、ユダヤ人固有の慣習や宗教について話すときはヘブライ語を併用するというのが一般的であった。オスマン帝国は異種混淆の社会であったため、多くの言語や宗教が混在していた。コンスタンチノープルのような大都市ではアルメニア人やギリシア人なども暮らしており、ユダヤ人も特に何語を使わなければならないといった制約はなかった。そのため、この新しい定住地においても自然とスペイン語を使うようになり、そのためオスマン帝国のユダヤ人社会はスペイン語社会と見なされていた。セファルディムはオスマン帝国が支配下に加えていったパレスチナ、エジプト、イラクなどの地域にもスペイン語を持ち込んだが、従来からあるユダヤ人社会では引き続きアラビア語を使用していた。

オスマン帝国のユダヤ人の使うスペイン語はやがて独特のものとなっていった。スペイン本国においてはスペイン語が新しく変化を遂げていったが、彼らの使うスペイン語には古い言葉がそのまま残り、それにトルコ語やギリシア語が交じって「ジュデッモ」あるいは「ラディノ」と呼ばれる独特の言葉となった。この言葉を使う人たちはいまでも存在するが、その数は年々少なくなり、またそのほとんどがイスラエル在住の人たちである。セファルディムは自分たちの持つスペイン語文化に対し強い誇りを持ち続けた結果、十六世紀に黄金時代を迎えたスペイン文学に伍して作品を作りだした。このスペインとの伝統的つながりは、同時代のスペインの作品が、東方においてヘブライ語に翻訳されていたことからも窺える。

サロニカはコンスタンチノープルと並んでセファルディムの文化と活動の中心地であり十六世紀にはその最盛期を迎えた。そして、その後も同地のユダヤ人社会は第二次世界大戦を迎えるまで存続した。オスマン帝国下の他の都市のユダヤ人社会と同じように、サロニカのユダヤ人社会は実際は多くの異なった層のユダヤ人から構成されていた。もともと住んでいた住民に、十五世紀にはババリアのアシュケナジムが加わり、さらにスペイン、ポルトガル、イタリア、フランスそれに北アフリカから逃れてきたユダヤ人が加わった。各グループはそれぞれの出身地の名前を採ったコミュニティ——シチリア、カラブリア、マヨルカ、リスボン等々があった——をつくり、自分たちのシナゴーグと共同社会に必要な一揃いの様々な機能を備えていた。

こうしたコミュニティは必要に応じて、協力して共通の法令を定めたり、あるいはときにはラビたちが統一の見解を発表したりした。一五一四年に出された、結婚と離婚に関してはマラノはユダヤ人と全く同じ扱いを受けるという宣言はそのひとつである。また、サロニカのユダヤ人は国際貿易、宝飾品製造、織物製作、毛織物や絹の染色等に携わった。さらにオスマン帝国で最初の印刷機を作り、レスポンサ（律法の疑問に関する往復書簡集）、詩、科学論文、カバラの文献等を、時にはヘブライ語、スペイン語、ユダヤ・ギリシア語の三カ国語で大量に刊行した。また、彼らは通常の学校あるいはイエシバ（正統派ユダヤ人の小学校）に加えて、音楽、医学、自然科学、天文学、その他ルネサンスの

オスマン帝国下の主なユダヤ人居留地（1550年当時）

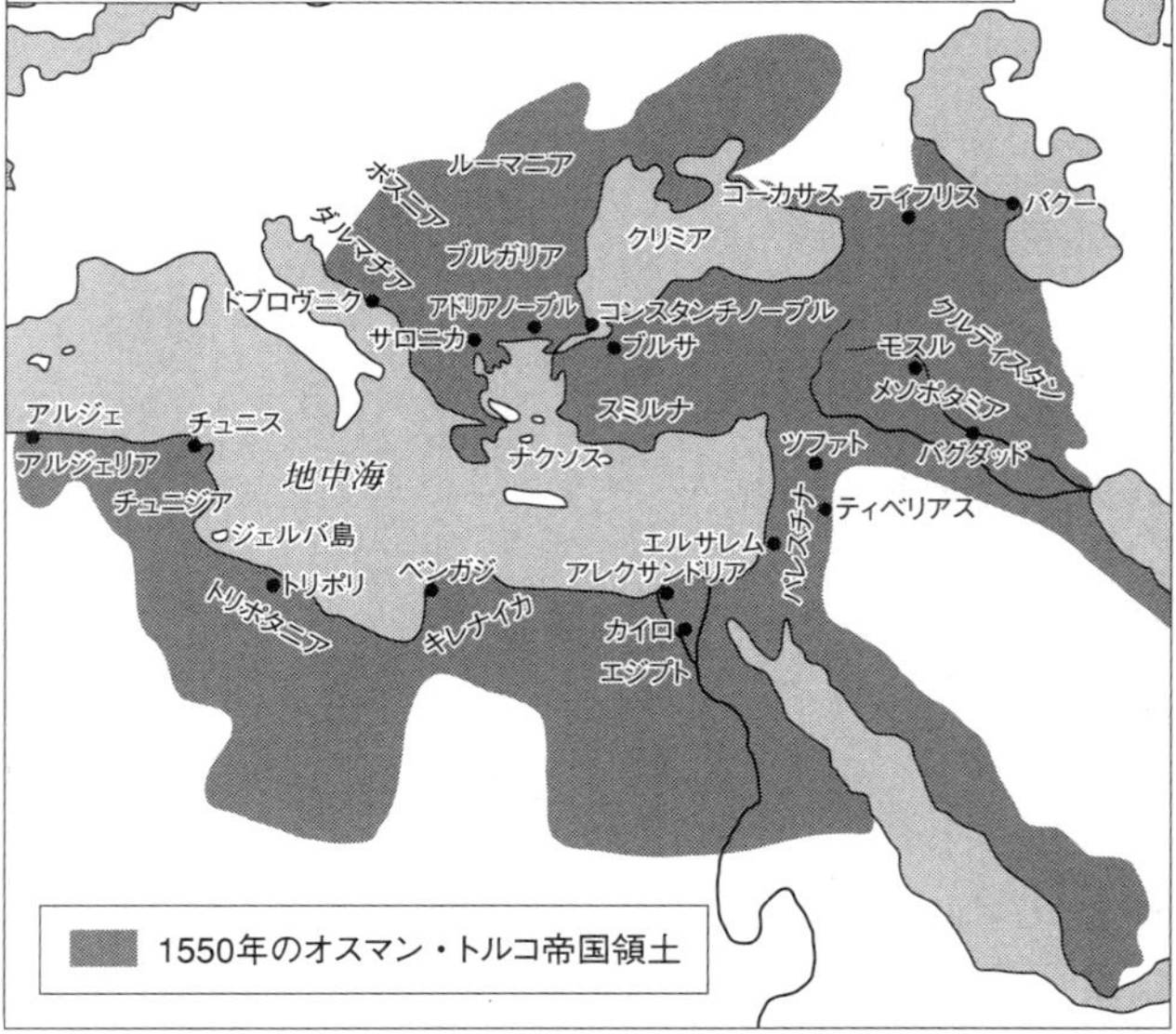

理想であった全教養人に必要とされる科目から伝統的に学識あるラビに必要とされる科目を学ぶための学校を設けた。こうした幅広い知的関心は、もっぱらタルムードに専心するアシュケナジムの態度と大きく異なっており、それはかつて彼らの祖先がイスラム・スペインで花開かせたアラビア＝ユダヤ文化をまさに彷彿とさせるものであった。

　オスマン帝国における境遇はユダヤ人社会にとってと同様、個々のユダヤ人にとっても好ましいものであった。裕福で国際感覚に優れたセファルディムは地中海を舞台に活躍し、スペイン、ポルトガル、イタリア、オランダあるいはフランスに在住するマラノたちとも協力し、貿易や外交に携わった。こうしたユダヤ人はオスマン帝国政府にとっても非常に有益な存在であった。彼らの国際的ネットワークやその言語能力はいうまでもなく、さらに彼らを帝国の忠実な臣下と見なすことができたからである。たとえどんなに野心にあふれたユダヤ人の高官であっても、政権奪取を望むことはあり得ず、またオスマン帝国の利益を危うくするユダヤ人国家も存在しなかった。ユダヤ人は当面の敵であるスペインとの交渉においても大変役に立った。なによりもスペインの内情をよく知り、言葉にも長け、その上自分たちにひどい仕打ちをした相手に寝返ることは考えられなかったからである。十六世紀半ばまでには、多くのユダヤ人が医師、財政家、外交官、政治家、あるいはオスマン帝国の高官としての地位を得るまでになった。それはかつてイスラム教スペインあるいはキリスト教スペインにおいて、裕福で国際的感覚を持つユダヤ人が高位に上ると同時にユダヤ人社会の向上に貢献したことを思い出させる出来事であったが、今回の方がはるかに大規模なものであった。

最も有名で力のあったセファルディムの高官は、ドナ・グラシア・ナシ（一五一〇〜一五六九年）と、彼女の甥ドン・ヨセフ・ナシ（一五二四〜一五七九年）であった。ドナ・グラシアは伝えられるところによると一四九二年にポルトガルに逃れ、やがて強制的に改宗させられたマラノたちのグループに属するスペイン系ユダヤ人の子として生まれた。彼女はアントワープで仕事をするマラノの商人と結婚をした。この夫の死後、彼女はポルトガルを離れ、家族とともにイギリス、現在のベネルックス三国、そしてイタリアに移り宗教的にもおおっぴらにユダヤ人に戻った。彼女は大々的に商業活動を行い、神聖ローマ皇帝チャールズ五世やフランスの国王フランシス一世に対して貸付を行うほどであった。さらに彼女は、ポルトガルを逃れようとするマラノたちに援助の手を差し伸べる活動をした。ベニスにおいて、自分の姉妹により異端審問所に告発されたため、イスタンブールに逃れたが、時のスルタン、スレイマン一世は彼女の富をおおいに歓迎し、一五五三年喜んで彼女をオスマン帝国に迎えた。

ドナ・グラシアとともにポルトガルを去ったのは、彼女の甥で同じマラノであり、宮廷付き侍医の息子であったジョアンである。彼はポルトガルを去った後、ベルギーのルーヴァンで学び、その後アントワープで家業に従事した。彼の才覚は若い時から、チャールズ五世、フランシス一世、さらには将来の皇帝マクシミリアンなど、時の最高権力者たちの目にとまった。彼はオスマン帝国の宮廷においても多くの知己がおり、ドナ・グラシアがベニスから逃れたときにはスルタンの庇護が得られるように画策した。そして、彼女がイスタンブールに入った翌年には、彼自身も合流し、正式にユダヤ教に改宗してドン・ヨセフ・ナシと名乗った。ドナ・グラシアはイスタンブールにおいてもマラノ救援活動を続け、ユダヤ人学者を援助してユダヤ教研究のための機関を設立し、異端審問所に対抗しその打倒を目指した。彼女が全ユダヤ人のために行った最も勇気ある試みのひとつは、一五五六年に行った、オスマン帝国のすべてのユダヤ人によるアンコーナ市ボイコット運動であった。アンコーナは二十四人のマラノに対し、いったんユダヤ教に改宗することを認めておきながら、その後その決定をひるがえし彼らを火刑に処したのである。もしこのボイコット運動が成功していたなら、それはアンコーナに壊滅的な打撃を与えることになったが、ユダヤ人の間の様々な利害がからみ、結局この試みは失敗に終わった。

ヨセフは王位継承をめぐるセリム皇子と彼の兄弟バヤジッド皇子の争いではセリム皇子を助け、彼が王位を継承してセリム二世となった後は最も近い側近の一人となった。ユダヤ人であるため、ヨセフは宮廷内においては公式の地位を得ることはできなかったが、セリム二世はヨセフに、まずナクソスとその群島の公爵に任じ、後にアンドロスの伯爵に任ずるなど、高位と大きな権力を与えた。ヨセフはまた、ドナ・グラシアがすでにスルタンから一定の権利を得ていたティベリアス（イスラエル北部）とその周辺地域も含めた地方の領主となった。ヨセフはティベリアスを毛織物と絹織物製造の中心地にすることを試み、それによって地域経済と帝国の財政を潤そうとした。桑の木を移植し、イタリアの教皇領からユダヤ人を移住させて短期間に成果を挙げようとした。しかし、自らは一度も同地を訪れることはなく、彼の壮大な試みも結果的には成功に至らなかった。

ドン・ヨセフのこのティベリアスにおける計画は、マラノの問題をパレスチナに彼らの保護地域を設けることによって解決しようとする大きな計画の、いわば核をなすものであった。彼はそれ以前にドナ・グラシアと協力してベニスからひとつの島を提供させ、そこにマラノの亡命者たちを引き取ろうとしたことがあった。後に、ベニスとトルコがキプロスの領有をめぐって争いになったとき、もしトルコが勝ったあかつきにはその領有を約束されていた。キプロスをマラノ問題解決の切り札にしようとした彼の思惑も、レパントの海戦（一五七一年）でトルコが負けたことにより消滅し、彼の活動自体も次第に下火になっていった。

ティベリアスのにぎわいは短い間のものであったが、同様の繁栄と復興が一五一七年にオスマン帝国がパレスチナとエジプトを支配して以来、各地域で見られた。マムルーク朝の支配の下、ユダヤ人社会はどこも貧困と圧政に苦しんだが（第四章参照）、スペイン系亡命者の流入により急に活気づき、ガザ、ヘブロン、アクルなどの町もエルサレムと同じようにふたたび活気を取り戻した。エルサレムでは一五三七年に、いまでも旧市街を取り巻く大規模な壁の建設が始まった。中でも特筆すべきなのが、ガリラヤ北部の町ツファトの興隆で、かつてユダヤ人社会においては一度もにぎわいを見せたことのなかったこの町が、一躍ユダヤ世界で最も影響力のある宗教的中心地となった。

一四九二年のスペインからの追放は単に政治的に重大な変化をもたらしただけでなく、宗教的にもユダヤ人に大きな変化を与えた。ユダヤ人の置かれている状況について改めて真剣に考えるようになった結果、宗教的に神秘主義的傾向に走る現象が見られた。多くの敬虔なユダヤ教徒はラビ・イツハク・ルリア（アリとして知られている）の主宰するツファトの神学校に惹かれ、その影響を受けるようになった。アリはスペインにおけるユダヤ教神秘主義の古典的教典ゾハールに独自の解釈を加え、ユダヤ人の受難は宇宙的な出来事であり、それは万物創世の神とユダヤ人の宗教的行為と強く結びついており、それ次第で神の回復とユダヤ人の救済がもたらされるとの説を唱えた。彼のこうした考え方は彼を信奉する者たちの手により、オスマン帝国の隅々、さらにイタリアや他のヨーロッパ諸国にまで伝えられた。ツファトにおいて考案されたカバラの儀式や祈りの言葉は、アリの思想とともに他のユダヤ人社会にまで伝えられ、非神秘主義者たちの礼拝式の一部として取り入れられたり、さらに現在一般的に使われている祈禱書の中に含まれていたりする。アリの考案した思想や儀式がここまで広がり、ユダヤ教の主流に受け入れられた理由のひとつに、アリの仲間でもあったラビ・ヨセフ・カロ（一四八八～一五七三年）の存在が考えられる。ラビ・カロはユダヤ教の権威ある法典の著者であり自分自身神秘的な経験の信奉者でもあった。

ところで、西ヨーロッパにおいてユダヤ人排除の動きが起こるなかで、終末論的な憶測が広まり、そしてメシア（救世主）の出現を待望する動きが見られた。そこに、ダヴィド・ルーヴェニという名の詐欺師が現れ、一五二〇年代にイタリアとポルトガルで活動を始めた。彼はかつてのイスラエルの部族のうちエチオピアに逃れた一族の皇子の末裔であると自称し、聖なる地をトルコから解放するために神から委任を受けたと主張した。

彼はポルトガルで多くのマラノから支持を受けたが、その中にはシュロモ・モルコがいた。彼らはともにイタリアに赴き、時の教皇クレメンス七世に面会し、マラノの軍隊をつくる許可を得ようとしたが、結果はほうほうの体で火刑を免れた次第であった。さらに後に、彼らはレーゲンスブルクでチャールズ五世と面会し、ユダヤ人に呼びかけてトルコ人と戦わせることを具申したが、このときはモルコはマンチュナの宗教裁判所で火刑に処せられ、ルーヴェニはスペインに送り返され、一五三八年、そこで異端者として火刑に処せられたと思われる。

十七世紀に起こったシャブタイ・ツヴィを中心とするメシア運動は、それまでに見られない大きな影響力を持ったものであった。ツヴィは一六二六年にスミルナで生まれたカバリストであった。一六四八年にメシアが現れるという噂が広まったが結局現れず、しかもウクライナのチミエルニチキではユダヤ人迫害の大惨事（第七章参照）が起こったのを見て、ツヴィは自分自身が待ち望まれているメシアであると信じるようになった。支持者を獲得するに従い、彼は異様な儀式を執り行い、畏れ多くも自らを神であると公に宣言した。そのため彼はユダヤ教から破門されたが、コンスタンチノープル、サロニカ、カイロ、エルサレムに旅し、支持者を増やしていった。そのなかに、神秘主義者であったガザのナタンがいた。彼はツヴィの考えを広め、大きな運動にまで広げていった。一六六五年、ツヴィはスミルナにおいて一六六六年こそが救済の行われる年であると予言した。オスマン帝国のみならず、ヨーロッパのキリスト教国のユダヤ人までがこぞって彼を熱烈に支持し、著名なラビやユダヤ社会の有力者まで、アシュケナジムもセファルディムも等しく、真剣に彼を信じた。彼は、コンスタンチノープルに赴いてスルタンを退位させてメシアの時代の始まりを告げようとした。しかし、予想されたように彼はそこで逮捕され、ガリポリで牢に入れられた。しかし多くの群衆がそこに集まって彼を讃え、彼が聖なる土地への旅立ちの合図を示すのを待ち受けた。しかし、スルタンはこの一大見せ物を終わらせるべくツヴィに改宗か死かと迫ったところ、結局ツヴィはイスラム教に改宗した。

このツヴィの変節は、オスマン帝国およびヨーロッパのキリスト教国のユダヤ人にとって大変な精神的打撃となった。ガザのナタンはこの状況を救うべく、これはツヴィの救済への道筋の一部にすぎず、ツヴィはあえて暗黒の世界に墜ち、そこにおいて悪の勢力と戦い、それを征服するのだと主張した。多くのユダヤ人はこのガザの説に望みを託し、これは単にひとつの計略にすぎないと自らに言い聞かせた。ツヴィは一六七六年に死んだが、彼の死後もガザのナタンはこの運動を維持しようとし、ツヴィはより高い領域に昇ったのであり、〝天上の光〟に一体化されたと述べた。こうした主張はこの運動に携わる者に来世を約束する結果となり、特にトルコ、イタリア、ポーランドにおいてその信奉者が多く見られた。さらにトルコにおいて、彼らの多くは彼にならって棄教し、公にはイスラム教徒の生活をする一方、秘密裏にユダヤ教を信仰し、ツヴィの復活を待ち受けた。こうした人たちはデンメと呼ばれたが、現在でもトルコに存在する。

十八世紀にヤコブ・フランクというポーランド系ユダヤ人が自らをツヴィの生まれ変わりと称してふたたびこの運動を繰り広げようとした。彼はゾハール、キリスト教、イスラム教を混淆した突飛で反律法主義的な説を説いたが、後にはイスラム教に改宗した。結局シャブタイ・ツヴィの運動は混乱と堕落を招き、その後シャブタイ派と反シャブタイ派の反目が長い間残る結果となった。

オスマン帝国のユダヤ人社会の衰退は、帝国の経済的文化的衰退と軌を一にするものであった。中央政府の地方に対する統制力の弱体化は十六世紀の終わり頃から始まった。十五世紀半ばから十六世紀半ばに見られたスルタンのユダヤ人に対する思いやりのある扱いは次第に見られなくなり、ムラート三世（在位一五七四〜一五九五年）は初めてユダヤ人に対して差別的な法を施行し、ユダヤ人社会に対し、皆殺しにすると脅して金を巻き上げた。そして最後には、賄賂を取ってこの法令を引っ込めた。

十七世紀が進むにつれ、こうした憂慮すべき傾向はさらに深まった。経済の停滞は多くの人々を貧困化し、中央政府の力の弱まりは地方政府に対する放任体制を招き、多くの少数民族は略奪や暴行などの危険にさらされることになった。一六八三年のウィーン征服の失敗やそれに続くハンガリーおよびバルカン諸国の大部分からの撤退は混乱をいっそう深めることになった。イスラム社会は内向化し、初期に見られた誇り高い国際主義は影を潜め、宗教的にも保守化の動きが強まった。アラブ諸国では、支配者層のトルコ民族はアラブ人を蔑み、それに応えるようにアラブ人はその侮蔑心をズィンミに向け、宗教的緊張も高まった。多くの地域で、ユダヤ人は実質的に法的保護を失うようになった。シナゴーグの建設と数を規制する法律もふたたび施行されたので、それ以来オスマン帝国のユダヤ人は各家庭で宗教的儀式を執り行うようになった。こうした厳しい社会的条件はその後も十九世紀に至るまで続いた。

【コラム】ツファト

ツファトはガリラヤ地方北部の山岳地帯にある非常に美しい町である。今日ではこの町の美しさと古風で風変わりな趣きに惹かれた芸術家たちや、有名な神秘主義者の墓が多数あることに惹かれた信心深い人たちが住む町としても知られている。

スペインからユダヤ人が放逐されるまでは、ツファトのユダヤ人の数はそれほど多くはなかった。一四九二年以降避難民たちが到着し始め、特にパレスチナがマムルーク朝からオスマン・トルコ帝国の支配下に入ってからはその数は増えた。当時、エルサレムの雰囲気は移住者に対し厳しかったが、ガリラヤ地方の町は彼らを温かく迎えた。そのため十六世紀には多くの学者や神秘主義者がここに居を構え学校を開いた。彼らのなかに、スペインから来たラビで生涯の大部分をサロニカで過ごしたヨセフ・カロがいる。彼は、今でも正統派ユダヤ教徒から宗教法の法典としてその権威を認められている『定法典』の著者である。と同時に、彼は神秘主義者として自らの精神生活を観察し導くため、ミシュナーによる夜間の降臨体験を日記に記録した。ツファトに移住してきた学者そして神秘主義者として同じく有名なのが、ソロモン・アルカベツである。彼は安息日の賛歌の作者であり、彼のつくった歌は今でも世界中のシナゴーグで金曜日の夜に歌われている。彼のツファトにおける弟子がモーゼス・コルドベロで、彼はアルカベツの妹と結婚をした。彼はツファトの神秘主義僧集団のために生活の規範を定めたが、それらは彼らが二人一組になり、毎日会って自らの精神生活について話すこと、毎週金曜日には先週の行いについて話すこと、毎食事の前には自らの罪を告白すること、自分たちの間ではヘブライ語で話すこと、などを定めていた。こうした集団の影響により、ツファトは学者や信仰に自らを捧げた人たちが支配する脱俗的な雰囲気の町になり、徹夜の祈禱や広範な断食の行を行う人たちが町の各所に見られた。

神秘主義信仰に関する様々なエピソードも語られた。ヨセフ・デ・ラ・レイナは自らの神秘主義の学識で悪魔をおびき寄せたという。彼はあとわずかで悪魔を滅ぼしメシアの到来を迎えるところであったが、最後のところで悪魔の逃亡を許してしまい、結局世界は堕落したままで残ったと言われた。

こうした神秘主義者の中でひときわ光り輝いているのが、アリの名で知られるラビ・イツハク・ルリアである。彼はツファトでは珍しいアシュケナジムの出身であった。彼は若いときカイロで過ごしたが、そこで預言者エリハの教えを受けたものと思われる。ツファトに移住すると、彼は多くの信奉者を集め一連の伝説的な話の英雄となった。彼は超人だとされ、顔は太陽のように輝き、すべての科学を修め、木々や鳥たちさらには天使の言葉も解すると言われた。彼は人を見るとその人が前世で何であったかを当てることができ、さらにその人の現世での使命についても語ることができた。また、動物や昆虫、鳥や石が前世のどういった悪行で現世こうした姿になったかを話すことができた。そして、人の前世と来世を知り、前世で行った罪に対し現世でどのように贖罪すればよいかを伝えたという。

ルリアは一五七二年、カロは一五七五年、アルカベッツは一五八四年に亡くなった。それ以降、ツファトはユダヤ教の信仰生活の中心地としてはエルサレムに遅れを取るようになったが、その神秘的雰囲気については今もそのままである。

オスマン帝国においてユダヤ人の繁栄が衰退していったもうひとつの原因は、十六世紀以降イベリア半島から流出したユダヤ人がオランダやイタリアを目指すようになったからである。これによるオスマン帝国へのユダヤ人の流入の減少はユダヤ人社会の活力を失わせただけでなく、急速に近代化を進めて勢いづいている西ヨーロッパとの交流を薄める結果となった。オスマン帝国下のユダヤ人は次第に、貿易面においてはギリシア人に、金融面ではアルメニア人にその地位を奪われるようになった。十八世紀末までに

は、近隣のイスラム教地域のユダヤ人も含め、ユダヤ人は貧困と屈辱の環境のもとに置かれるようになった。

ただ、一部のユダヤ人のみは、こういった逆風の中でも外国人居留民特権制度のおかげでかろうじて繁栄を続けることができた。この制度は国際間の貿易促進のために商業特別区を設けることを意図して制定されたもので、オスマン帝国と商業取引のある外国の臣民に対しオスマン帝国内の商業特別区で外国人居留民特権を認めたものである。こうした特別区での取引においてはユダヤ人やキリスト教徒の仲介人の存在は不可欠であったため、彼らに対してある種の税の免除と、外国人に対する特権が付与された。ユダヤ人のなかにはこの特権を利用して、さらにヨーロッパの国々との交流を図る者もいた。しかし、この制度も長い目で見れば、ユダヤ人に対してより、ロシアによって庇護されたギリシア正教徒やアルメニア商人、さらにフランスに庇護されたフランスのカトリック教徒をより益するものであった。というのは、ヨーロッパ諸国は次第に自分たちと同じ信仰を持つ商人との取引を増やすようになっていったからである。

一七九八年のナポレオンのエジプト侵略は、中東地域に対するキリスト教ヨーロッパの影響力強化のきっかけとなり、ある意味ではオスマン帝国が近代的な中東国家になるための長い道のりの第一歩でもあった。この道のりは、ユダヤ人に対しても大きな影響を与えることになった。

オスマン帝国の弱体化に気づき、その崩壊がヨーロッパの勢力バランスを崩すことを恐れたいくつかのヨーロッパ諸国は、オスマン帝国に対し改革に乗り出すよう圧力をかけた。その改革の目玉は、中央政府の支配力の強化と臣下の民族に対する権利の保障であった。この改革はユダヤ人の地位の全般的な向上にも大きな効果があった。

一八三九年、オスマン帝国は非イスラム教徒も市民として平等に扱うことを定めた。一八五六年には、非イスラム教徒も公式文書において差別的に扱われることがないことを布告した。そしてついに一八七六年に、オスマン帝国はすべての臣民に対し完全な市民権を与えた。これはオスマン帝国にとって、過去との大胆な訣別であった。というのは、イスラム支配下の地域においては臣民の地位は常に宗教的立場や宗教内の身分によって決定されていたからである。ただ、この西洋社会から発生した市民権という概念がすぐにオスマン帝国全土に行き渡ることはなく、なかでもアラブ地域においてはなかなか受け入れられなかった。

中央政権の統治の強化をめざす動きはユダヤ人にも影響を与えた。ユダヤ人も公式にオスマン帝国の市民として認知されたが、その結果、法的にもオスマン帝国の支配下に入り、従来のようなラビによるユダヤ人に対する司法権は弱められた。これは、ユダヤ人社会の結束力を緩めるものとなったが、一方、最高位ラビであるハカム・バシと呼ばれるラビを中心とする組織は、こうした状況のもとにおいても、相変わらず一定の力を維持した。また、非イスラムの各宗教はミレット制と呼ばれる制度のもと、宗教的な共同体が公式に認められ、共同体のリーダーを通じて国家に対して発言権を持てるようになった。この制度の目的は本来は中央政権の威光を高めることにあったが、結果的には非イスラム教徒に政治的、法的平等と、市民としての認知を与えるのに効果があった。ズィンミに課せられていた特別税は廃止され、非イスラム教徒もそれぞれの地方の行政組織に属することになった。

北アフリカには大規模なユダヤ人社会が存在していたが、この地方に対するオスマン帝国の支配力が弱まるにつれ、彼らの法的地位も大きく変遷していった。それも、それぞれの独自の事情によってかなり異なった経過をたどることになった。

一八三〇年、フランスはアルジェリアを占領し、チュニジアとモロッコを保護領とした。まもなくフランスはアルジェリアを併合し、同地のユダヤ人に対して小出しに保護政策を実施したあと、一八七〇年にはフランス市民としての権利を与えた。チュニジアでは、フランスによる保護領化が始まる以前から、ある程度開明的なイスラム教指導者のもとでユダヤ人に対して公式にかなり寛大な政策が採られていた。しかし、保護領化の後も、イスラム教徒の民衆の反発もあり、ユダヤ人は市民としてではなくユダヤ教徒としてユダヤ人社会のなかでの生活を余儀なくされた。多くのユダヤ人が望んだのはチュニジア人としてではなく、フランス人としての市民権であったが、それが実現するのは第一次世界大戦の後であった。

一方、モロッコではユダヤ人に対する迫害が非常に激しく、西欧社会の注視するところとなった。ヨーロッパ諸国は代表団を派遣して現状の改善を求めたが、スルタンは代表団に対し曖昧な施策を約束するのみであった。しかも、代表団の帰国とともにその約束も反故にする始末であった。そこでフランスは正式にモロッコの保護領化を宣言したが、そのきっかけとなったのはフェズにおけるユダヤ人の大量虐殺であった。モロッコのユダヤ人はフランスの市民権を得ることはけっしてなかったが、保護領化によりその状況はいくぶんか改善された。

エジプトはもともとオスマン帝国の自治領であり、十九世紀には州知事の支配のもとでほぼ独立国のように治められていた。エジプトは周囲の国と比べて比較的早く近代化が図られたが、ユダヤ人の身体の安全と物質的な豊かさもそれに応じて改善された。ただそれでも、エジプトにおいてユダヤ人が完全に平等な市民権を獲得するのは、イギリスによる占領が始まった後の一八八二年のことであった。

シリアにおいては各宗教間の緊張状態がずっと引き続いていたが、その多くは人口もずっと多くしかも勢力的にも有力なキリスト教徒が矢面に立ったものであった。ただ、キリスト教徒はイスラム教徒と、反ユダヤ教という点では一致しており、ヨーロッパ流の反ユダヤ主義をシリアに持ち込んだのは彼らであった。中東のイスラム教徒は非イスラム教徒を軽蔑し無作法に扱ったが、中世キリスト教ヨーロッパで発達したユダヤ人を悪魔と見なすような神話については十九世紀になるまで知らなかった。中東で最初に深刻な「血の告発」が起こったのは一八四〇年ダマスカスにおいてであった。ダマスカス事件と呼ばれるこの事件は、ユダヤ人の床屋が過ぎ越しの祭りに使うため、キリスト教の修道士を殺してその血を採ったという告発に始まった。ユダヤ人の子供とダマスカスのユダヤ人社会の指導者が投獄され、拷問にあった結果、何人かがその告発を認めた。その結果ロードス島、ベイルート、スミルナでキリスト教徒によるユダヤ人襲撃が起こり、イスラム教徒もこれに加わった。さらにフランスの領事がこの告発を認めたため、シリアのユダヤ人社会は海外のユダヤ人社会に対し救援を求め、たちまち世界的関心事となった。特に中東における権益に関心を持つ西欧の列強はこの事件に強い関心を持った。イギリスはユダヤ人のために調停役を買って出て、大富豪であるとともにセファルディムの慈善家としても高名なモーゼス・モンテフィオーレをシリアに送った。複雑で困難な交渉の末、モンテフィオーレはスルタンから「血の告発」を非難する宣言を勝ち取った。

イエメンのユダヤ人の状態はモロッコに劣らず惨めなもので、法の支配が緩み非イスラム教徒が搾取や脅し、あるいは攻撃の対象になり続けた十九世紀の間、その状況は改善されることがなかった。さらにこの悲惨な状態は、イスラエル建国に伴ってユダヤ人社会がすっかり移住してしまい、この地からなくなるまで変わらなかった。イラクにおいても、ユダヤ人の置かれた状況は劣悪であり、サスーン家のようなバグダッドの金持ちはインドやオーストラリアに逃れた。

イランにおいては十六世紀にイスラム教シーア派がイスラム教を国教と定め、ユダヤ教にはとりわけ厳しくあたった。イスラム教の聖職者は絶大の権力を持ち、非イスラム教徒はすべて不浄な存在と見なしていたのである。ユダヤ人の地位は十九世紀末になってようやく少し改善されたが、これは西洋思想が流入し西欧諸国から圧力がかかるようになったからであった。

十九世紀は、中東のユダヤ人がより西欧化し、都会化した時期でもあった。ユダヤ人はカイロやアレクサンドリアなどの大都会に集中し始め、それに伴い中世から引き継いできた生活様式も次第に廃れていった。世代間のギャップも大きくなり、若いユダヤ人はヨーロッパ風の衣服と生活文化を取り入れ、女性も家を離れて文化的活動に参加し始めた。こうした中東のユダヤ人の近代化には「フランス全イスラエル連合」の影響が強く見られる。この組織は一八六〇年パリで創設され、世界中のユダヤ人、とりわけ中東のフランス領のユダヤ人の束縛からの解放、福祉、環境改善を目指して活動した。この目的のために、ヘブライ語およびフランス語で宗教教育および一般教育を行う学校制度をオスマン帝国領内や北アフリカにあまねくつくり上げ、さらにパレスチナには農業学校もつくった。こうした学校では一般教育と宗教教育が行われたが、それはキリスト教各宗派が宣教師による学校を設立してキリスト教徒に教育を授け、文化的優位性を確保しようとしたのと軌を一にするものであった。多くのユダヤ人は相変わらず昔ながらの宗教学校にその子弟を送ったが、「フランス全イスラエル連合」の学校も西欧化した教育方法により開明的で豊かな中東のユダヤ人を生み出した。

ユダヤ人の法的地位、経済状態、教育水準は十九世紀中に徐々に改善していったが、イスラム教徒の民衆との対立関係は一向に改善されることはなかった。この理由のひとつは、ユダヤ人が西欧化を、抑圧と貧困、後進性から脱出するための窓と見なしておおいに歓迎したのに対し、イスラム教徒はこれを植民地化および搾取と見なしたことにある。何世紀にもわたってユダヤ人を最も卑しむべき存在で、軽蔑と嘲りの対象としてしか見てこなかったイスラム教徒にとっては、ユダヤ人が西欧化を歓迎している様は、裏切りとしか見えなかったのである。いつまで経っても貧困から抜け出せない彼らにとって、ユダヤ人やキリスト教徒の成功ほど腹立たしいものはなかった。こうして、中東のユダヤ人の法的、経済的地位の改善は、結果として彼らの社会的地位と身の安全の不安定化をもたらすことになった。

バルカン半島におけるキリスト教徒のオスマン帝国からの離脱は、一八二一年のギリシアの暴動に始まった。この暴動はさらなる民族間の反目を解き放つ結果となった（これは二十世紀末まで悲惨な状態で続いている）。ギリシア、ルーマニア、ブルガリア、セルビアと反乱と暴動が続いたが、いずれの地域においてもユダヤ人虐殺が起こり、いったん独立が勝ち取られると、西欧からのユダヤ人の安全を求める圧力もほとんど功を奏さなかった。一九一二年から一九一三年のバルカン戦争の時にはこのユダヤ人に対する迫害はいっそうひどいものになった。さらに一九一七年にサロニカのユダヤ人街が焼き討ちに遭うと、ギリシア政府はユダヤ人にその地における再定住を認めなかったばかりか、ユダヤ人に対する差別的な政令を制定した。ただ意外なことにも、こうした危険で抵抗の強い時期においてもセファルディムの文化活動は活発であった。ユダヤ人のフランス語、トルコ語、ラディノ語による新聞はバルカン半島の主な都市では必ず見られ、ラディノ文化は小説や民衆詩、音楽の分野でおおいに盛り上がった。

第一次世界大戦中、アルジェリアのユダヤ人はフランス国民として勇敢にフランスのために戦った。しかし、チュニジアのユダヤ人はフランス国民ではなく、しかもチュニジアにおけるフランス人官僚たちの反ユダヤ主義的態度に接していたため、戦うことに消極的であった。パレスチナとイギリスのユダヤ人は、イギリス政府の不承不承の支持のもと、ユダヤ人部隊を結成しイギリスとともにトルコ軍と戦った。

第一次世界大戦終了後、オスマン帝国に残されたのはアナトリア高原周辺のわずかな土地であった。一九二三年にはオスマン帝国は終焉し、その地にトルコ共和国が成立した。この新制トルコ共和国は宗教と政治を厳密に分離し、ユダヤ人を含むすべての国民に平等の権利と宗教的自由を与えた。しかし中東の他の地域においては、ユダヤ人の運命はもっと過酷なものであった。これらの国々はほとんどが西欧列強の勢力下に入ったが、ユダヤ人に対する姿勢には戦後も変化はなかった。唯一、第一次大戦直前にフランスの保護領となったモロッコにおいては、ズィンミの地位はそのままであったが、多少の改善が見られた。しかし、アラブ・ナショナリズムの高揚に伴い、中東のユダヤ人の立場はいっそう危うくなった。

アラブ・ナショナリズムが目指したものは、西欧列強からの独立およびアラブ文化とイスラム教を基盤にした国造りであった。多くのユダヤ人はこうした動きに危機感を抱いたが、非シオニストのユダヤ人の中には、自分たちを〝アラブ・ユダヤ〟と位置づけ、この動きに合わせようとした者もいたが、その試みが成功することはほとんどなかった。

第一次大戦中にイギリスが占領したイラクでは、彼らを救済者と見たユダヤ人とキリスト教徒は、ともにイギリス政府に対しアラブ政権の復活を認めないように要請し、最低限自分たちにイギリスの市民権を与えることを懇願した。イラクがイギリスの委任統治領であった間は、ユダヤ人もキリスト教徒も公務員になることができ、ユダヤ人の中には内閣の大臣を務める者まで現れた。しかし、一九三二年イラクが正式に独立した後は、非イスラム教徒が政府の役人を務めることは不可能になった。

アラブ・ナショナリストと親フランス派との間で激しい抗争が続いたアルジェリアでは、ユダヤ人ははっきりとフランス派に属し、生活様式も急速に同化させていった。

他のアラブ諸国と比べて西欧化がより早く始まり、国際化も進んでいたエジプトでは、汎アラブ的な民族感情も薄く、ユダヤ人は公的活動にも参加し、中には民族主義政党に関係したり議会活動に携わる者もいた。ただ、総じて言えば、ユダヤ人の基本的姿勢は自分たちの利益はアラブ諸国よりも西欧諸国とともにある、というものであった。

中東のユダヤ人の中には、自らのアイデンティティの問題を自分たちが西欧化することで解決しようとする者もいた。至る所に広がっていた「フランス全イスラエル連合」はこの動きを後押しし、フランス文化を取り入れることにより自己改善を図ることを提唱した。フランス市民としての法的地位を保障されていたアルジェリアのユダヤ人にとっては、この提唱は極めて自然なものであったため、彼らの間では急速にフランス化が進んだ。そして、アルジェリアにおけるこうした動きはフランス国内のユダヤ人にも影響を与えた。ただ、フランス国内における同化主義者が直面したように、必ずしもこうしたフランス化が非ユダヤ人に受け入れられていたわけではない。特に、アルジェリアにいたフランス人植民地主義者からは強い反感を買った。こうした反感に接すると、ユダヤ人は不思議なことに、さらに熱心にフランスへの同化を目指すようになった。

一方、中東のユダヤ人の多くはシオニズムに解決を求めようとした。この運動はアシュケナジムの間で十九世紀末にかけて起こったもので、パレスチナの地にユダヤ人国家を建設しようとするものであったが（詳細は第十章参照）、当然のように中東に住む多くのユダヤ人には強く訴えるものがあった。元来イスラエルの地は彼らにとって、アシュケナジムにとってよりもずっと身近な存在であった。それは地理的に近接しているという事実のみならず、オスマン帝国の支配下にあってはともに同じ政治的文化状況の中にあった地域でもあった。セファルディムは十九世紀初期に職人や企業家として、あるいは新たに農園を拓こうとパレスチナに移り住み始めた。十九世紀後半になるとイエメンやブハラからセファルディムではないユダヤ人がやはり移住し始めた。こうした移住はシオニストの運動とは無関係に進んだものであった。シオニスト運動が始まるのは十九世紀末のことであり、それもアシュケナジムたちの間で始められたものであった。

エジプトのユダヤ人は数多くのシオニストの拠点を設立した。そして第一次世界大戦後、パレスチナのユダヤ人が避難民としてエジプトの隣接地に到着したことが一層シオニストの活動をあおる結果となった。西欧化が遅れ、より伝統的な宗教を堅持していたモロッコのユダヤ人は熱狂的にシオニストの活動を支持したが、モロッコ国内で影響力の強い「フランス全イスラエル連合」はこの運動に反対で、しかもヨーロッパのシオニストが中東のユダヤ人の置かれた状況を把握していなかったため、その効果も限定したものとなった。アルジェリアのユダヤ人はフランスとの同化を第一に考えており、当然のようにシオニスト運動とは相容れなかった。チュニジアではそれよりはやや成功した状況であった。

シリアとレバノンでは当初はシオニスト運動は活発で、特に第一次大戦中にパレスチナのユダヤ人が難民として到着したことで大きく盛り上がった。イラクではシオニスト運動はやや遅れを取っていた。というのは、イラクには保守的な富裕層であるユダヤ人、委任統治にあたるイギリス人官僚、「フランス全イスラエル連合」、さらに新興のアラブ・ナショナリストなどが勢力を分け合っており、シオニスト運動は目立たないものとならざるを得なかった。一九二〇年代も末に近くなると、アラブ・ナショナリズムの運動が、まずシリア、レバノン、イラクで、その後他の国々に広まっていくと「世界シオニスト機構」の目がヨーロッパに向いていたことと相まって、中東におけるシオニスト運動は次第に弱まっていった。

シオニスト運動をめぐる緊張は、一九二九年にエルサレムで暴動が起こり、パレスチナ人の民族運動が周りのアラブ諸国の注目するところとなり、その鉾先がパレスチナのユダヤ人に向かった時に一気に高まった。アラブ・ナショナリズムは、ユダヤ人の国家建設の望みに対し一層反発するようになった。そして、この動きは中東の民衆と西欧の植民地主義勢力との軋轢を高め、中東のキリスト教徒とユダヤ人の地位をさらに不安定なものにした。アラブ・ナショナリズムがヨーロッパのファシズムを見習うようになると、事態はさらに不幸な方向に転じた。主要な植民地主義勢力であるイギリスとフランスに敵対し、強力な民族主義を唱えるナチス・ドイツは、アラブ・ナショナリストたちにとって恰好のモデルであった。ヨーロッパのファシズムは憎悪に満ちた反ユダヤ主義を掲げていたが、それは伝統的なキリスト教徒のユダヤ人を悪魔と見る思想のうえに立ち、さらにユダヤ人が世界を支配しようとしているという陰謀説を流布していた。一九三〇年代後半までには、反ユダヤ主義の古典ともいえる『シオンの長老の議定書』とヒットラーの『我が闘争』（ただし反アラブの部分は削除して）がアラビア語に翻訳されて出回っていた（『シオンの長老の議定書』については第八章を、『我が闘争』については第九章を参照）。一九三〇年代末にはユダヤ人の財産に対する破壊行為が日常化し、中東地域の多くの国々はユダヤ人にはもはや住むに適さない土地になってしまった。こうした状態の改善を目指して、ユダヤ社会の指導者たちはシオニズムとの訣別を宣言した。例えばエジプトにおいては、ユダヤ人社会の指導者はエジプト人としての愛国心を訴え、エジプトをユダヤ人とアラブ人の友好関係のモデル地域にしようと試みた。しかし、ユダヤ人のこうした行為も所詮大きな歴史の流れには逆らえるものではなかった。

第二次世界大戦中のドイツのバルカン侵入により、同地でのユダヤ人の生命は終焉を迎えた。ドイツ人のユダヤ人根絶の方針は非常に執念深いものであった（バルカン半島、ギリシアおよびサロニカのユダヤ人の運命については第九章参照）。この大戦中もエジプトおよびイエメンのユダヤ人社会は比較的損害を受けることがなかったが、イラクにおいてはユダヤ人に対する風当たりは厳しくなり、一九四一年のバグダッドにおけるユダヤ人虐殺の後はそれがさらに一層過酷なものになった。

北アフリカでは、チュニジアのユダヤ人社会はドイツの直接の支配下に入ることになったが、その期間は非常に短かったのでヨーロッパにおける占領地において見られたような徹底的な破壊は免れることができた。アルジェリアでのフランスによる反ユダヤ主義の歴史やモロッコでの差別の苦しみにもかかわらず、北アフリカのユダヤ人にとって連合国のほうが明らかに有益な存在であった。一九四〇年にフランスが崩壊すると、その結果ユダヤ人は強い打撃を受けることになる。アルジェリアとモロッコはフランス・ヴィシー政権の支配下に入り、アルジェリアのフランス人は彼らの大切にしてきたフランスの市民権を奪われることになった。ヴィシー政権の反ユダヤ法は北アフリカのユダヤ人に厳しく適用された。ただ、フランス保護領であったシリアとレバノンに対してはその法は及ばなかった。ここで注目すべきなのは、驚かれるかもしれないが、モロッコのスルタンが反ユダヤ法に公式に反対し、モロッコの領内のユダヤ人を保護すべくフランスに訴えようとしたといわれていることである。その後、一九四二年、一九四三年にこれらの地域は連合軍によって解放されたが、ヴィシー政権の官僚がその後もしばらく行政を管理していたため、直ちにユダヤ人に安心な状況が訪れたわけではなかった。

第二次世界大戦は、中東の多くのユダヤ人に、地域の民衆と平和的な関係を築くことを期待するのは無意味であると確信させた。さらに、かつて支援を求めた西欧諸国にも幻滅する結果となった。若者の間ではシオニスト運動が一層過激になった。そして、シオニズムとアラブ・ナショナリズムは対決に向かって突っ走ることになる。反シオニスト、反ユダヤ人の暴動がエジプト、リビア、シリアで起こった。一九四七年十一月、国際連合がパレスチナをユダヤ人とアラブ人の間で分割することを決議したとき、その暴力の嵐は中東中を吹き荒れ、唯一モロッコだけがその渦中に入ることを免れた。

アラブ世界でのユダヤ人の生活は、モロッコを除き、一九四八年のイスラエル国家の建設とともに事実上終わった。リビアとイエメンのユダヤ人社会は直ちにそっくりイスラエルに移って空となった。イラクのユダヤ人社会もまもなくこれに続いた。シリアのユダヤ人は、比較的国際化が進んでいて寛容な多民族国家であるレバノンに移るか、またはイスラエルに向かった。エジプトにおいては、どちらかというと貧しい層はイスラエルに移住したが、金持ちはヨーロッパやアメリカを目指した。ただ大部分の中産階級、あるいは中の上クラスの人々はエジプトにとどまった。そして、エジプトにおけるユダヤ人の状況は次第に落ち着いたものになっていった。

モロッコからも多数の人間がイスラエルに向かったが、これは抑圧を逃れるためというよりは、イスラエルのアラブ連盟に対する勝利に高揚し、メシア思想に純粋に触発された結果といえる。宗教と政治を分離したトルコ共和国では、ユダヤ人は繁栄を続けていたが、その数は昔に比べるとずっと少ないものであった。

こうして一九五〇年代半ばまでに、中東のユダヤ人社会はその存在がほとんど無視できるくらいにまで縮小した。

【コラム】初期のヘブライ語印刷物

近代活版印刷の発明は歴史的に一四四〇年に行われたということになっている。はっきりとした日付の入った最初のヘブライ語の本は一四七五年イタリアにおいて現れた。しかし、この日付をさかのぼる十年ほど前からすでにローマにユダヤ人の印刷所があったことが知られている。初期のヘブライ語印刷物の大部分はイタリアでつくられたが、スペイン、ポルトガルにも十五世紀にヘブライ語の出版物があった。一四九二年のユダヤ人追放の結果、ユダヤ人難民は活字を携えてイベリア半島からモロッコ、イタリア、トルコに避難し、その地で印刷を始めたのである。

オスマン帝国の統治者は、印刷術が体制転覆をもたらす可能性があると考え、イスラム教徒が印刷業に携わることを禁止した。ユダヤ人に対しては、アラビア語の書体で印刷しないことを条件に印刷業を認めた。当時、手書き文書についてはアラビア語でもトルコ語でも書かれていた（トルコ語の印刷が合法となったのは一七二七年のことである）。スペインからのユダヤ人難民がオスマン帝国のコンスタンチノープルに最初の印刷工房をつくったのは一四九三年である。そしてそこから、印刷術は他のオスマン帝国領内の都市やエジプトに広まっていった。ドン・ヨセフ・ナシは有力な印刷業者であったが、彼の死後は未亡人がコンスタンチノープルのその工房を守った。

十六世紀前半においてもイタリアは相変わらずヘブライ語印刷の中心地であった。代表的な二つの印刷工房が、ソンチーノとボンベルグにより経営されていたが、後者はキリスト教徒でありながらベニスでヘブライ語専門の印刷工房を営んでいた。ソンチーノは一五二七年にその活動の中心をオスマン帝国に移した。タルムードの最初の完全版の制作（一五二〇〜一五二三年）という記念碑的な仕事をしたのがボンベルグである。

教皇ユリウス三世が一五五三年にすべてのタルムードの印刷本を燃やし、新版の発行を禁止した後、イタリアにおけるヘブライ語印刷は一時的に衰退したが、やがてふたたびベニスにおいてヘブライ語の印刷が盛んになり、まもなくベニスはヘブライ語出版物制作の中心地の一つとなった。

第七章　西ヨーロッパのユダヤ人（一五〇〇年から一九〇〇年まで）

一五〇〇年頃から始まったヨーロッパの社会および思想の変化はユダヤ人の生活にも大きな影響を与えた。経済構造の拡大は何世紀にもわたって金貸し業に追いやられていた人々に上昇の手段を与えることになった。この侮蔑の対象でしかなかった職業が、一躍有望な投資の対象に変化したのである。十七世紀になって、商業主義と資本主義が拡大すると、経済的な豊かさが優先されて宗教的なことは二の次になった。近代初期には、ヒューマニズムや宗教改革さらには啓蒙運動などによって、教会が知的な事柄をすべて統括するといった状況は次第に崩壊していった。さらにこうした動きは、ユダヤ人に対する宗教的差別の根幹となっていた神学的根拠を緩めることにもなった。

時代が進むと人々の政治思想にも変化が現れ、ユダヤ人をユダヤ社会という地域的な閉鎖社会の住民としてではなく、国家を構成する一市民として考える見方が出てきた。こうした変化が本格化するのは十八世紀以降であるが、その基盤はすでに近代初期の頃に築かれていた。

先の章で見てきたように、キリスト教ヨーロッパ社会においてユダヤ人の携わることのできた職業は極めて限られていた。金貸し業、小規模な質屋、古物の売買などである。しかし、一部のユダヤ人はこの制限を逆手に取って資本を蓄え、金融と投資に関するプロとなった。たび重なる追放と強制的な移住はユダヤ人を西欧社会のあちらこちらにばらまくことになったが、結果としてユダヤ人たちは各地をつなぐ国際的なネットワークを形成することができた。そして、アシュケナジムとセファルディムは文化的には異なっていたが、アウトサイダーとしての地位、共通の宗教、ヘブライ語という共有する言語などにより、キリスト教ヨーロッパとイスラム教中東社会のビジネスの仲介者としてともに有利な立場にあった。従って、十六世紀初頭において世界各地のユダヤ人が悲惨な状況にあったのは事実であるが、将来の経済的復活の基盤はすでにできつつあった。

十字軍の活動とともに始まったユダヤ人迫害の波は中央ヨーロッパのユダヤ人を東のポーランドやリトアニアのほうへ追い立てた。十三、十四世紀にもその動きは活発であったが、最盛期はむしろ十五世紀後半以降であった。西ヨーロッパにおいて強まるユダヤ人迫害がもちろんその第一の理由であったが、東の国々の支配者たちがユダヤ人を喜んで迎え入れた事実も見逃せない。オスマン帝国のスルタンがセファルディムの持つ高度な知識と技能、国際的なビジネスネットワークに目を付け、自国の領土に移住することを奨めたのと同じような理由で、ポーランドの王や貴族はアシュケナジムを彼らの領土に招いた。

十五世紀当時のポーランド（および当時ポーランドと連合していたリトアニア）はヨーロッパの一大勢力であったが、人材が不足しており、広大な領地を経営する専門家や遠距離貿易のできる商人がいなかった。特に貴族階級は何千という集落の存在する領地を所有していたが、自らその土地を経営することを望まず、あるいはそこに住むことさえ拒否していた。ユダヤ人はこうした貴族に管理人あるいは代理人として仕え、彼らの代わりに領地に住み、その経営にあたった。また、なかには領主と特別の関係を結び、その領地のなかで住民とは交わらず別個の存在として住居を構えるユダヤ人もいた。一六〇〇年頃までにはユダヤ人はほぼ全土にわたって居住するようになり、職人、農民、商人、税の取立人、関税の徴収者として生業を立てた。西および中央ヨーロッパで経済活動からほとんど排除された後だっただけに、こうしたポーランドやリトアニアでの生活はユダヤ人にとって大変心休まるものであり、それはちょうどセファルディムがオスマン帝国において安住の地を見つけたのと同じような状態であった。

セファルディムと同じく、アシュケナジムもまたかつて住んでいた土地の言葉を新しい土地に持ち込んだ。ドイツにおいては彼らは中世各地におけるユダヤ人と同じく、その土地の言葉であるドイツ語を話していた。ポーランドに来てからも、領主とも、また住民とも離れて生活していたのでユダヤ人の間では相変わらずかつてのドイツ語を使用していた。こうした言葉の保存はある意味で東ヨーロッパ社会への同化が限定されたものであったことを示す証拠でもある。ドイツにいたときからユダヤ人の話すドイツ語にはヘブライ語の要素が交じっていたが、東ヨーロッパに来てからはそれにスラブ語の要素が加わり、元のドイツ語とはかなり異なるものになってきた。これがイディシュと呼ばれる言葉である。ラディノ語やユダヤ・アラブ語と同じくイディシュもヘブライ語のアルファベットでつづられる。

経済状態の安定に伴い、アシュケナジムの活動は知的方面にも向かい、そのエネルギーは主として伝統的なタルムードの研究に注がれ、大きな成果をあげた。ルブリン、ポズナン、クラクフなどに主要な神学校が設けられ、ルワウやルブリンの大きな市ではこれらの神学校の募集が行われた。タルムード研究がごく最近に至るまでアシュケナジムによってほぼ独占されていたのはこうした伝統によるところが大きい。

東ヨーロッパにおいてユダヤ人社会が繁栄していくにつれ、彼らは次第に大幅な自治を認められるようになった。その動きはやがてユダヤ人の国会とも言える「四地方協議会」と呼ばれる組織の創設となった。この組織は東ヨーロッパのユダヤ人の暮らしを調整する役割を果たした。この組織はラビの代表を含んでいたが基本的に世俗的な組織で、地方のネットワークを結んで何千という個々のユダヤ人社会をその指導下に置いた。その活動は一五八〇年から十八世紀初頭まで続いた。その権威はこうした組織を持たない西ヨーロッパのユダヤ人社会にまでその影響力を及ぼすほどであった。

東ヨーロッパのユダヤ人は、一六四八年に東ウクライナのコサックが、ウクライナの小作農とクリミアのタタール人の支援を受け、ボグダン・フメルニツキー（一五九五〜一六五七年）の指導のもとにポーランドに反旗をひるがえしたことで大きな打撃を受けた。ギリシア正教徒であるウクライナ人はまずポーランド人貴族とカトリックの聖職者を殺戮したが、ついでその鉾先は税の徴収人であり農民の管理者であるユダヤ人に向かった。時にはユダヤ人は、キリスト教に改宗することを条件に命を助けると通告されたが、結局第一次十字軍のときと同じように家族を含め自らの命を断つ道を選んだ。この暴動は西にさらに北に広がり、恐ろしい虐殺と残虐行為は一六五五年にロシアとスウェーデンがリトアニアに侵入するまで続いた。この期間を通じて、ユダヤ人は大きな犠牲を払うことになった。ポーランドのユダヤ人人口は、殺戮と西ヨーロッパへの避難のため、大幅に減った。その後十七世紀末までにはふたたび人口は増えたが、もはやかつての活気は見られなかった。東ヨーロッパのユダヤ人のシャブタイ・ツヴィと彼のメシア信仰への入れ込みぶりは（第六章参照）、このときに受けたトラウマが影響していると思われる。彼らは、ツヴィの背教の知らせによりさらに大きな打撃を受けることになったのである。

中央ヨーロッパでは十四、十五世紀の人文主義運動が古代の言語や文化の研究を復活させた。こうした研究の影響で学者たちは教会の教条主義的な考え方から次第に解放されるようになった。なかには聖書のヘブライ語テキストやユダヤ教による聖書の解釈、さらにはユダヤ教の文書、特にカバラに目を向ける学者も現れた。こうして、ヘブライ語はラテン語やギリシア語とともに最盛期ルネサンスにおいては同じように重要な扱いを受けることになった。

このキリスト教によるユダヤ教文書に対するこだわりを示すめずらしい例として、一五一三年に起きたある出来事を挙げることができる。それは、フェフェルコンという元ユダヤ教徒が、神聖ローマ帝国内のすべてのタルムードを押収しようとした罪でキリスト教教会の法廷で裁かれたとき、ヨハネス・ルクリンというキリスト教学者がタルムードを擁護した出来事である。ルクリンが非常に名声の高い学者であったため、ヘブライ語の研究はキリスト教学者の間でも高い評価の対象となった。ただ、ルクリンでさえユダヤ教に対する姿勢は中世の教会の否定的な立場を越えるものではなく、エラスムスのような他の人文主義者たちは、過度のヘブライ語研究はキリスト教信仰にとって危険であるとの見方をしていた。こうして人文主義運動は、キリスト教学者がユダヤ教の伝統に対して目を開くきっかけとはなったが、ユダヤ人の生活そのものにはほとんど何の影響も与えなかった。

一五一七年にマルティン・ルターによって始められた宗教改革は、キリスト教のユダヤ教に対する寛容さを増すように働くのではなく、むしろキリスト教聖職者の反ユダヤ教的な態度を一層強化する結果となった。宗教改革運動の初期においては、ルターは教会批判の理由のひとつにユダヤ教に対する迫害を挙げていた。これは、教皇に対する攻撃と聖書以外の権威を認めないという彼の主張により、ユダヤ教徒をキリスト教に帰依させることができるに違いないという彼の目論見によっていた。しかし、実際にはそう

イタリア半島における主なユダヤ人社会存在地(1450〜1550年頃)

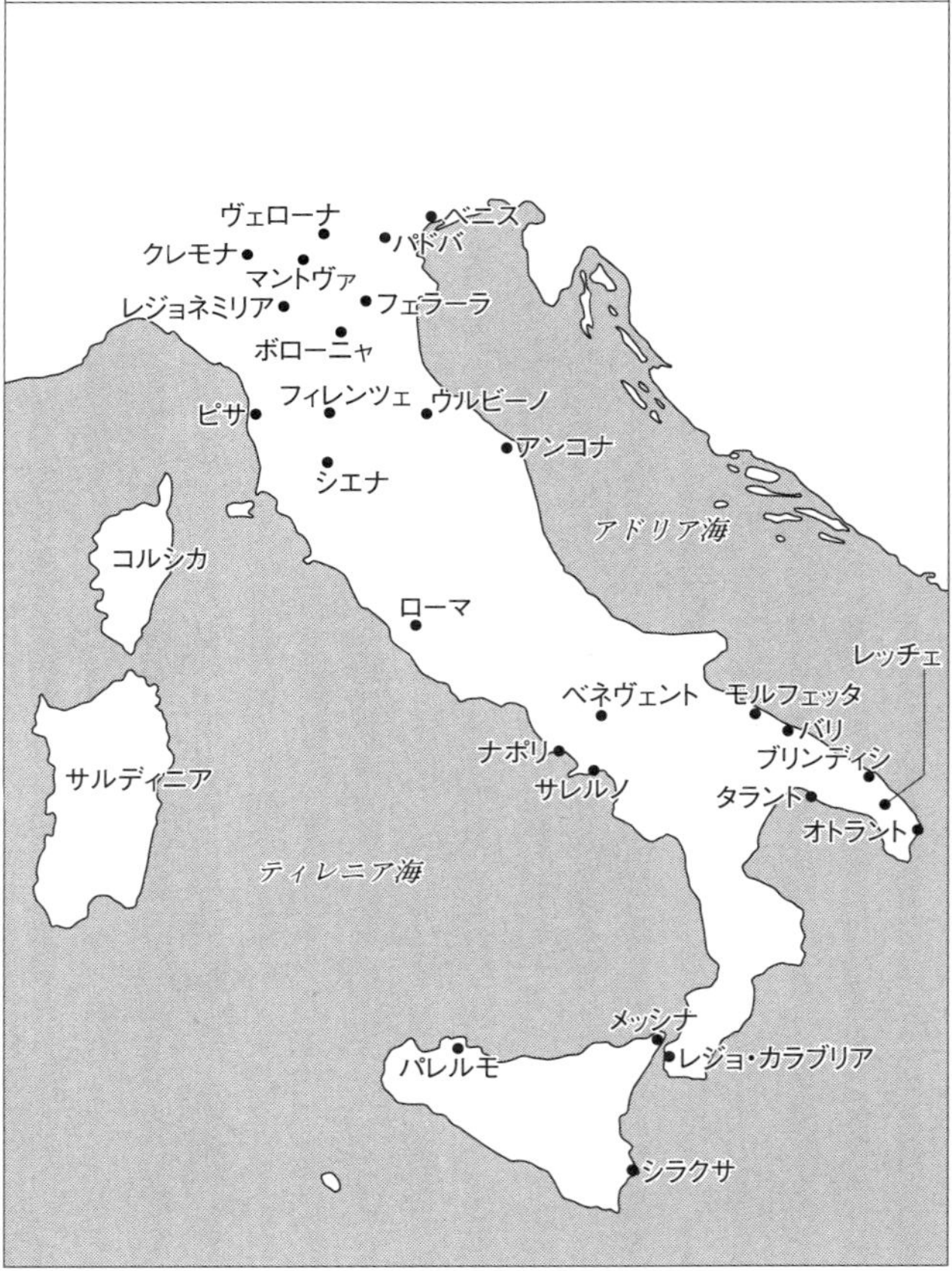

したことは起こらなかったため、一転してルターはユダヤ人を〝不愉快な害虫〟と呼び、キリスト教徒にユダヤ教徒に対する憎しみを植え付けるとともにドイツ各地からユダヤ人を排除することを支持した。

こうした宗教改革運動に対するローマ教会側からの反論は「反宗教改革」と呼ばれるが（一五四五年に召集されたトリエント宗教会議に始まるとされている）、その動きはユダヤ人にとってはもっと大きな逆戻りを強いるものであった。先に見てきたように、中世において教皇は、ローマ教会の方針の遂行者としてユダヤ人に対してわずかながらも寛容さを示し、彼らの守護者として振る舞った。さらに十六世紀初頭のルネサンス時代においては、人文主義の影響を受けた教皇は、イタリア各都市を支配していたフィレンツェのメディチ家やマントバのゴンザガ家、フェラーラのエステ家のような有力な一族がユダヤ人を庇護していたこともあり、特にユダヤ人に対しては好意的であった。しかし、いまやふたたびキリスト教世界の支配を強化する必要に迫られた教皇は、攻撃対象である宗教的逸脱者の中にユダヤ教徒も含めたのである。

不思議なことに、トリエント宗教会議においてはユダヤ人に対して特別の決定はなされなかった。しかし、一五四一年に創設されたイエズス会はユダヤ人に対し、改宗するように強力に迫る運動を繰り広げた。ローマ教会も一五五五年、教皇パウロ四世がローマとイタリア国内の教皇領のユダヤ人をゲットー内に隔離することを命令し、ユダヤ人に大きな打撃を与えた。ゲットーは壁に囲まれたユダヤ人だけの居住区で、その町のすべてのユダヤ人はそこに住むことを強制され、その入り口の門には日の入りから日の出までの間鍵がかけられた。小さな町においては、ゲットーは単に過密であるだけでなく、その通りは極めて不衛生であった。イタリア最初のゲットーは一五一六年にベニスにつくられたが、その名前を取ってそれ以降のユダヤ人居住区はすべてゲットーと呼ばれた（ゲットーという言葉はベニス方言で鋳造所を意味する。最初にユダヤ人居住区の置かれた場所がたまたま鋳造所のあった場所だったのでそう呼ばれるようになった）。イタリア以外でもそれ以前から壁に囲まれた形のユダヤ人居住区はいくつかの町で存在していた。有名なのはフランクフルトのものである。しかし、イタリアの教皇領とプロバンスで始まり、やがてイタリア主要都市に広まるにつれて、ユダヤ人居住区の標準的なものとなった。ゲットーの建設はこの後一七三二年まで続くことになる。

反宗教改革の反動的なムードの中で、異端審問所の監視の目はイベリア半島を逃れてイタリアに入りふたたびユダヤ教に戻ったマラノに向けられた。イタリアはもはや安住の地ではなくなり、多くがオスマン帝国を目指すようになった（この間のローマ教皇のマラノに対する保護の撤回とアンコナにおける惨劇は第六章で述べられている）。教皇領のユダヤ人は、ユダヤ人であることを示す徽章と黄色の帽子を身に着けなければならなかった。彼らは土地の所有を禁じられ、何世紀にもわたって住んできた小さな町からも放逐された。イタリアの印刷所で盛んに印刷されたヘブライ語の書物も検閲の対象となった。

ただこうした過酷な反宗教改革の雰囲気の中においても、イタリアにおけるユダヤ人の生活と文化はそれなりの繁栄を見せた。ルネサンスの時代の到来以前にイタリアのユダヤ人社会は種々雑多なグループに分かれていた。第五章で見た、ビザンチン・イタリア出身のユダヤ人は半島全体に散らばり、そこに後から来た様々な移住者が加わった。十三、十四世紀に迫害と排除を逃れてやって来たドイツのユダヤ人。十五世紀末にイベリア半島から逃れて来たスペインとポルトガルのユダヤ人。十六世紀に貿易の機会を求めてオスマン帝国から西を目指したユダヤ人。レバンティン・ユダヤ人として知られ、イタリア系、アシュケナジム、セファルディムに続く第四のグループを形成したレバント地方からのユダヤ人。大きな都市においてはこれらの四つのグループがそれぞれ独自の社会を維持していた。ベニスのゲットーではいまでもドイツ、スペイン、イタリア、レバンティンのシナゴーグを見ることができる。この他、イベリア半島からのマラノも十六世紀の間ずっとイタリアに到着し続けた。

中央ヨーロッパでは、イタリアのユダヤ人は職人組合や商人組合にはほとんどの場合入ることができず、主に質屋や近東地方との貿易で生計を立てていた。ただ、その他にも認められていた各種の職業があり、必ずしもこれらの職業を専業にしていたわけではない。にもかかわらず、ユダヤ人の存在理由はもっぱら質屋というその職業にあるとのイメージが広く存在していた。実際、貧困層に少額の金銭を貸し付けるため、ユダヤ人はコンドッタとして知られる、一定期間質屋業をすることを条件に居住を認められる約定を地方の行政府と結んでいた。地域によっては、キリスト教徒が運営する慈善のための貸付機関が設立され、ユダヤ人の質屋を追い出したり金利を上げさせないようにする試みも行われた。しかし、多くの町ではユダヤ人の経営する質屋と慈善のための貸付機関は軒を並べて平和的に共存していた。

コンドッタはより大規模な貸付の場合もその機能を果たした。大都市においては、投資のための資本の需要があったが、こうした場合はユダヤ人社会が全体としてこのコンドッタを認められ、大型の投資物件に対応した（シェイクスピアの『ベニスの商人』はこうした時代的背景をもとにしている）。こうした案件は一定の契約期間が定められ、それが終了すると新たな交渉が行われ、ユダヤ人社会と地方行政府との間で契約の更改が行われた。

イタリア・ルネサンス期のユダヤ人社会を考える場合、最も興味深いことのひとつは、彼らがゲットーに入れられて後も、この華やかな時代の礼儀作法、嗜好、知的活動、娯楽などを存分に生活に取り入れていたことである。スペインのヘブライ文化が華やかなりしとき、ヘブライ語の詩が社会的にもまた娯楽としても大きな役割を担ったように、イタリアにおいてユダヤ人がイタリア語やスペイン語で書いた詩は、社会的な機能を果たすとともに娯楽の対象となった。ルネサンスの盛んな文芸活動はユダヤ教の説教にも影響を与え、それらをより格調の高いスタイルのものにした。ユダヤ教の説教師たちは、初めて自分たちの説教を編纂し出版した。音楽家も輩出し、特に弦楽と合唱はおおいに発展し、シナゴーグでも演奏された。サロモーネ・デ・ロッシはシナゴーグ用のモテット（聖書の言葉に曲をつけたもの）の他にマントバの宮廷用に世俗的な音楽も作曲した。ユダ・ソンモはヘブライ語で初めて戯曲を書いた。若いユダヤ人は各種の競技を行い、ラビたちは安息日に球技をすることやテニスをすることの可否を議論するまでになった。テニスの場合、当時禁止されていた賭けの対象となっておりそのため一層議論の的となった。カードやダイスを使った賭け事は社会問題になるほど盛んであった。十七世紀初頭のベニスにおける最も有名なラビの一人であったラビ・レオン・デ・モデナは、賭け事にのめり込んでしまい、ほとんど破滅寸前まで行ったことを、その回想録で告白している。

しかし、こうした世俗的な様々な楽しみや大衆的な文芸は確かに広まっていたが、イタリアのユダヤ人社会の教育の基本は相変わらずユダヤの伝統すなわち聖書とその注釈およびタルムードとその注釈であり、それに正統的な哲学の古典やゾハールやカバラの作品が加わったものであった。

十六世紀後半になると、西欧社会は次第にユダヤ人に対し寛大になってきた。一五七九年、現在のベルギー、オランダ、ルクセンブルク地方はカトリック・スペインの支配から自らを解放し信教の自由を獲得した。一方その翌年、ポルトガルはスペインに併合され、ポルトガルのそれまで寛容だった異端審問所は一転して隠れユダヤ人を厳しく追及し始めた。そのためポルトガルの新キリスト教徒やマラノの多くがアムステルダムに向かい、さらにこれにスペインのマラノの流れが後に加わった。こうして、アムステルダムが最高の繁栄を極めた十七世紀には、多くのユダヤ人が集まりまた豊かな生活を繰り広げたため、アムステルダムは〝オランダのエルサレム〟と呼ばれることもあるほどであった。

【コラム】ユダヤ人女性実業家

ドナ・グラシアが近代初期において最も成功したユダヤ人女性実業家であったのは事実であるが、彼女の他にもやはり輝かしい成功を収めた女性はいた。その一人はベンヴェニダ・アブラバネルである。彼女は、カトリックの絶対支配と折り合いをつけるために努力したことで知られ、偉大なラビであり廷臣であったドン・イッハク・アブラバネルの姪であった。貴族階級であったアブラバネル一族は一四九二年にスペインを逃れ、ナポリに定住した。そこでベンヴェニダは従兄弟であり、ドン・イツハクの息子であり、そしてナポリ国王の財務顧問となったサミュエル・アブラバネルと結婚した。彼女は非常に聡明な女性だったので、スペインの支配者の娘であり後にフィレンツェのメディチ家の公爵の妻となるエレオノーラの家庭教師となった。

ベンヴェニダは夫が金融業を営むうえで重要なパートナーとなった。夫サミュエルは、息子に後を継がせるというユダヤ人の相続慣習を覆し、遺言でベンヴェニダを自らの後継者に指名し、彼女が一族のビジネスを統括するようにした。この決定を伝えるにあたり、サミュエルは彼の富が妻の莫大な持参金を投資したことから始まり、妻が息子の誰よりも家事および事業をうまく運営できることを明確に述べている。息子と娘たちには一定額の遺産のみを残し、将来もしベンヴェニダがそれに値すると思ったなら、子どもたちに彼女の遺産を引き継がせればよいとした。

一五四七年にサミュエルが死ぬ前に、ユダヤ人はナポリから放逐されたので、彼らはフェラーラに移住した。その年、ベンヴェニダはフィレンツェの公爵と金融業務に関するいくつかの契約を結ぶことに成功し、その結果、彼女と息子の一人はトスカーナ地方の町に金融業のネットワークをつくる許可を手にした。彼女とエレオノーラとの関係はその後も続き、彼女はときどき他のスペインの貴族に交じってフィレンツェの公爵の邸宅に姿を見せることがあった。

ユダヤ人女性のほとんどは、キリスト教徒の多くの女性と同じように貧しく質素な生活をしており、家庭で絹糸を紡いだり毛織物を織ったりしていた。ただ中には、中産階級に属し、フィレンツェのゲットーに住んでいたジネヴラ・ブラニスのような例もある。彼女はフィレンツェの絹織物ギルドに貧しい絹糸紡ぎとしてではなく、絹織物の製造者として加入を認められていた。一五七四年に彼女が行った誓約によると、フィレンツェのユダヤ人社会に対し以下のようなものを遺贈することを述べている。すなわち貧しいユダヤ人少年のための教育費、十人の貧しいユダヤ人のための生活扶助、八人のユダヤ人少女のための持参金、そしてシナゴーグに対しては一銀の枝付きの燭台とトーラーの櫃を飾る幕を買うための二十枚の金貨を。

十七世紀半ばになると、セファルディムにドイツからのユダヤ人が加わり共存するようになったが、社会全体としてはセファルディム色の強いものであった。アムステルダムに到着したマラノにはかつて医師、法律家、政府の役人、聖職者などの職業を持っていた者が多く、彼ら知識階級にとって、経済の発展に伴い人文主義が花開いていたオランダはまさに安住の地であった。ユダヤ人は彼らの持つ商業的な知識やネットワークゆえに、原則的に歓迎され、彼らもまた経済発展に積極的に寄与した。ユダヤ人商人は東、西インド会社に投資を行い、自らスリナム、キュラソー島、オランダ領ブラジルなどははるか遠くにまで出かけていった（こうした動きがニューヨークへの最初のユダヤ人の移住につながるが、詳しくは第八章で述べる）。十七世紀後半になると、アムステルダムのユダヤ人は新しいシナゴーグを建設する許可も得ることができた。一六七五年に落成したポルトガル風シナゴーグは、当時最高の建築物であり現在でも訪れることができる。

新しい時代の知的潮流は他の地域では見られないほど大きくオランダのユダヤ人に影響を与えた。十七世紀後半のオランダ社会では様々な異端の宗教、自由な哲学思想、知的生産活動が百花繚乱の状態になった。オランダのユダヤ人社会組織（マハマドと呼ばれる）は、ユダヤ人に対して地域社会の規律を厳しく守ることを要求し、ユダヤ人が出版する書籍についても統制しようと試みたが、実際には彼らがスペイン語やポルトガル語の書籍を自由に読むのを妨げることは不可能であった。

マハマドの厳格さは十七世紀のオランダの自由に信仰を認める雰囲気とは相容れず、様々な軋轢と反抗を生んだ。痛ましいケースとしては、ポルトガルの新キリスト教徒でユダヤ教に改宗し、アムステルダムのユダヤ人社会に逃れたユリエル・ダ・コスタの例がある。彼はポルトガルにいた頃から信仰に疑問を抱いており、アムステルダムに到着してからはその自由思想に感化され、アムステルダムのマハマドから破門されるに至った。彼は二度にわたって和解を申し込んだが、二度目の際に贖罪として命じられた行為があまりに屈辱的なものであったため、それを堪え忍んだ後に自殺したのである。

さらに重要な意味を持ったのはベネディクト・スピノザ（一六三二～一六七七年）のケースである。ラビになるためのすべての教育課程を修了した後、スピノザはさらにマイモニデスのような偉大な中世のユダヤ人哲学者の思想を研究し、さらにデカルトのような近代哲学も学んだ。彼は哲学研究グループの一員となったが、仲間の多くは当時の思想家の例に漏れず、理性の尊重を第一義とし宗教的啓示を拒否していた。この信念はユダヤ人の伝統である神の権威を認めないことを意味しており、スピノザは一六五六年にユダヤ教会から破門された。スピノザはやがて『神学政治論』を書くが、その中でユダヤ教に対する根本的批判と、キリスト教に対する間接的批判を繰り広げた。この書物は哲学的理神論として非常に大きな影響を与え、彼の思想はユダヤ教、キリスト教双方に対する批判のひとつの基準にさえなった。

十六世紀末には、繁栄していた商業都市ハンブルクもユダヤ人、特にセファルディムを歓迎した。一五九〇年にはポルトガルのマラノの十二家族が貿易に携わる目的で到着した。彼らがユダヤ人であることが判明するまではおおいに歓迎されたが、いったんそれがわかると聖職者の間で彼らを放逐すべきだとの論が沸き起こった。しかし、彼らの存在の有用性を意識したハンブルク議会はその居住を引き続き認めた。ユダヤ人社会はおおいに繁栄し、特に十七世紀になってスペインがその貿易の重点をアムステルダムからハンブルクに移してからは、一層にぎわった。ある時点では、ハンブルクにはヨーロッパ第二の重要なセファルディム社会が存在した。ただ、ドイツに以前から在住していたユダヤ人のほとんどは十七世紀半ばまでハンブルクに移ることは認められなかった。

イギリスにおいては、一二九〇年の追放を公式に撤回することはなかったが、十七世紀後半になると事実上ユダヤ人の居住をふたたび認め始めた。ただ、少数のマラノは十六世紀後半のエリザベス一世の時代から地方には居住していた。また、エリザベス一世の侍医もマラノであったが、彼は女王を毒殺しようとした疑いでおおいに世間を騒がせたあげく処刑された。チャールズ一世（一六二五～一六四九年）の時代になると、マラノは人口のうえでも経済力でも力をつけていった。そして一六四九年の清教徒革命は彼らに対する政策を再検討するきっかけともなった。清教徒の旧約聖書に対する尊敬の念と、オリヴァー・クロムウェルのユダヤ人の経済力が国益にかなうという現実的判断は寛大な政策への道を開いた。だが一方、聖職者はユダヤ人がキリスト教を攻撃するのではないかと恐れ、商人たちはユダヤ人との競争を懸念した。一六五〇年、アムステルダムのラビ、メナセ・ベン・イスラエル（一六〇四～一六五七年）はイギリス国会に、ユダヤ人の入国を認めユダヤ教信仰を公に許可するように請願した。一六五五年には自らイギリスに入り請願を政府に提出した。クロムウェルは非公式ではあったがロンドンに小規模なセファルディムの社会をつくることを認めた。チャールズ二世も同様にユダヤ人に対して正式に居住を認めたが、その理由は、イギリスの商人を守るよりもユダヤ人を保護するほうが経済的にずっと大きな利益が得られると判断したからであった。こうして、十七世紀末までには、ユダヤ人は正式にイギリスに住むことができるようになった。

一六一八年から一六四八年まで続いた三十年戦争はヨーロッパ全体を荒廃させたが、中央ヨーロッパのユダヤ人社会はその間着実に成長を遂げた。神聖ローマ帝国の皇帝やドイツ国内の諸侯は膨大な戦費を必要としたが、ユダヤ人商人はこうした要求に応じることができた。ユダヤ人商人から金を借りることは、諸侯にとっても都合のいいことであった。というのは、ユダヤ人は彼らが居住することを禁じられていた地域に住むことの許可やあるいは商売をすることの許可と引き換えに、借金の減額に応じたからである。こうした取引はスウェーデンがドイツに侵入すると一層盛んになった。カトリック側の王や諸侯もプロテスタント側の王や諸侯もともに、一般民衆の意向をいっさい無視する形でユダヤ人から資金の提供を受け、引き換えに居住許可を乱発した。こうして、中央ヨーロッパにおけるユダヤ人社会はその数においてもまた経済的重要性においても一気に拡大した。

三十年戦争は、ユダヤ人の国家財政と軍事物資の供給への大々的な関与の始まりでもあった。この時期から〝宮廷ユダヤ人〟、すなわち三十年戦争後出現した無数の小国家の領主たちに金銭や物資を供給する裕福なユダヤ人層が出現し始めた。こうしたユダヤ人は十八世紀半ばまでヨーロッパでは非常に目立った存在であった。ユダヤ人は小規模なドイツの宮廷にまず財務官あるいは財政顧問として入り、その後他の分野にまで関与し、やがて宮廷に欠くことのできない存在となった。オランダやハンブルクの富裕なユダヤ人は、スペインやポルトガルなどユダヤ人に特に反感の強い国においても、その財政運営に重要な役割を果たすようになった。こうしたユダヤ人には、通常彼らに課せられている制約もしばしば免除され、時には肩書きや名誉を授与されて自分の仕えている主人たちと交遊することとさえあった。しかし、その必要性がなくなるとキリスト教徒の主人からすぐに放逐されることもときどきあった。そして、キリスト教徒の大衆からのわかりやすい敵意の対象ともなった。だが特筆すべきことは、彼らはユダヤ人社会の指導者でもあり、自分たちの有利な立場を利用して同胞の待遇改善や攻撃からの保護に尽力したことである。

特に有名な人物としてはシュムエル・オッペンハイマー（一六三〇〜一七〇三年）がいる。彼は、一六七〇年代にはフランスと戦い、一六八三年にはオスマン・トルコによる包囲からウィーンを守ったオーストリア軍への軍資金と軍事物資の供給を引き受けた人物である。しかし、一七〇〇年に群衆が彼の屋敷を占拠し、帳簿を破棄すると、オーストリア政府は彼に借金を返済することを拒否し、そのため彼は破産し、失意のまま亡くなった。もう一人の有名な人物はシムション・ヴェルトハイマー（一六五八～一七二八年）で、オーストリアとドイツの同盟軍のために軍資金を用意し、一七一一年のチャールズ四世の即位式の際に金の鎖を授与された。

しかし、基本的にはこの時代のユダヤ人の多くはいまだ貧しいままであった。多数のユダヤ人は生活の糧を求めて、行商人、乞食、時には詐欺師となって中央ヨーロッパと東ヨーロッパの間をさまよった。こうした放浪者の存在は地方社会に深刻な社会問題をもたらし、ユダヤ人に対する寛容な態度にも悪影響を及ぼすものであった。にもかかわらず、十八世紀までには、個々のユダヤ人の経済力の向上と西欧における知的風潮の変化が相まってユダヤ人に対する姿勢は次第に良好なものになってきた。懐疑論者や理神論者、さらにその他の啓蒙主義の思想家たちは西欧の知的社会をキリスト教思想の桎梏から解放し、ユダヤ教そのものやユダヤ教に対する神学的誹謗についても正当に評価するための道を開いた（もっともディドロやヴォルテールなどの啓蒙思想家はユダヤ教を迷信的で反啓蒙的とし、ユダヤ人も無知で排他的と軽蔑していた）。国家と市民についての新しい概念、すなわち、国家は単一の法のもとに支配される個々の市民によって構成されるとの考え方が、自治あるいは半自治の集団（当然ユダヤ人社会も含まれる）の連合体とする考え方よりも次第に優位になってきたのである。こうした主張はもちろんすぐに広く受け入れられたわけではないが、ある程度は影響力を持つようになった。その結果、ユダヤ人を個々の市民として見る好意的な見方も現れ、彼らの経済的、社会的、政治的状態の改善に寄与した。

こうしたユダヤ人を個々の存在とする好意的な見方は、一方ではユダヤ人社会の存在感を弱くするものでもあった。個人個人として対応する機会が増えるとともに、ユダヤ社会の統制力は弱まっていった。新しく自由を享受し始めた多くのユダヤ人はユダヤ人社会との結びつきを弱めたり、ユダヤ的伝統から遠ざかったり、あるいはそれらを全く捨ててフランスやドイツあるいはその他の国民としてのアイデンティティを求め始めた。こうした個々のユダヤ人の遠心的な心情とユダヤ社会の求心的な要求との対立は、近代のユダヤ人の抱える特有の問題となった。

新しい政治思想の広まりとともに、知識人の多くはユダヤ人問題を社会全体の枠組みの中で捉えようとした。思想家の多くは、彼らにふさわしい教育を受けさせることができれば、ユダヤ人を国家の一員として十分迎えることができると考えた。例えば、オーストリアの皇帝ヨゼフ二世はユダヤ人を〝改善〟することに熱心で、彼らを社会に有用な存在にしようと試みた。そして、もしユダヤ人がそれに値するようになったら、完全な市民権を与えるとの考えを示した。一七八二年にはユダヤ人に課せられていた税の軽減を実施し、社会的言語的同化の第一歩を踏み出した。ヨゼフ二世の姿勢にはある意味でユダヤ人を見下すようなところもあったが、それ以前の、ユダヤ人は悲惨な状況にあっても当然とするような考え方から比べると、実に大きな前進であった。このヨゼフ二世のユダヤ人問題に対する姿勢は、他の何人かの啓蒙専制君主にも採用された（もっともそのほとんどは口先だけのものであったが）。

さらに進んだ方策を提案したのは、イギリスの政治思想家ジョン・トーランドであった。彼は一七一四年、無条件でユダヤ人に市民権を与えるべきだとし、そうすればユダヤ人はより有用で、生産的な市民になると主張した。こうした考え方を共有したのがドイツの啓蒙思想家の一人で、ユダヤ人に最も同情的であったゴットホールド・イフレイム・レッシングであった。彼はユダヤ人も要するに人間なのだから、たとえその宗教や社会が特有のものであっても全く平等に扱われるべきだと主張した。彼のユダヤ人に関する考え方に影響を与えたのは、ドイツのユダヤ人思想家でユダヤ思想と啓蒙思想の双方に造詣の深いモーゼス・メンデルスゾーン（一七二九〜一七八六年）であった。メンデルスゾーンは当時の哲学思想に精通し、知識階級にも影響力を持っていたが、ユダヤ教をなんとかして知的社会の中に引き入れようと努めた。ユダヤ教の教えの基本的な部分を啓蒙思想的な立場で再構築し、ユダヤ教はけっして貶められるような宗教ではなく、時代の最高の理想を具体化するための思想を含んでいると主張した。その著作と人柄により、メンデルスゾーンは多くの有力な非ユダヤ人思想家に啓蒙思想の権化として強い印象を与えたが、それは、人間が等しく持つ理性の力はたとえ文化的に遅れた人々でも文明化することができるという思想であった。

メンデルスゾーンは聖書をドイツ語に翻訳して正しいドイツ語の使い方を教えるとともに、その翻訳をヘブライ文字で印刷し誰もがそれを読めるようにするという、ユダヤ人〝改善〟プロジェクトの一端を担った。同様にユダヤの知識人は啓蒙思想や当時の最新の思想をヘブライ語で雑誌や書籍の形で発表し、一般のユダヤ人に広める活動に貢献した。これらの雑誌や書籍に寄稿した人たちを〝ユダヤ啓蒙主義者（ヘブライ語で「マスキリーム」）〟と呼んでいる。

フランス革命は、当初こそいくらかの迷いがあったが、結局ユダヤ人に対して非常に明快な選択の道を提示した。すなわち、もしユダヤ人が中世以来の閉鎖的なユダヤ人社会を放棄して、自らフランス人として文化的に同化しようとするならば、フランス市民としての完全な権利を認めるというものであった。ナポレオンはこの方針をいくらか修正した。彼は一八〇六年にユダヤ人の有力者および大部分はラビたちからなるサンヘドリンと呼ばれる集会を召集し、宗教的裁定はこの集会の決議によって行われるものとした。そしてこのサンヘドリンはユダヤ人に対し、その生まれ育った国を彼らの祖国と見なすことを信仰的義務と定めた。そして、フランスのユダヤ人は他のフランス人を愛すべきであるとした。さらに、高利を取ることを断罪し、フランスの法定での判決がユダヤの法廷に優先することも宣言した。こうして、それまでのユダヤ社会の原則を否定した後、このサンヘドリンは閉会した。

これはある意味でユダヤ主義の歴史において決定的な瞬間であった。すなわちユダヤ人という概念を民族的同一性よりも宗教的同一性で括ったからである。こうしてユダヤ人を平等に扱う基礎を固めた後、ナポレオンは部分的に中世の制度を取り入れ、ユダヤ人を集合的にまとめるとともに、自分の政策が実際に実行されているかどうかを監視する中央組織を創設した。最後にナポレオンは、宗教省に従属する形の〝宗務局〟と呼ばれる地方組織をつくり、フランスのユダヤ人の生活を監督させた。

ナポレオンは後になって、いくつかの差別的な法にユダヤ人を従わせることにより、フランス帝国の平等な市民として認めるという方針を実質的に撤回した。さらに、実際問題として、たとえフランス人としての市民権を獲得したとしても一般のフランス人のユダヤ人に対する長年にわたる憎しみ、特にアルザス地方のドイツ語を話すユダヤ人に対する憎しみは簡単に変わるものではなかった。ただ、それでもナポレオンはユダヤ人の間では偉大な解放者と見なされており、ユダヤ人の法的地位も十九世紀を通して改善され続けた。特にフランス南西部のセファルディム――彼らの大部分は隣のスペインから数世紀前に逃れてきてすっかりフランスになじんだマラノの子孫であるが――を取り巻く環境は良好なものとなっていった。

フランスのユダヤ人解放政策は、ナポレオンの征服地が広まるにつれ、イタリアにそして占領下のドイツにと広がっていき、一八一二年にはプロシアのユダヤ人にもしぶしぶながら適用された。しかし、ナポレオンの没落はただちにその反動をもたらした。ウィーン会議はナポレオン政権下でユダヤ人に認められた権利を批准することを拒否し、一八一九年には〝ヘップ・ヘップ〟と呼ばれる反ユダヤ人の暴動が起こった。

ユダヤ人は一八四八年にヨーロッパに吹き荒れた自由主義革命に積極的に参加したが、その失敗はまたもや完全な解放への道を後退させることになった。中央ヨーロッパでユダヤ人が完全な市民権を認められるようになったのは十九世紀後半になってからであった。イタリアでは一八六〇年代の国家統一の過程において、オーストリア＝ハンガリー帝国においては一八六七年にフランツ・ヨゼフ一世により憲法が認められた時に、そしてドイツにおいては、様々ないきさつの後、一八七一年の国家の統一とドイツ帝国の成立時に認められた。イギリスにおいては、比較的早い段階から解放への流れは進んでおり、十九世紀初めにはユダヤ人は事実上イギリス人と同じ権利を認められていた。唯一認められていなかった公職に就く権利も、一八五八年にライオネル・ロスチャイルドが下院議員に選出されることにより獲得された。

法的な差別待遇から抜け出したヨーロッパのユダヤ人は、人口の増加によっても、また物質的生活の発展においても急速に一般ヨーロッパ社会に同化していった。いまやその人口は前章で述べた中東のユダヤ人を凌駕していた。宗教の分離と商業化の進行により、多くのユダヤ人が新しい職業に就くことが可能になり、また従来の職業においてもずっと大規模に活動することが可能になった。そのため、ある者は行商人の世界から店のオーナーあるいはビジネスマンになったり、またある者はタルムード学者から法律家、医師、ドイツ語の教師（教授になるのはまだほとんどの場合むずかしかったが）になった。

数十年の内には、ゲットーを抜け出してブルジョアジーの仲間入りをするようになる者もいた。なかには大変な成功を収め、十七世紀に宮廷で仕えたユダヤ人がドイツの諸侯に対して行ったように、一国の国債を引き受ける者まで現れた。そうしたユダヤ人は、フランクフルトのロスチャイルド家やフランスのパレイラ家、あるいはプロシアのブライヒローデル家などである。ババリアの地主となったヒルシュ男爵は鉄道建設のための資金を融資した。

しかし、社会のあらゆる層がユダヤ人を自分たちと同じ市民として受け入れているわけではないことを、ユダヤ人はたびたび思い知ることになる。反ユダヤ主義の根の深さは、啓蒙思想が浸透しているはずのフランスの知識人においても同様であることを明らかにしたのがアルフレッド・ドレフュス事件である。ドレフュスはユダヤ人のフランス陸軍高級士官であったが、一八九三年に国家反逆罪で逮捕され有罪を宣告された。しかしその証拠はのちに偽造されたものであることが判明した。この裁判とフランス軍上層部による隠蔽工作は国際的なスキャンダルとなり、さらにエミール・ゾラやアナトール・フランスなどの著名な文学者がこの事件を糾弾することにより、一層ドレフュスに対する軍上層部の不正行為が世界的に注目を集めた。ドレフュスは結局身の潔白をはらすことに成功したが、それは彼が悪魔島の流刑地で五年を過ごした後であった。

ユダヤ人の地位の急激な変化はユダヤ人社会の内部にも大きな変化をもたらした。いまやユダヤ人はユダヤ人社会の被統治者ではなく自主的な一員であり、その統制下を離れるのも自らの自由意志で可能になったし、実際多くのユダヤ人がその統制から去った。中にはキリスト教徒に改宗する者まで現れたが、その理由は、ひとつにはようやく自分たちの手の届くところとなった新しい職業や進路に、よりスムーズに進むためであり、もうひとつには当時の社会風潮に影響されたためであった。多くのユダヤ人はそこまで極端な道に走らなかったものの、ユダヤ人社会との関係は薄れ、宗教的義務もなおざりになり、ユダヤ的教育よりもヨーロッパ的教育を優先させるようになった。多くの場合、こうした判断は合理的思考に基づいていた。すなわち、ユダヤ主義というものが民族的同一性から単なる宗教的同一性に縮小されたのだから、たとえユダヤ人が当時の一般の文化やあるいは仮にキリスト教的精神に純粋に惹かれたとしても、それをユダヤ主義は非難できないとの考えである。また、伝統への服従が強制されなくなったためにすっかり無関心になり、その結果、伝統に従うことをやめてしまった例もある。

啓蒙主義を経験したユダヤ教の指導者たちは、こうした否定的な傾向に対し、宗教改革で対抗しようとした。当時政治改革を目指して行われた議論に強く影響された彼らは、ユダヤ教を外面的にドイツのプロテスタンティズムに似せた宗教的、倫理的システムとして再建しようとした。すなわち、ユダヤ人の民族的アイデンティティを意味する要素や儀式を最小限にしぼり、ユダヤ人を迷信深い異邦人と思わせるような宗教的行為も減らした。日常レベルでは、シナゴーグにおける儀式も、より威厳のあるしかも合理的なものに変え、説教にはドイツ語を使用し、祈りの言葉にもドイツ語を取り入れるようにした。シナゴーグという呼び方も、エルサレム神殿を指す場合にだけ使われていた〝神殿〟という呼び方に変えた。これは、いつの日にか救世主が現れ、そのもとでユダヤ人は再統合され、ローマ軍に破壊されたエルサレム神殿も再建されるという長年の夢の終焉を意味していた。さらに急進的な改革者たちは、非ユダヤ人との融合を妨げるような宗教的障害、例えば食事制限あるいは他宗教徒との婚姻の禁止などすべてを廃止するように主張した。改革後に最初にできたシナゴーグは一八一八年に建設されたハンブルク神殿である。この神殿はポルトガル式の儀式に基づいた改訂版の祈禱書を発行したが、その中の祈りの言葉は従来のヘブライ語に変わってドイツ語で記されていた。

　新しいタイプの歴史を学問的に学ぶ学校が出現し、過去数世紀にユダヤ教の儀式や伝統、さらに教義がどのように変遷したかを綿密に検証したが、これもまたユダヤ教の伝統の近代化に貢献した。歴史的先例を検証することにより、すべての儀式が同等に聖なるものではなく、本当にユダヤ教の伝統に則った残すべきものはどれであるか、その基準を示した。こうした流れの代表的な思想家が、やや急進的ではあったがその際だった学識で知られたラビ歴史家のアブラハム・ガイガー（一八一〇〜一八七四年）であった。

　シナゴーグにおける儀式の変革はドイツとオーストリアのユダヤ人社会に大きな議論を巻き起こした。十九世紀半ばにドイツのラビたちは数度にわたって会議を持ち、改革の原則について統一見解を出すことを試みた。しかし、意見の一致を見ることはできず、その結果、ドイツ語圏では正統派と改革派が別々に集会をする姿が見られるようになっ

1882年に建築されたイタリア、フィレンツェのシナゴーグの内部。
写真 © Suzanne Kaufman. ニューヨーク、アメリカ・ユダヤ教神学院図書館提供

た。同じような動きは、一八四〇年以降のロンドンにおいても見られた。

ただ、正統派のユダヤ教徒もシムション・ラファエル・ヒルシュ（一八〇八〜一八八八年）のように、新しい知的伝統のための基盤を模索した指導者のもと、次第に変容を遂げていった。また中立的立場を標榜したのが、改革派から分かれたザカリアス・フランケル（一八〇一〜一八七五年）である。彼は、改革派と同様に、ユダヤ教の伝統的な教義をそのまま信じることは拒否したが、伝統的儀式の中で表明されているユダヤ人の民族的アイデンティティまでを拒否することはできなかった。彼は第三のグループであるユダヤ教保守派の思想的創立者となったが、このグループが力を持つようになったのは二十世紀のアメリカにおいてであった。

【コラム】ロスチャイルド家

金融家として、また慈善家としても名高いロスチャイルド家の名前は、ドイツ語のロートシルト（赤い盾）から来ている。その象徴である赤い盾は十六世紀からフランクフルトのロスチャイルドの家の玄関の前に掛かっていた。彼らがとみに有名になったのは十八世紀になって、メイヤー・アムシェル・ロスチャイルドが、コインと骨董の業者として、後にヘッセ・カッセル地方の領主となるウィリアム四世の知己を得てからである。彼はこの領主のコレクションに多大の貢献をした。ウィリアム四世はヨーロッパで最大級といわれる財産の相続人となったが、一方メイヤー・アムシェルもウィリアム四世の信頼を次第に得、彼が運用を任せられる財産の額は確実に増えていった。ウィリアム四世はイエナでナポレオンが勝利した結果（一八〇六年）、国外に亡命したが、彼の財産の大部分を、メイヤーの息子でロンドンにいたネイサンに委託した。ネイサンはウィリアムのために株を運用し利益をあげたが、その過程で彼自身の財産も築いた。ネイサンはロンドンの証券市場で大立者となり、スペインでナポレオンと戦っているウェリントン将軍の軍用資金をイギリス政府に用立てた。彼の兄弟でパリに居を構えていたヤコブ（ジェームスとも呼ばれる）はこの巨額の軍資金をフランスの真ん中を経由してウェリントンのもとに届ける手配をした。一方、父親と長兄はフランクフルトにとどまり、他の兄弟の一人サロモンはウィーンで、またもう一人のカールはナポリでそれぞれビジネスを行っていた。

ロスチャイルド家の主要な事業は、十九世紀においては、メイヤー・アムシェルの始めたドイツ、息子ネイサンの始めたロンドン、同じく息子ジェームスの始めたパリ、この三つを拠点として行われていた。これらはそれぞれ国家を相手とする巨大な金融業であったが、同時にそれぞれの国のユダヤ人組織を援助し、また一般の慈善事業にも積極的に取り組んだ。フランクフルト、ロンドン、パリ、ウィーン、ナポリの五つのロスチャイルド家の子孫たちはそれぞれ相互に婚姻することが多く、またしばしば事業上相互につながりを持つ例も見られたが、一般に誤解されているのと異なり、今ではドイツ、フランス、イギリスのロスチャイルド家の事業はそれぞれまったく別個のものである。

ユダヤ教の改革運動の際、ドイツのロスチャイルド家は正統派を支持した。そのため、ヘップ・ヘップ騒動のときや、一八四八年の革命のときにはフランクフルトのロスチャイルド家の館は襲撃を受けた。十九世紀において当主であったメイヤー・カール・ロスチャイルドは、ドイツ統一のきっかけとなったプロシアとオーストリア間の争いの際はプロシアの側に立った。彼は北ドイツ国会の議員に選出され、さらに後にはプロシア議会の貴族議員にも指名された。ドイツのロスチャイルド家は一九〇一年に消滅した。

フランスにおけるロスチャイルド家、ロスチャイルド・フレールは鉄道の新規開設に大きな投資を行った。フランスのユダヤ人社会の活動に対しても積極的な支援を行い、中でもエドモン・ド・ロスチャイルドはパレスチナへの初期の移住に対し、それなくしては移住そのものが成功しなかったほどの大きな援助を行った。第二次世界大戦中にフランスがドイツに占領された時、フランスのロスチャイルド家の人々はドイツ当局の必死の捜索から逃れることに成功した。家族の一人には、フランス自由軍に加わり終戦時にはド・ゴールの副官を務めていた者もいる。イギリスのロスチャイルド家は創始者ネイサンの死後、息子のライオネル・ネイサンに引き継がれたが、彼は一八四七年にユダヤ人として最初の国会議員になった。また、彼の息子ナサニエルはユダヤ人として最初の貴族になった。ナサニエル自身はシオニズムにそれほど傾倒していたわけではなかったが、彼の息子ライオネル・ウォルターは熱心なシオニストであり、バルフォア宣言の実現に尽力した。

ロスチャイルド家の人々の中には現在もユダヤ人としての活動に積極的な者もいるが、全般的にはその活動は第二次世界大戦を境として弱まったといえる。これはロスチャイルド家においても、一般のユダヤ人と同じように非ユダヤ社会への同化が進んでいるせいであるといえよう。

第八章　東ヨーロッパとアメリカ合衆国のユダヤ人（一七七〇年から一九四〇年まで）

東ヨーロッパ

東ヨーロッパのユダヤ人のおかれた状況は西ヨーロッパと比べるとはるかに立ち遅れたものであった。

一七七〇年にポーランドがプロシアとオーストリアとロシアの間で分割されると、ユダヤ人の大部分が住む地域はそれまでユダヤ人を排斥してきたロシア領に入ることになった。この大量のユダヤ人を管理するため、ロシア政府はユダヤ人に対し、それまで住んでいた地域と、ロシアが植民地化をねらってトルコから奪い併合した地域にのみ住むことを許可した。こうした地域は「ユダヤ人特別強制居住区（居住境界）」と呼ばれ、一九一七年のロシア革命まで存在した。一八〇四年にロシア皇帝アレクサンドル一世は「ユダヤ人法」を制定し、〝最大の自由と最小の制限〟の保障を約束した。これにより、ユダヤ人はロシアの学校に入学することが可能となり、またロシア語、ポーランド語、ドイツ語で運営する限り自分たちで学校をつくってもかまわないという許可を得た。ただ、この法はユダヤ人が農村に住んだり土地を借りること、またアルコール飲料を農民に売ることは禁じていた。

さらに時代が進むと、ユダヤ人を農村から完全に排除し農民と切り離す政策が採られるようになった。すなわち、ユダヤ人はまず居住境界に押し込められた後、まとめて町に押し込まれたのだ。こうした排除の結果、ユダヤ人の小さな市場町——イディシュ語で呼ばれるところのシュテーテル——が多数形成されることになった。そこは小さな店や職人や行商人の集まる小コミュニティであり、東ヨーロッパの大部分のユダヤ人が生活する場であった。大商人としてロシア社会に参入することができたのはほんの一握りのユダヤ人であり、都市におけるユダヤ人無産階級もまだわずかに見られる状態であった。

ナポレオンを敗北させた後、アレクサンドルの啓蒙専制君主としての姿勢はウィーン会議の反動的な傾向に押され、次第にユダヤ人に対する弾圧も厳しいものとなっていった。彼の後継者であるニコライ一世（在位一八二五〜一八五五年）は軍隊を使ってユダヤ人を彼らの住んでいる地域から切り離し、一般市民の中に吸収する方策を思いついた。すなわち、ユダヤ人青年男子の一定数を兵役に取り立てることにしたのである。一般の十八歳男子の兵役期間は二十五年間であったが、ユダヤ人の子供は十二歳の時に家族から切り離されて十八歳になるまで特別の組織に入れられて訓練を受け、十八歳になるとそ

のまま引き続き兵役を続けるようになった。こうした訓練の間彼らはロシア正教に改宗するように仕向けられた。このニコライ一世の勅令はユダヤ人社会の間に深刻な波紋を投げかけた。というのは、この勅令を履行するように命令されたユダヤ人社会の指導者たちは、定員を満たすため当然のように自分の息子たちの代わりに貧しい家庭の子供を軍隊に送り込んだからである。

　ユダヤ人の子供たちを文化的にロシアに同化さ

せるために採られたもう一つの方法は、近代的な学校の設置である。ここでは宗教的な内容の教育と一般的な内容の教育がともに行われたが、その目的は伝統的な信仰を離れキリスト教徒へ導くための教育を施すことにあった。ユダヤ人はこうした教育カリキュラムの背後にある政策的な臭いに気付き、つねに警戒心を怠らなかったが、こうした学校で学んだ生徒たちの中から将来のロシアにおけるユダヤ人知識階級の中核が生まれたことは事実である。ニコライ一世に続く皇帝たちも、様々な同化政策を試み、同化したユダヤ人には報償を与え、そうでないユダヤ人には罰則を科する態度で臨んだ。

ただ、ユダヤ人社会の中にも、ユダヤ人の教育システムや生活様式の近代化を喜ぶ声もあった。ユダヤ人の啓蒙運動はドイツにおいてモーゼス・メンデルスゾーンと彼の弟子たちによって始められたが、その動きはポーランド南部の地域で、分割の際オーストリア領になったガリシアを経由して東ヨーロッパにも伝わってきた。レンベルグやブロディなどの大都市のユダヤ人は居住境界のユダヤ人と比べるとドイツ語やドイツ文化にずっと慣れ親しんでいた。彼らは厳格な正統派ユダヤ教徒であったが、中には西欧的教育に適応しそれをヘブライ語で伝えることのできる者もおり、こうした人物を通して東ヨーロッパの若者たちは近代文芸や科学に接することができた。イエシバでは何千という生徒がヘブライ語で伝統的なカリキュラムに従い学んでいたが、これらの狭量な学問にあきたらない生徒にとって、こうした人物の書く書物は胸躍り危険な臭いのする新世界への窓を意味していた。

居住境界の自由主義者やイエシバの生徒たちは、膨大なタルムードの間に密かにヘブライ語の小説を挟み込み、夢中になって読んでいた。十九世紀半ばのヘブライ語の小説や詩、教科書などはやがて十九世紀末に近代ヘブライ語文学が花開く魁《さきがけ》となり、さらに話し言葉としてヘブライ語が復活する基盤となった。十九世紀の最後の三十年間には、イディシュ語文学もメンデレ・モヘル・スフォリムやシャローム・アレイヘムなどの作品を通して盛んとなった。

東ヨーロッパのユダヤ人の大部分は、西ヨーロッパを席巻した宗教改革の運動とは無縁であった。しかし、彼らの中にもいくつかの動きがあった。十八世紀には神秘主義の影響を受けたハシディズム（敬虔主義）が起こった。これはイスラエル・バアル・シェム（一七〇〇～一七六〇年）によって始められたもので、まずウクライナ地方に広まり、さらに他のスラブ語圏に広まっていった。これは過度に知的に厳格になっていた東ヨーロッパのタルムード中心主義に対する一種の反動でもあった。神学的にはカバラに基礎を置いているが、実際面においてはただ一心に祈りを捧げることにより、法悦の境地に至ることを説いた。この運動の指導者はツアディーク（有徳敬虔な人の意）と呼ばれるカリスマ的なラビたちで、シュテーテル内に大きな屋敷を構え、彼らの霊感や助言あるいは祝福を求めて遠路やってくる信奉者たちを引見した。ツアディークの中には奇跡を起こすことができると自称したりあるいは噂される者もおり、その信奉者たちからはまるで王族のように扱われ、極めて裕福であった。

【コラム】イディシュ語

イディシュ語は本来ドイツ語の一方言であり、中世にアシュケナジム系ユダヤ人がその居住地区を西ヨーロッパから次第に東に変えるに伴い、一緒に持ち込んだものである。アシュケナジム系ユダヤ人社会は、イタリア語およびフランス語を話す地域を発祥の地としており、このドイツ語方言はいつの時代にもロマンス諸語の言葉と音を含んでいるため、現代のイディシュ語にもわずかではあるがその要素が入っている。しかし、イディシュ語が本当に独特のものになったのは、ユダヤ人がボヘミアに次いでポーランドでスラブ人と接触してからである。アシュケナジム系ユダヤ人がやって来る前からこの地方に住んでいたユダヤ人は、ユダヤ・スラブ語を話していたが、この言葉は次第に消滅していった（バルカン半島に住んでいたロマンス諸語を話していたユダヤ人も一四九二年以降は、スペインから逃れ出てきたスペイン語を話す難民によって圧倒されるようになる）。しかし、既成のユダヤ人社会と新しく移住してきたアシュケナジム系ユダヤ人の交流が進むにつれ、イディシュ語にスラブ語系の要素が入っていった。一五〇〇年から一七〇〇年にかけては、東ヨーロッパのユダヤ人はドイツ語を話す地域との交流が少なくなり、そのため彼らの言葉はますます独特のものとなった。さらにイディシュ語の中にはヘブライ語とアラム語が、それも宗教上の言葉ばかりでなく日常的な言葉もどんどん加わり、重要な要素となった。

　一七〇〇年頃以降、ドイツ語圏に引き続き残っていたユダヤ人は言語のうえでは周りのドイツ人と同化していき、それに伴い、西ヨーロッパにおけるイディシュ語は次第に消滅していった。一方東ヨーロッパでは十九世紀半ば頃までに、イディシュ語の新聞が現れ、またイディシュ語による近代文学も現れた。そのうち、イディシュ語で教育をする学校が設立され、イディシュ語を公用語として使用するユダヤ人の社会機関、行政機関も現れた。しかし、ユダヤ人社会のヨーロッパ社会への統合をもくろむグループからは、イディシュ語はユダヤ人のアイデンティティを強調するものとして不評であった。東ヨーロッパの都市部に住むユダヤ人のほとんどは二十世紀初頭にはロシア語かポーランド語を使うようになっていた。ただ有力なユダヤ人組織でイディシュ語を使うところは一九三〇年代まで都市部には存在した。シュテーテル（東ヨーロッパのユダヤ人小村コミュニティ）においてもイディシュ語は主要言語であったが、両大戦の間に次第に人口が減少していき、第二次世界大戦でドイツによって完全に消滅させられた。ソ連は、成立後しばらくはイディシュ語文化を連邦を形成する多民族文化の一つとして、また新しいユダヤ人労働者階級の文化として奨励したが、一九三〇年代後半には一転してイディシュ語を含むユダヤ人の伝統的文化を抑圧し始めた。第二次世界大戦中は、イディシュ語を話す多くのユダヤ人とその文化的組織が破壊されたが、ソ連が一九四八年から行ったユダヤ人文化に対する弾圧の強化はいわばそのトドメとなった。

　イディシュ語がアメリカに持ち込まれたのは、一八八〇年から一九二四年まで続いた東ヨーロッパからの大量移民のときである。移民たちは、彼らの出身地であるシュテーテルの文化に郷愁を感じていたが、彼らが後にしてきた文化を保存するよりもアメリカが与えてくれた新しい機会を利用することにより熱心であった。子供たちにはたとえそのために親子間のジェネレーション・ギャップが生じようとも、まず英語を身に付けさせた。多くのユダヤ人はユダヤ人としての教育のために子供たちを午後の学校に送ったが、そこで行われた教育の中身は、親の世代がシュテーテルで受けた祈禱文の朗読やヘブライ語でのトーラーの学習に比べると、はるかに中身の薄いものであった。またパレスチナにおいてヘブライ語の話し言葉が復活するようになると、イディシュ語に代わってヘブライ語の教育が一層重要視されるようになり、アメリカのユダヤ人の子供がユダヤ人の言葉を学ぶ際にはまずヘブライ語を選ぶようになった。東ヨーロッパからの移民も第三世代になると、イディシュの単語を少しでも知っているユダヤ人はほんのわずかになった。

　アメリカの外に目を向けてみると、イスラエルとアルゼンチン、それにカナダに小さな非宗教的なイディシュ語の新聞や劇場がいまでも存在している。イディシュ語がいまでも日常的に大変盛んに使われている社会が一つだけある。それは、超正統派のユダヤ教のコミュニティで、ニューヨークとエルサレムにある。イディシュ語の学問的研究はドイツの大学では広く行われており、中世ドイツを研究するためには不可欠な資料と見なされている。アメリカにおけるイディシュ語の研究と文献収集を行うYIVO（イディシュ語科学研究センター）は一九二五年にヴィルナで設立され、現在はニューヨークに本部が置かれている。

ハシディズムは、ヴィルナのエリヤに率いられるリトアニアの大学者ラビたちによって厳しく批判されたが、これは東ヨーロッパのイエシバの指導者たちが、ハシディズムを彼らの権威や指導力に対する挑戦であると正確に捉えていたことの表れである。ハシディズムはその反対者であるミットナゲード（従来の正統派ユダヤ教徒）たちにより排斥されたが、時には双方が相手を非難し政府に訴え出ることもあった。ハシディズムはこのように異端的色彩を帯びて始まったが、十九世紀になりユダヤ教の近代化が叫ばれるようになると、むしろ保守的な立場を採るようになった。さらに、ごく最近ではこの流れから生まれた派がユダヤ教の最も過激な伝統主義者としてふたたび注目を浴びるようになっている。

一八八一年のアレクサンドル二世の暗殺はポグロム（ユダヤ人大虐殺）の契機となったが、その動きは特にウクライナにおいて激しかった。さらにアレクサンドル三世の反動的政府はユダヤ人に対し弾圧的な政策を次々と打ち出した。これらのユダヤ的政策は一八八二年の「五月法」で最高点に達したが、それによりユダヤ人は村落から完全に放逐され、居住境界内の市街地に住むことを強制された。この時期以前に、例外的な一部のユダヤ人商人や専門家たちはモスクワでの居住許可を受けてかなり盛大なユダヤ人社会を形成し、コーラル・シナゴーグとして現在もその場所にある優美なシナゴーグを建設した。しかし、一八九一年にはこのユダヤ人社会も放逐され、シナゴーグも閉鎖された。ニコライ二世の治世においては、ロシアの反動主義者は反ユダヤ主義を、絶対君主制に反対する勢力を弾圧する手段として利用した。世界征服のためにユダヤ人が国際的謀議をしているとする、かの有名な偽書『シオンの長老の議定書』はこのグループの作成によるものである。

ユダヤ人はこうしたロシアの情勢に対応して、一八八〇年頃から大量に新大陸に移住を試み、その波は四十年以上にわたって続いた。一八八一年から一八八二年に起こったポグロム、一八九一年の過酷な政令の布告、一九〇三年から一九〇七年まで続いた政情の不安がこうした動きに拍車をかけた。ただ、ユダヤ人にとってロシアよりもずっと安全な場所であったルーマニアやオーストリア＝ハンガリー帝国の東の地域から大量のユダヤ人が流出したことからも推察できるように、必ずしも迫害が最大の原因ではなかった。最大の理由は貧困であった。ロシアにおけるユダヤ人の人口は五百八十万人に増大していたが、彼らは相変わらず大産業都市や農業から閉め出されていた。人口は増大し、一方それを支えるだけの経済的機会が乏しい状態は、多くのユダヤ人を希望の持てない悲惨な状況に追い込んだ。一方、人口が比較的少なくしかも豊かな国になる可能性を秘めたアルゼンチンやカナダは移住者に対して門戸を開いていた。しかし、なんといってもアメリカは強大で豊か、しかも多くの機会に恵まれていた。さらに、アメリカは伝統的に信仰の自由を重んじており、すでに立派なユダヤ人社会も存在していた。こうして、東ヨーロッパからはじき出されたユダヤ人たちにとって、アメリカは第一の目的地であったのである。

【コラム】ハシディズム派の指導者たち

東ヨーロッパにおけるユダヤ教の特徴の一つにツアディーク（ハシディズム派の指導者）の出現がある。代表的な存在にイスラエル・バアル・シェムがいる。彼は治療者としても有名で、各種の魔術的な処方や、魔よけ、呪文などで治療を受けにきた者を恍惚状態に導き、実用的かつ精神的な導きを与えた。多くのユダヤ人が彼の超能力や透視力を信じて疑わなかった。彼の信奉者の中には東ヨーロッパの各地のシユテーテルで自ら同様の活動を行って名前を挙げる者もおり、さらに彼らの子孫や弟子たちが主宰する信仰集団がその後長く続いた例も多い。こうした信仰集団はそれぞれ創始者の性格や教えに基づいた独特の傾向を持っていた。教義の内容はそれぞれ時代を経て体系化されていったが、多くの場合創始者の言葉や教え、その一生や行動（奇跡的な話を含むこともある）、宗教的音曲（通常言葉を含まない）、それに独特の宗教儀式から構成されていた。こうした集団の多くは、創設後二百年以上にわたって存在していた。

バアル・シェムの弟子の中で有名なのはメジレヒのドフ・ベア（「伝道者」と呼ばれた）とポロノイのヤコブ・ヨセフである。ドフ・ベアはもともとタルムード学者で神秘主義者であった。彼は厳しい苦行で身体を壊しバアル・シェムのところへ治療を受けるためにやって来た。そしてその後もそのまま弟子となってとどまり、やがて彼の後継者となった。ヤコブ・ヨセフはツアディークの役割を厳密に理論づけた。それによると、ツアディークは人間の身体でいうと頭あるいは目の部分にあたり、信者たちはいわば足にあたるという。この信仰集団全体は生きている有機体であり、すべての部分が真に神に帰依するために必要な役割を持っているとした。ツアディークの義務は信者を正しく導くことにあり、一方信者はツアディークを無条件に信頼しなければならないとも規定した。

ドフ・ベアの弟子、リヤディのシュネール・ザルマンはハシディズムをリトアニアに持ち込んだ。彼は正統派の指導者たちから反逆の罪で政府に告発され、サンクト・ペテルブルクで裁判にかけられたが、無罪を勝ち取った。彼が始めた信仰運動はルバヴィッチ派ハシディズムと呼ばれ、彼が無罪となった日は、信者たちの間では祝日として祝われている。このルバヴィッチ派の活動はこの二十年、ニューヨークで目立って復活を遂げている。

ベルディチェフのレビ・イサクは、ツアディークの中でも特に祈りに集中することを強調し、非常に人気が高かった。彼はまた、イディシュ語の祈りの中で神がユダヤ人に与えた試練について非難したことで有名になった。彼は各地のユダヤ人をハシディズムに帰依させるために、信者たちとあまねく旅したことでも知られている。

他のハシディズム派の指導者たちは、先に挙げた人物と比べるとその信者の数もずっと少なくなる。バアル・シェムの孫にあたるブラツラフのナーマンはかなり過激な思想を持っていた。すなわち、自分は救世主の魂を所持しており、彼の子孫の中から本当の救世主が現れるであろうと主張した。この考えやその他の神秘的な教義を説くために彼が話した物語は、いまでは文学的傑作として評価を得ている。ただ、ナーマンは複雑で不安定な性格の持ち主で、非常に気まぐれでもあった。彼は信者たちに彼のところに定期的に来ては告白することを要求する一方、他のツアディークと違って、安息日や祝日ごとに信者と接見することもなく、一年に数回だけそれを行った。ウクライナにある彼の墓所は長い間彼の信者たちの聖地となっており、特に一九九一年のウクライナ独立以降は、その聖地詣でが盛んとなった。

コツクのメナヘム・メンデルは精神的に完璧であることを教えとして掲げ、妥協を許さないあまり、自らを自宅の離れに幽閉し、その家の周りを信者たちが取り囲

――んで集まっていることで知られている。二十年の間彼の姿を見た者はほとんどいなかったという。

ロシアを後にすることができなかったユダヤ人は他の解決法を模索した。キリスト教に改宗する者もいたが、この方法は必ずしも満足すべき結果をもたらさなかった。それは親族間の結束にひびを入れ、あるいはロシア正教の社会において受け入れられることはなかったからである。ユダヤ人に対する差別意識があまりに深く浸透していたので、宗教的差別が人種的差別に代わっただけであった。

中には社会主義に光明を見いだす者もいた。多くのユダヤ人が都市に流入して労働者となっており、いくつかの都市ではプロレタリア階級の主要な部分を占めるようになっていた。当時の労働者たちの置かれた悲惨な状況は、彼らを非ユダヤ人と同様に左翼的な政治思想に向かわせた。多くのユダヤ人がこうした社会問題を国際的規模で解決する方法を求めて急進的な政治グループに入ったが、そこには、国境を超えて労働者階級が共有する利害関係が民族意識という壁を打ち破るのではないかという期待もあった。こうした様々な模索はそれなりの成果を挙げた場合もあるが、多くの場合ユダヤ人としてのアイデンティティから離れることができなかったり、あるいはポグロムに接して衝撃を受け、ふたたびユダヤ人としてのアイデンティティを再認識する結果となった。

一八九七年にはユダヤ人労働者総同盟（ブント）がロシアとポーランドで結成された。この組織は後にロシア社会民主主義労働党の下部組織となり、党内においてユダヤ人の利益を代弁する組織となった。しかしその後一九〇三年にはユダヤ人の民族的文化的自治を主張して党を離れ、ポグロムに対する自衛組織の結成やユダヤ人に対する教育、文化活動を促進するための活動を行った。

シオニズムあるいはシオニズムと社会主義の結合もまた、当時幅広く見られた傾向である。この点に関しては第十章においてイスラエル国家の成立の背景の中で触れる予定である。

ロシアの帝政の衰退と軌を一にしてユダヤ人の置かれた状況は悪化していった。一九〇三年にはキシニョフにおいて大規模なポグロムが起こった。一九〇五年十月十七日に皇帝が立憲君主制を宣言すると、その後一週間にわたってロシアの三百以上の町で保守派によるポグロムが起こった。一九一一年には当局の承認のもと、「血の告発」（ユダヤ人が儀式のためにキリスト教徒の血を流しているという噂）事件さえ起こった。これはキリスト教徒の少年がキエフで殺されて発見されたことに始まった。警察当局は真犯人とその動機についてすでに解明していたにもかかわらず、メンデル・ベイリスというユダヤ人を、儀式のために殺人を犯したとして逮捕した。彼は二年間獄中につながれた後裁判にかけられたが、この事件はダマスカスの「血の告発事件」（第六章参照）およびドレフュス事件（第七章参照）との関連で国際的反響を巻き起こし激しい抗議が寄せられた。ベイリスは裁判官の弁護側に対する圧力にもかかわらず、公平な精神を持った農民からなる陪審員たちによって無罪を言い渡された。そしてその後まもなく第一次世界大戦が始まったのである。この大戦により多くのユダヤ人が戦争地域から逃れるために移住を余儀なくされ（「居住境界」も彼らの住む場所を確保するために廃止された）、またシュテーテルの多くも破壊された。

こうした状況下にあって、一九一七年の皇帝の退位と臨時政府の設立は、長年にわたってユダヤ人に課せられた重荷が取り去られる絶好の機会としてユダヤ人におおいに歓迎された。しかし、レーニン指導のもとでボルシェビキが権力を握るようになると、国中で恐ろしいポグロムが起こった。中でも一九一八年と一九一九年にウクライナで起こったポグロムはすさまじいものであった。その中で唯一このポグロムに参加しなかった軍隊はボルシェビキの赤軍であった。彼らはむしろその残忍な殺戮者たちを処罰する行動をとりさえした。そのためユダヤ人は赤軍を彼らの守護者と見なし、中には共産主義に対する共鳴からよりもむしろユダヤ人としての行動主義から共産党に入党する者も現れた。ボルシェビキ政府はユダヤ人による各種の社会主義政党やシオニストの政党を解散させた。そのため、引き続き政治活動をすることを望んだ者は共産党に入党し、その中に設立されたユダヤ人分科会に属した。共産党もユダヤ人分科会も、ユダヤ主義は単なる宗教にすぎないとして、ユダヤ人社会を新しく形成されたプロレタリアート社会の中に吸収併合した。

「安息日（サバスSabbath）」の東ヨーロッパのシュテーテルのユダヤ人。『安息日』レオポルド・ピチコウスキ画。写真 © Susanne Kaufman. ニューヨーク、アメリカ・ユダヤ教神学院図書館提供

こうした試みは、ユダヤ人の中に一種の内紛をもたらした。すなわち、共産党よりのイディシュ尊重派に対するシオニスト、ヘブライ主義者（ヘブライ語はエリートのためのブルジョア的言語であるとして排斥され、一方イディシュ語は大衆のプロレタリアートの言語であると褒め称えられた）の信仰重視派の争いである。しかし、一九二〇年代になると、共産党自体が方針を変更した。すなわち各地方文化の特色を持った共産主義を発展させるという方針のもとでソヴィエト連邦内の無数の民族的文化を奨励するようになったのである。そして政府と党の活動はそれぞれの地方の言語を使って行われるべきであるとされた。ソ連各地の多くの民族グループは党の資産を使うことができるようになり、その結果のひとつの表れが国家に支援された形のイディシュ文化の隆盛であった。イディシュ語の書籍や新聞が発行され、イディシュ文化のルネサンスに加わるべく非ロシア人のイディシュ語作家たちがソ連に移住する姿も見られた。ただこの官製の運動も遅きに失したものであった。イディシュ語を読める読者は老人ばかりであり、若いユダヤ人はロシア社会でより実用的なロシア語を選んだ。そして彼らはアメリカにおけるユダヤ人と同じように、旧来のシュテーテルの桎梏を離れ、近代社会に喜んで飛び込んでいった。

シュテーテルに取り残された貧しいユダヤ人を救済して社会復帰させる活動はこの個々の文化を重んじる政策と符合し、そこから新しくユダヤ人の農業居留地をつくるアイデアが生まれた。こうした共同的な居留地は社会主義の考え方にも則っており、しかもユダヤ人に生活の糧を与えるばかりでなく、宗教と離れた世俗の生活を促すうえでも有効であると考えられた。ユダヤ人自身もこうした農業居留地を二十世紀初めの頃に試みたことがあった。それが、いまや一斉に新しい体裁を整えてスタートしたのであった。しかし、その結果は残念ながらあまり成功したとはいえず、一九二八年に集団化されるようになると多くのユダヤ人はそこから離れるようになった。ただ、同時にその年に、それまでで最も大規模なユダヤ人のための実験的居留地がビロビジャンに建設された。このアイデアは明らかにスターリン自身の発案によるものであった。このベルギー一国にも匹敵する極東の広大な地域は「ユダヤ人の土地」と名付けられ、もしそれが成功裡に推移するなら、将来はユダヤ人の国家になる可能性もあると示唆されていた。一九三四年にはこの地域は「ユダヤ人自治州」であると宣言された。しかし、この地での生活は厳しく、ビロビジャンが多くのユダヤ人を惹きつけることはなかった。その後一九三〇年代の後半に入り、ソ連政府の方針は、ユダヤ人文化を含め、ふたたび個々の民族的文化を弾圧する方向へと転じた。共産党のユダヤ人分科会の指導者たちも、民族的傾向が強すぎるとして党から追放された。

第一次五カ年計画（一九二八〜一九三三年）のもとでの急速な工業化政策は、都市部での雇用の増大をもたらした。多くのユダヤ人がこの機会を捉えて生活の改善を図ったが、これは同時に伝統的生活の放棄をも意味していた。都市部で非ユダヤ人のなかに住み、生活の向上を目指す彼らは、ロシア文化を自分たちのものとして受け入れるようになっていった。ソヴィエト連邦とアメリカ合衆国の間では実に大きな隔たりがあるが、それぞれの国でユダヤ人のたどった軌跡には似通ったところがある。ユダヤ人は文化的に変容するに従い、専門的職業や文芸的活動、さらには軍隊にも進出していった。そして当然のようにユダヤ人以外の人間と結婚する者も出てくるようになった。ただソヴィエトではほとんどユダヤ人の組織といったものは残されず、またいかなる形の宗教も国家によって弾圧された。そのため、ユダヤ教のみならず、ユダヤの文化やアイデンティティさえも次第に消滅への道をたどった。

一方、ポーランドは第一次世界大戦の後、独立国として再建された。従って、多くの東ヨーロッパのユダヤ人はロシアの共産政権に直接影響されることはなかった。ポーランドはその再スタートにあたって少数民族の権利の保障を掲げたが、様々な要素が絡み合い、結局反ユダヤ主義は残ったばかりでなく、一層激しいものとなった。一九二〇年にポーランドの軍隊がウクライナに侵攻したとき、彼らはまるで軍事目標であるかのようにユダヤ人の村落を攻撃したのである。さらに時間が進むにつれてユダヤ人に対する経済的差別が激化し、ユダヤ人を完全に国の経済的活動から排斥しようとする動きさえ見られた。これは、ポーランド経済は「自国民」とユダヤ人の両方を養ってはいけないとする考え方に基づいたものであった。一九三〇年代にはそれまでユダヤ人が活動の場としていた多くの産業が国有化され、ユダヤ人は公務員の地位からも放逐された。こうした二つの大戦間に行われた政策によりユダヤ人の生活は厳しいものとなったが、それでもポーランドの都市には中産階級からなる強固なユダヤ人社会が存在し、そこではユダヤ人はポーランド語を話し、西欧風に着飾り、快適な生活を楽しんでいた。この時期、イディシュ語の映画、劇、文学等が短期間ではあったがそれなりの繁栄を謳歌していた。

アメリカ合衆国

東ヨーロッパは十九世紀末近くに至るまで相変わらず、人口の面でも文化の面でもユダヤ人の中心地であった。しかし、一八八〇年頃に始まったヨーロッパからアメリカへの大量移民は、次第にアメリカのユダヤ人社会を世界で最も有力なディアスポラ社会に変えていった。

この東ヨーロッパからの大量移民が始まったとき、アメリカにはすでに確固としたユダヤ人社会が存在していた。最初のユダヤ人移民はブラジルのオランダ植民地レシフェから逃れてきた二十三人のセファルディム系ユダヤ人であったが、彼らはオランダがポルトガルに敗れてレシフェを失った後、一六五四年にニュー・アムステルダムに到着した。その他、ニューポートのロードアイランド島のロジャー・ウィリアムス植民地にも短期間存在したユダヤ人社会があった。これはいったん消滅した後、一七五〇年代に再建され、一七六三年には美しいニューポート・シナゴーグを建設している。この建物は現在も残っており、国の史跡となっている。十八世紀には清教徒に改宗したユダヤ人がハーバード大学でヘブライ語を教えていた記録がある。彼はアメリカで最初にヘブライ語の活字を使ったヘブライ語文法の本を書いている。十八世紀中頃までにはユダヤ人社会は、ニューポート、ニューヨーク、フィラデルフィア、チャールストン、サヴァナに存在していた。アメリカ独立戦争が勃発したとき、アメリカには約二千人のユダヤ人がいたと見られている。その大部分はアシュケナジムであったが、実際にはセファルディムの習慣が定着していた。ただ信仰心はそれほど篤いものではなく、しかも周囲への同化が常に求められていた。

ユダヤ人住民のほとんどはアメリカ独立戦争を支持した。何百人かは戦争に直接参加しており、二人の著名なユダヤ人、ニューポートのアーロン・ロペッツとフィラデルフィアのハイム・ソロモンは戦費調達に奔走した。ソロモンの場合、スパイと破壊行為の罪でイギリス軍から死刑の判決を受けている。戦争が続く中、彼は大陸会議に当時としては途方もない金額である二十万ドルを戦費として貸し付けたが、結局その金は戻らず、彼は破産したままこの世を去った。一七八九年にアメリカ合衆国憲法から公務員に対する宗教審査と宣誓を強制する項目が削除され、ユダヤ人にも連邦機関で職に就く道が開けた（ただ州によってこの項目が削除された年代は異なり、ニューハンプシャー州では一八六八年に至るまで、ユダヤ人が公然と公務員の職に就くことは難しかった）。宗教と国家の分離の意を込めた、アメリカ合衆国憲法修正第一条が一七九一年に批准され、ようやくユダヤ人に無制限の自由と平等が保障された。

アメリカ合衆国のユダヤ人の人口は一八三〇年代になって急増し始めた。それは主にドイツの南東部のバイエルン地方からのドイツ語を話すユダヤ人の大量移民によるものと、ボヘミア、モラヴィア、ハンガリーからの移民によるものであった。その中には一八四八年の三月革命を逃れてアメリカに来た者もいたが、大部分はアメリカの安い土地の値段と新興都市の魅力に惹かれてやって来た家畜の仲買人や店を持たない行商人たちであった。これらのユダヤ人は、それまでのユダヤ人とはその行動様式や信仰態度において大きく異なっていた。すなわち、アメリカにあまり同化しようとせず、彼らの伝統的な生活を守り続けようとしたのである。彼らはまた同時代の非ユダヤ人移住者とも異なっていたが、それは彼らが備えていた商売の経験を生かして、商業の勃興期にあったアメリカでたちまちのうちに生活の糧を得る手段を獲得した点である。ドイツ系のユダヤ行商人は都市部のドイツ語を話す住民の住む地域（ニューヨークのロウアー・イーストサイドなど）に集住したり、あるいは国中を行商してカリフォルニアにまで足を延ばし、金鉱の探鉱者相手に商売をしたりした。ニューヨークにおいては、彼らは露天商からたちまちのうちに店を構えるようになった。

一八六一年に南北戦争が勃発した時点において、中西部や南部を含めてアメリカの至る所に小さなユダヤ人社会が存在し、それらの町々において、成功を収めた多数のユダヤ人の姿が見られた。また一八四三年にはユダヤ人の非宗教的団体であるユダヤ人文化教育促進協会（B'nai B'rith）も設立された。この団体はフリーメーソンやオッドフェローと同じように相互扶助を目的とするものであった。さらにその後も、各種の慈善団体、社会奉仕組合、友愛会などが設立されていった。シナゴーグもまた建設され、これはもちろん信仰心から建設されたものであるが、同時に彼らが後にしてきたヨーロッパの旧世界との精神的つながりをいまだに持っていることを意味していた。こうしたシナゴーグでは当初旧世界の正統派ユダヤ教の儀式に則って礼拝が行われていたが、男女の席の仕切りを取ったり、オルガンを導入したり、さらには儀式の言葉に英語を取り入れるなど次第にアメリカ風のスタイルを取り入れるようになった。一八二四年、サウスカロライナ州のチャールストンに改革派の信徒教会が設立されたが、さらにそのすぐ後にはニューヨークにも同様の組織が設立された。こうした改革派教会においては、たとえ伝統的な観点や習慣と齟齬を来すようなことがあっても、ユダヤ人が社会のアウトサイダーではなく正式なアメリカ社会の一員としての信仰のスタイルや儀式の方法があるはずだという考えが模索された。

ユダヤ教に対するこうした考え方の代表者がアイザック・マイヤー・ワイズ（一八一九〜一九〇〇年）であった。彼はアルバニーでしばらくラビとして務めた後、シンシナティのシナゴーグのラビになり、そこで改革派の儀式を導入した。ここを基点として彼は生涯をかけて、アメリカにおけるユダヤ人の生活が恵まれ、しかも社会に溶け込んだものになるように努力した。彼はまた週刊新聞『イスラエル人』を発刊した。さらに、アメリカのユダヤ教の組織を自らのもとに統一しようと試みたが、正統派からもまた改革派内部からも反発に遭い、その試みは失敗に終わった。

南北戦争に際しては、ユダヤ人は北部であれ南部であれ、だいたいにおいてそれぞれ自分の居住している地域の住民に同調した。ただ正統派のラビであるフィラデルフィアのサバト・モライスと改革派のラビであるボルチモアのデイビッド・アインホーンの二人が強力に奴隷廃止論を主張したことは特記されるべきであろう。

南北戦争の後もユダヤ人は主として小売業の分野において引き続き成功を収め続けた。彼らは広範に衣料を扱い、アメリカのデパートの四分の三はユダヤ人の経営によるものであった。金融部門に進出したユダヤ人もわずかながらにいたが、まだこの分野では大きな勢力とはなっていなかった。ただ、こうした繁栄にもかかわらずユダヤ人が非ユダヤ人社会に広く受け入れられたとはまだいえず、新しく形成されたユダヤ人中産階級層は、一世代前のユダヤ行商人たちが経験したのと同じ苦労を味わわなければならなかった。すなわち、各種の社交クラブや慈善団体は相変わらずユダヤ人を排斥していたので、同様の組織を自前でつくらなければならなかったのである。ただこうした組織は次第に発展し、一八七〇年代以前にはすでに東ヨーロッパからのユダヤ人に対し援助の手を差し伸べるまでになっていた。

中央ヨーロッパからの移住は相変わらず続いていた。一八八〇年までにドイツ語を話すユダヤ人、それに改革派のユダヤ教徒がアメリカのユダヤ人社会で圧倒的に優勢となり、改革派ユダヤ教とアメリカのユダヤ教は同義語と見なされるほどであった。アメリカの改革派ユダヤ教は世界でも最も急進的なものであった。前述したワイズは当初の失敗にもひるまず、改革派ユダヤ教をアメリカ全土で組織することに成功し、一八七三年には「アメリカ・ヘブライ会衆連合」を創設し、さらに一八七五年にはヘブライ・ユニオン・カレッジを創立した。アメリカの改革派ユダヤ教の精神は一八八五年のピッツバーグ宣言に明示されているが、それは事実上すべての伝統的な儀式や民族的な野心を否定し、ユダヤ教を社会的正義実現の力となる存在と再定義しようとしていた。

一八八〇年代に始まった東ヨーロッパからの大量移民は、ユダヤ人の歴史から見ても特筆されるべき大規模な人口移動であった。それは根本的にそして恒久的にアメリカのユダヤ人社会の性格を変えた。一九一八年までにアメリカ合衆国のユダヤ人社会は世界で最大規模のものになっていた。一九二四年にアメリカが移民制限を始めたとき、すでにアメリカには四百五十万人のユダヤ人が住んでいた。

この大量移民によって、まずアメリカのほとんどすべての主要都市の古いスラム地区にユダヤ人街が出現した。大部分がロシアからの貧しい移住者であった彼らは労働者となったが、中でも衣料産業に働く者が多く、衣料産業はすぐにユダヤ人の仕事と見なされるようになった。こうした衣料産業は極めて低賃金、しかも労働環境も劣悪であったため、こうした工場で働くユダヤ人は労働運動に目覚めるようになった。二十世紀になって衣料産業の高度工業化が進み、さらに一九〇六年の第一次ロシア革命に敗れたユダヤ人労働者総同盟の指導者たちが到着するにつれ、組合主義が俄然力を持つようになった。

ユダヤ人が大都市に集中するに従い、イディシュ語での各種文化活動が盛んになった。

イディシュ語の新聞が刊行され、イディシュ語の演劇、講演会が行われ、後にはラジオ局そしてイディシュ語の音楽出版社まで現れた。こうした活動の多くは非宗教的なものであったが、旧世界の習俗に対する郷愁を込めたものが多く見られた。イディシュ語での出版や、ユダヤ人の労働運動も盛んになった。中でも労働者たちのサークルは、困窮者に対する社会的支援を行った。その他、同郷者たちのつくる友愛会的な組織や国中に出現した何百というシナゴーグもまた様々な社会的支援を行っていた。

しかし、こうした華やかなイディシュ文化は長くは続かなかった。マイノリティ・グループに対する法的差別が事実上なく、しかもユダヤ人が歴史的に長く住んだわけでもないアメリカにおいては、結局ユダヤ人もこうした文化にしがみつくことはなく、アメリカ化が急速に進んだのである。移住者の子供たちはたちまちアメリカ化して、大部分が元の居住地域を離れ、また旧世界に対する郷愁も捨て去った。ただニューヨークなどの大都市には当時の華やかな様子を示す名残が第二次世界大戦を経て現在に至るまで残っている。

アメリカ人として非ユダヤ人に受け入れられるために大変な努力をし、ようやく同化し安定した生活を築き始めていたドイツ系ユダヤ人にとって、東ヨーロッパからの新しい移民の到着は必ずしも歓迎すべき出来事ではなかった。彼らはヨーロッパの後進地域から来ており、貧しい中でかろうじて教育を受けて字を読むことができたが、英語を話済的負担になったり、社交クラブや私立学校、あるいは各種団体への加入を認めないといった、当時一部の大衆の間で見られた反ユダヤ主義を助長することを恐れた。さらに、ドイツ系ユダヤ人と東ヨーロッパからのユダヤ人の間には基本的な思考において大きな隔たりがあった。すなわち、ドイツ系ユダヤ人は自分たちを完全なアメリカ人であると考えており、他のアメリカ人との違いは宗教が異なっているだけであると信じていた（非ユダヤ人が同じように考えていたかどうかは別の問題である）。一方、東ヨーロッパからのユダヤ人は何世紀もの間、同化できない少数派としての立場に慣れてしまっていたため、アメリカにおいても相変わらず自らを異邦人と見なそうとする傾向があった。彼らのユダヤ人としての証はもちろんその宗教的行為に表れていたが、宗教的に次第にその色が薄まってきた後も、文化的に彼ら固有のものにこだわり続けた。ヨーロッパにおいて文化的発展に接することも少なかった彼らは、ドイツ系ユダヤ人に比べ、非ユダヤ人に受け入れられることを願う人々は少なかった。

ドイツ系ユダヤ人は、こうした新参者がアメリカに定着し同化するために尽力した。その理由は、ひとつには彼らが自分たちの立場を危うくする社会的問題児になるかもしれないという危惧からであったが、もうひとつには、たとえ表面的にどんなに違っていてもやはり彼らに対して同族としての感情を持っていたためであった。彼らは慈善団体のネットワークを組織したりあるいは教育機関を設けて、貧窮者に手を差し伸べ、仕事が見つかるように計らった。多くの都市や町のこうした慈善団体は互いに連結した組織を作り、資金の調達と配布に力を合わせた（こうした連結組織はいまでも存在し、アメリカのユダヤ人が生活していくうえで大きな役割を果たしている）。彼らはまた自由主義団体と協力しながら、アメリカが引き続き移民を受け入れるように政治的キャンペーンなども行った。ただ、こうした動きのなかにもこれらの二つのグループの間の対立する感情は高まっていった。というのは、ロシア系ユダヤ人はドイツ系ユダヤ人がいつまでも自分たちを見下しているとの思いから逃れることができなかったためである。やがてロシア系ユダヤ人の人口が増え、経済状態もよくなるにつれ、彼らはアメリカのユダヤ人社会をドイツ系とは異なった色調で彩るようになった。

ユダヤ人の指導者の中には、急速な同化のため、新しい世代が急進的な社会主義思想にかぶれたりあるいは逆に物質主義に走るのではないかと危惧する者もいた。ニューヨークのアメリカ・ユダヤ教神学院は一八八〇年代に創立され、一九〇二年にソロモン・シェクターのもとで再編成されたが、これらはアメリカ生まれ第一世代の若者たちに訴えることのできる英語を話すラビの養成機関として活動した。シェクターはケンブリッジ大学でラビの文学について教鞭を執ったことのある学識豊かな学者であったが、宗教的指導者としては、ドイツにおいてザカリアス・フランケルによって唱えられたやや自由主義的でしかも歴史に忠実なユダヤ教の教義を広めるための組織をつくることに奔走した。このグループは保守派ユダヤ教と呼ばれ、改革派、正統派に次ぐ第三のグループを形成した。その穏健なスタイルと無理のない呼びかけはユダヤ人の第二世代に広く受け入れられ、二十世紀ではアメリカ最大のグループとなった。

ユダヤ人が移住し続けた時代に設立されたもう一つの重要な教育機関がイエシバ大学である。この大学には小学校や、ラビになるための神学校まで併設され、一九二八年以降は伝統的なタルムード教育の他に一般科目の教育を行うカレッジも設立された。この大学はアメリカで最も影響力を持つ正統派ユダヤ教の機関であった。ただし、ユダヤ人移民が多数集まる都市部においては、正統派ユダヤ教徒は小規模の組織であり、改革派や保守派のようにユダヤ人社会の中で主流となることはけっしてなかった。

第一次世界大戦が進むなかで、東ヨーロッパからのユダヤ人は、長い間ドイツ系ユダヤ人が支配してきたアメリカのユダヤ人社会の主導権を握るべく、挑戦を始めた。そして、ロシアとドイツ＝オーストリア同盟に挟まれた地域のユダヤ人（特に旧ポーランド地域はユダヤ人の集住地域であった）を救済すべく合同分配委員会が結成されたとき、資金面では主にドイツ系が担当したが、東ヨーロッパからのユダヤ人の代表もドイツ系と対等に参加した。

アメリカにおけるシオニスト機関は、ドイツのベルリンに本拠地を置く世界シオニスト機構が戦争の進行に伴って活動停止状態になったのを引き継ぐために設立された。ドイツ系ユダヤ人は、ユダヤ教も単なる宗教にすぎないとしてシオニズムに対して批判的な立場を採った（最高裁判事であったルイス・D・ブランダイスのみはこの意見に反対した）。これに対し圧倒的にシオニズムを信奉していた東ヨーロッパからのユダヤ人は声を大にして反発した。彼らはアメリカのユダヤ人の意見を集約するために設立されたアメリカ・ユダヤ委員会に積極的に代表を送り込み、一九一八年の代表者選挙では彼らが多数派を占めた結果、ユダヤ委員会はシオニスト政策を積極的に推進することになった。

第一次世界大戦の後、アメリカの外交政策は孤立主義に向かった。さらに、一九一九年から一九二一年にかけて起こった「赤色恐慌」は外国人に対する恐怖心をあおり、特にユダヤ人はその対象となった。この理由のひとつにはユダヤ人の中から多数の著名な共産主義者や左派グループの指導者が出たことがある。自動車王ヘンリー・フォードは公然とユダヤ人を、民族的に劣性であり、世界支配をもくろんでいると非難した。彼はさらに、『シオンの長老の議定書』を自社の新聞社で再出版するところまでその動きを激化させた。

一九二〇年代初めに強い政治的勢力となったクー・クラックス・クランはその攻撃対象として黒人、カトリック教徒に加えてユダヤ人を挙げた。人種差別主義者の政府の役人はユダヤ人、イタリア人、スラブ人移民は北ヨーロッパからの移民と比べると能力的にも道徳的にも劣っているという主張をしようと、統計までつくり上げた。こうした一連の動きの帰結が一九二四年に制定されたジョンソン法である。この法により、東、南ヨーロッパからの移民がすっかり制限されることになり、ここにアメリカ・ユダヤ人の歴史の一幕が降ろされた。

経済的に繁栄が続いていた一九二〇年代、ユダヤ人移民の子弟は各種のホワイトカラーの仕事――その多くは衣料品関係のビジネスや不動産業であったが――に就き始めた。ただ、医師や歯科医師など、多くの職業に就く道には相変わらず差別が存在していた。また金融関係の職に就くものは多かったが、ユダヤ人が銀行を所有したりあるいは銀行に雇用されること、保険会社で管理職クラスになることは、この時代では事実上まだ不可能であった（ただユダヤ系の投資銀行はいくつか存在した）。法律事務所、小売店チェーンからもユダヤ人は閉め出されていた。

一九二〇年代に入って、アメリカ東部のアイビーリーグの大学においてユダヤ人学生の数が目立って増え始めたとき、ハーバード、エール、コロンビアなどの大学ではその数を減らすためにユダヤ人学生に対して一定の割り当て数を設けた。医学部においてはユダヤ人に対して割り当てた数が非常に少なかったので、多くの学生が医学を学ぶためイタリアに留学した。しかしニューヨーク市では人種に関係なく成績いかんによって無料教育を提供した。この制度に基づき、ニューヨーク市立大学は何千人ものユダヤ人に高等教育を授け、彼らが専門職に就くことを助けた。こうして、ニューヨークにおいては労働者階級のユダヤ人の数は次第に減少し、知的あるいは芸術的才能を生かせる出版、興行、映画などの産業に進出した。

一九二九年の株式市場の暴落に始まる大恐慌はユダヤ人の慈善活動にも大きな影響を与えた。大恐慌はまた反ユダヤ主義をふたたびあおるきっかけともなり、そのため一部においてユダヤ人に対する雇用差別が表面化した。カトリックの司祭チャールズ・コグリンは自分のラジオ番組で彼を支持する労働者階級に対し、絶えずユダヤ人を非難する呼びかけを行ったが、ドイツにおけるナチズム台頭の中、ユダヤ人にとってはこの動きは非常にいまわしいものであった。ただ、こうした状況下にあっても、ユダヤ人はビジネスや専門職の分野に進出を続けていった。ニューディール政策はアメリカ政府自身が雇用主となるシステムを作り出したが、そこではユダヤ人に対する差別は存在せず、能力次第で多数の人々を雇用したため、多数のユダヤ人が職を得ることができた。フランクリン・ルーズベルト大統領は東ヨーロッパから来たユダヤ人に大変人気があったが、それはこうした政策とともに、彼がナチズムと反ユダヤ主義を拒否したためであった。

一九三三年以降、ドイツにおいてユダヤ人の立場はますます悪化していったが、その結果三万三千人のユダヤ人がアメリカに移住した。その中にはアルバート・アインシュタインのような科学者や知識人も多数交じっていた。彼らのアメリカ生活への適応は、アメリカ自体が不況のまっただ中にあったため時に困難なものになった。しかし、ほどなく彼らはアメリカの多くの知的分野や科学分野において大きな貢献を始めた。ヒットラーの反ユダヤ主義は、結果としてドイツの優秀な知識人層をアメリカに移植することとなったのであった。

アメリカのディアスポラ社会はいままで歴史上現れたどの地域のものとも異なっていた。第二章でバビロニアのユダヤ人社会がいかに素早く亡命者社会からディアスポラ社会に変化したかを見た（亡命者社会とは自分たちが外国人であることを強く意識し、故国に帰ることを絶えず望んでいる社会であり、ディアスポラ社会とは故国に帰る機会を得てもあえて外国にとどまるが、故国に帰る選択をした人々に対しては強い同族意識と責任意識を持っている社会と言える）。こうしたディアスポラ社会はいわば大きな社会の中の異文化集団として扱われ、彼ら自身も周りの地域住民よりも他のディアスポラ社会の住民とより親密に協力し、ユダヤ人の過去の歴史を心に持ちながら生活し、そして目の前の現在よりもユダヤ人の未来に希望を託していた。こうしたディアスポラ社会に対し、啓蒙思想は共同幻想の解消という解決法を提示したが、シオニズムはそれとは正反対のユダヤ人国家の再建設という考え方を持ち出した。

しかし、アメリカは、従来の市民も最近やって来た移民もすべて平等であることを前提として国造りを始めた国家であり、そこでは当然他の地域と異なったディアスポラ社会が生み出された。すなわち、ユダヤ人自身が大きな社会の一員として参加する一方、世界のユダヤ民族に対する同胞意識を保持し、かつアメリカのユダヤ人社会内の問題を調整する自主組織を生み出した。確かに、移民第一世代がすっかりアメリカ社会に溶け込んでしまうことは難しかったが、第二世代にとってはそれはずっと容易になり、さらに社会的成功者の数が代を追って増えるに従い、大きな社会の中に一層溶け込むようになった。こうして、アメリカにおけるディアスポラ社会は世界で初めて、ユダヤ人がユダヤ人として積極的に活動することが可能になった社会であり、時にディアスポラ社会にいることを忘れさせる社会となった。

何百万人というユダヤ人がアメリカ合衆国に安住の地を見つけた。自分たちが絶滅あるいは遺棄されるのではないかというトラウマに耐え、彼らは自らの運命を劇的に変えたのである。多くのユダヤ人が一生の間に、飢餓一歩手前の生活から繁栄した豊かな生活へ、また蔑まれた異邦人の生活から法に守られた完全な一市民の生活への変化を経験したのである。彼らはさらに明るい未来を期待することさえできた。しかし一方、ヨーロッパには何百万人ものユダヤ人が残り、やがて彼らは絶滅の時を迎えるのである。

第九章　ホロコースト

ヨーロッパ大陸におけるユダヤ人の一千年の歴史は、一九三八年から一九四五年にかけて起こった人類の想像を絶する大量殺人と受難で終わった。この激震は世界のユダヤ人の様相を永久的に変えた。

十九世紀になってドイツのユダヤ人が市民権を認められるようになったとき、大部分のユダヤ人は喜んでドイツの市民権とドイツの文化を受け入れた。こうした同化の機会はユダヤ人にとって抵抗できないほど魅力的なものであった。ユダヤ人の過去の文化に郷愁を抱く者でさえドイツ文化の優れた点と経済的先進性については否定できず、生活においては西欧風の様式を取り入れ、文化に関してはドイツ文化を自らのものと見なすようになった。一八七〇年の普仏戦争においてドイツ人とともに戦ったことは、いわばドイツ市民としての自らの誇りを試す機会であったし、第一次世界大戦でユダヤ人兵士が獲得した鉄十字勲章は、兵士やその家族にとって単に勇気の証明ではなく、祖国ドイツに対する忠誠の証でもあった。

しかし、ユダヤ人のドイツの文化や社会に対する意識は大きく変化したが、ドイツ人のユダヤ人に対する意識や態度は必ずしもそれと軌を一にしたわけではなかった。何世紀にもわたってキリスト教社会における胡散臭い異邦人と見なされてきたこと、聖職者から救世主を殺した犯人だと教えられてきたこと、あらゆる災難の源と考えられてきたことなどは、それらをあえて否定する必要のないドイツ人にとってそう簡単に意識から消し去ることのできないものであった。第一次世界大戦の後にドイツ社会が苦況に陥ったとき、この伝統的なヨーロッパのキリスト教社会の反ユダヤ人感情が思いもかけない姿と激しさでよみがえってきたことは、ドイツ人社会にすでに溶け込んでいると考えていたユダヤ人にとって予期せぬものであった。

第一次大戦後のドイツは、極端な国粋思想を生み出す温床となった。敗北と屈辱、さらに戦勝国による膨大な賠償金請求がもたらした経済的危機は、ドイツ人の外国に対する感情を悪化させた。さらに、政治の不安定さと経済危機は社会不安をもたらし、多くのドイツ人が先頃ロシアにおいて起こった共産党による革命がドイツでも起こるのではないかと恐れた。こうした国民の心配に呼応するように、極端な国粋主義の政党が数多く誕生した。その中でアドルフ・ヒットラー(一八八九〜一九四五年)に率いられた国家社会主義ドイツ労働者党(通称ナチス)は一躍全国的に目立つ存在となっていった。

ヒットラーの政治思想において、ユダヤ人は当初から排除すべき主対象となっていた。

ホロコーストが始まる直前の
1937 - 41年にかけてのユダヤ人人口

彼は第一次世界大戦におけるドイツの敗北はドイツ人の怠慢ではなく、ユダヤ人の背信によるものだと主張した。さらにロシアにおける革命もユダヤ人によるものであり、ユダヤ人は革命をドイツにも持ち込もうとしていると糾弾した。こうした政治的主張に加え、彼は科学的に根拠のない民族的優位性を喧伝した。それによると、ドイツ人と北方人種はアーリア人種として知られる人類最高の人種で、美と強さと知性を備えているが、他の人種は劣性人種で次のような階層をなしているとした。すなわちアーリア人種の下には地中海人種がおり、そしてその下にはスラブ人種がいる。そして底辺にいる黒人種のさらに下に位置するのがユダヤ人種で、彼らは遺伝的に犯罪人種であり、文明を腐敗させ破壊させる存在である、とした。さらに彼は、ユダヤ人はアーリア人種の優秀性を希薄にするためにドイツ人と結婚し、敵に内通するために軍隊に入り、ドイツ人の知的生活を堕落させるために本を書き、ドイツを退廃的な文化で汚染するために芸術家になり、ドイツの会社と勤労者を破滅させるために産業界に潜り込んでいると訴えた。そして何よりも、ドイツ経済の危機はユダヤ人が工作したものであるとした。だが、こうした工作にもかかわらず、ドイツ人はけっして敗北することはない、なぜならドイツ人は遺伝学的に他の人種より優れており、他の人種を支配するべく創られているからだと主張した。

ヒットラーの初期の政治的宣言書である『我が闘争』（一九二五〜一九二七年）において、彼はドイツの復興はユダヤ人撲滅が成し遂げられて初めて可能になると記した。こうして、ごく最初の段階からユダヤ人絶滅計画はヒットラーの主要なプログラムの中に入っており、彼のドイツ大衆に向けて最も強く呼びかけようとしたことのひとつであった。「ユダヤ人はドイツ人の災難である」というスローガンはそのことを如実に表しており、ヒットラーの戦争であった第二次世界大戦を「ユダヤ人に対する戦争」と呼ぶことは真実を言い当てていると言える。

ナチスは革命やクーデターで政権を獲得したのではなく、ヒットラーも権力を〝強奪〟したわけではなかった。彼はユダヤ人に対する攻撃を含むその過激なメッセージで膨大な数の支援者を獲得し、その多くの支援者が一九一九年から一九三三年まで続いた民主的な政治システム（ワイマール体制と呼ばれる）のもとで彼を主役の座に押し上げたのである。一九三三年一月三十日、憲法の規定に則って首相となり、同年三月五日の選挙で四十四パーセントの支持を受けて彼の政権は（従って彼の政治プログラムは）正式に承認された。

ナチス政権の初期においては、政府の方針は、ドイツにおけるユダヤ人の生活を困難なものにして単純にユダヤ人を国外に追い出そうとするものであった。政府にとってこの政策が重要課題であったことは、一九三三年の四月一日の選挙のすぐ後に、ユダヤ人の営む企業と専門的職業の事業所排斥を国として決定したことに表れている。さらに四月七日にはユダヤ人は公務員からも放逐された。四月十一日には、ユダヤ人をドイツ社会において孤立させるために〝非アーリア人種（少なくとも祖父母の一方がユダヤ人であれば該当した）〟という法的地位が設けられた。そしてこのカテゴリーを対象とする法律が次々に定められ、ユダヤ人は実質的に様々な職業から排斥されるようになり、さらには子供たちまでが多くの学校から追われるようになった。

まもなくユダヤ人は気まぐれな暴行や恣意的な逮捕の対象となり、さらにナチスの党員や政府の役人たちによって、公衆の面前でユダヤ人に対する屈辱的な行為が行われた。

「ユダヤ人お断り」の掲示が商店やカフェ、スポーツスタジアム、さらにはリゾート地においても見られ、公園のベンチも、アーリア人用と非アーリア人用に区別された。記念碑に刻み込まれたユダヤ人の名前は消し去られ、ユダヤ人を攻撃するポスターが全土に貼られた。こうした動きの頂点となったのが一九三五年の「ニュールンベルク法」の制定で、この法により、ユダヤ人はドイツ市民権を剝奪された。この法律はまたユダヤ人の他人種との結婚を禁止すると同時に、他の制限や規則もユダヤ人に課した。

一方、この間に強制収容所の建設が始められた。最初につくられたのは一九三三年ダッハウにおいてで、共産主義者、社会主義者、労働組合の活動家、エホバの証人の信者、同性愛者など政治犯や社会的に危険と見なされた人物や、ユダヤ人のうちで作家、ジャーナリスト、法律家など潜在的危険性を持つと考えられた人物を対象としていた。一九三六年には、収容所はゲシュタポ（秘密国家警察）の管理下に入り、ゲシュタポは誰をも自由に拘留する権限を与えられた。そして新しい収容所がザクセンハウゼンとブーヘンヴァルトに建設され、翌年には単にユダヤ人であるという理由だけで収容されることが起こり始めた。

こうした圧力のもと、多くのユダヤ人がドイツを去ったが、集団移住という事態には至らなかった。それはすべてのドイツのユダヤ人が彼らを受け入れてくれる海外の知り合いを持っているわけではなかったし、さらに移住にかかる費用を工面することができたわけではなかったからである。またアメリカを含め大部分の国が移民に対し厳しい制限を設けていた。ただこうした理由よりももっと大きな理由は、大部分のユダヤ人にとってこんな反ユダヤ人的な政策がいつまでも続くとは考えられず、またドイツのような近代化した文明国においてヒットラーのような怪物がいつまでも政権に就いているとは想像できなかったためである。多くのユダヤ人は自分たちは完全にドイツ人であると感じており、同輩のドイツ人も遅かれ早かれ正気に戻り、ナチス政権を倒すかあるいはその政策の変更を迫ると考えていた。しかし、現実は彼らをひどく幻滅させるものであった。大部分のドイツ人はユダヤ人の窮状に冷淡であり、政府の方針にあえて反対する危険は冒さず、ユダヤ人と個人的友情や長い協力関係を持っていた場合にさえ、政府の反ユダヤ人政策を事実上是認したのである。

皮肉なことにこの反ユダヤ法により影響を受けた人たちの多くは、もはやほとんどユダヤ人とは言えない人たちであった。これまでにも見てきたように、多くのドイツのユダヤ人は、ドイツ人と結婚し、キリスト教に改宗し、組織化されたユダヤ社会との関係を絶ち、完全にドイツ人と同化していた。また、そこまでいかないまでも、生活においてはユダヤ人的な要素をほとんど払拭していた。しかし今回の厳密な非アーリア人の定義は、キリスト教に改宗した人間の孫の世代までもユダヤ人と分類していた。それは彼らが自分たちをユダヤ人とはほとんど考えていなかったにもかかわらずであった。中世においてはユダヤ人は改宗によって自らの命を救うことができたが、「ニュールンベルク法」から逃れる術は海外への移住しかなかった。

一九三八年三月のドイツによるオーストリア併合は両国の民衆を熱狂させたが、その中でオーストリアのキリスト教徒は自然発生的にオーストリアのユダヤ人を攻撃した。それに引き続いて公的なユダヤ人弾圧政策も導入され、同様の処置はその年の後半にドイツ軍がチェコスロバキア西部地方に進出し、一九三九年にその全土を併合したときにも行われた。

しかし、ドイツにおけるユダヤ人の生存を決定的に脅かす出来事が起こったのは一九三八年十一月九日から十日にかけてだった。「クリスタルナハト（水晶の夜）」として知られる事件である。その夜、ドイツ中のユダヤ人の商店やシナゴーグが襲撃を受けて破壊され、ユダヤ人も大量虐殺された。ドイツ政府はこの事件を、パリにおいてドイツ人官僚がユダヤ人に殺されたことに対する自然発生的な報復行為であると主張したが、実際は政府機関によって周到に準備され実行された事件であった。政府はユダヤ人自身が自ら招いた災害であるかのようにこの事件を処理した。すなわちドイツのユダヤ人社会は十億マルクの罰金を科せられ、新しい反ユダヤ法が制定され、子供たちはすべての学校から排除されたうえに、多数のユダヤ人が強制収容所に送り込まれた。ただこの段階においてはまだ、他の国に入国するビザを取得できれば、強制収容所行きを免れることが可能であった。

「クリスタルナハト」を契機として、ドイツにおけるユダヤ人の文化的、経済的生活は事実上終焉した。もはや海外への脱出の必要性を疑う者はいなかった。ユダヤ人の商店や家屋はその価値の何分の一かの値段でたたき売られ、外国の領事館の前ではビザを求める長いユダヤ人の列が見られた。ドイツ政府は海外移住センターをまずウィーンに、後にはプラハとベルリンにも設け、事務手続きを簡素化してユダヤ人の財産の没収と出国をはかどらせようとした。これは隣国に大量のユダヤ人を送り込み、それらの国で反ユダヤ人感情が高まることを期待した処置でもあった。しかし移住制限を緩める国はなく、行き場のないユダヤ人が絶望的になったまさにその時を選んで、パレスチナを支配していたイギリスは、パレスチナへのユダヤ人の入国を制限し始めた（第十章参照）。ユダヤ人を満載した船が――法的に有効な入国証を持つユダヤ人を乗せている場合もあった――港から港にたらい回しされたあげく、破滅の待つヨーロッパへ送り返されるという悪夢のような出来事も起こった。

一九三九年の九月一日の第二次世界大戦勃発とともにユダヤ人がヨーロッパから逃れることは不可能になったが、ユダヤ人を隣国へ送り出すドイツの政策は一九四一年まで続いた。そして一九四一年に移住が禁止されるとともに、ユダヤ人に対する政策は殺戮へと変更されたのである。

しかし、東ヨーロッパではユダヤ人に対する組織的な殺戮はすでにその前から始まっていた。一九三九年九月一日、ドイツはポーランドに侵入を始めたが、当時のポーランドは世界で最もユダヤ人が集住している地域であり、ユダヤ人の宗教的、文化的中心地でもあった。ドイツはポーランドを占領すると、ドイツ国内におけると同じ反ユダヤ人法と厳しい制限をユダヤ人に課したのみならず、それを上まわる方法を採り始めた。ユダヤ人は無差別に拷問にかけられ射殺されたのだ。そのためその年の末までには二十五万人ものユダヤ人が命を落とした。ドイツはポーランドのユダヤ人の撲滅を優先事項とし、時には軍事的必要性よりも重きをおいた。ウージ、ワルシャワ、クラクフ、ルブリンなど鉄道の連絡の便利な都市にゲットーを設け、こうしたゲットーに、各都市や何千もの村から運んできたユダヤ人を押し込んだ。そして、無断でゲットーの外にいたユダヤ人は殺された。ドイツ政府は、ユダヤ人を識別するために黄色の六点星を常に服に付けていることを強要した。ゲットーの住人には軍事目的のための過酷な労働――道路建設など――を強制し、食事も満足に与えず残忍な扱いをした。

ゲットーの運営は、ドイツ軍に委託された形のユダヤ人評議委員会が行い、表面上過去にも見られたようなユダヤ人による半自治的社会の体を成しており、それ自体いかにも正常な状態であるかのような幻想を与えた。しかし、ドイツ軍がユダヤ人によるこの委員会を設けた目的は、悲惨な状況のユダヤ人を助けるためではなく、あくまで自らの計画を首尾よく実行するためであった。戦争が進行し、ドイツ軍の要求が過酷になるに従いそのことは明白になっていったが、そのため委員会のメンバーたちは耐え難いジレンマに直面することになった。

戦争初期の段階では、ゲットー内のユダヤ人は海外のユダヤ人救援組織からの援助を受け取ることもでき、また強制労働に対しても一定の手当を支給されていた。大規模な

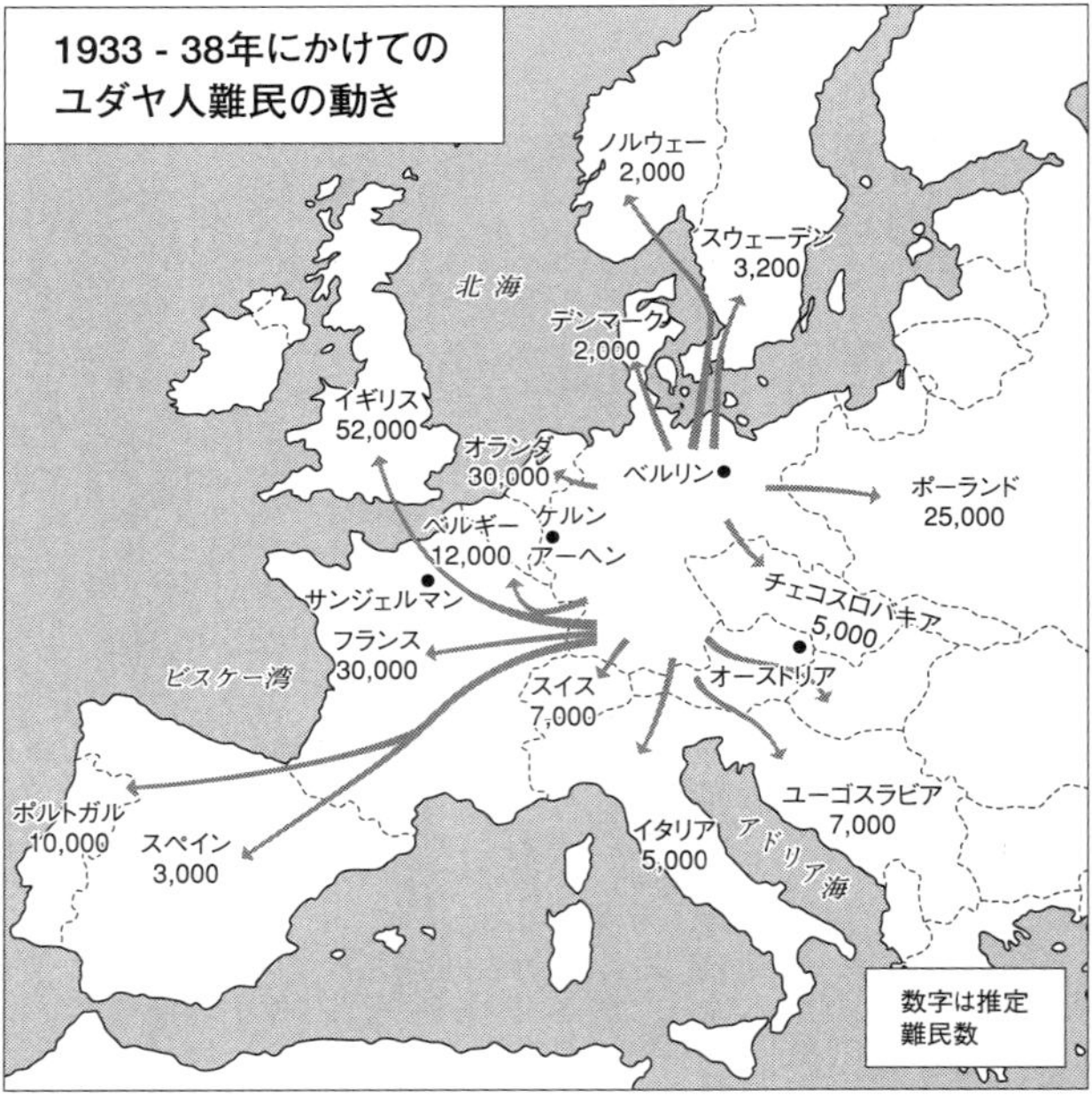

ゲットーの中には、過密、貧困、病気それに精神的な無力感が漂う中、相互扶助組織や学校、医療サービスなどの機能を整えきっちりと運営されているところもあった。個々のユダヤ人の中には、賄賂や協力と引き換えにドイツ人監視兵から特別の扱いを受けていた者もいた。しかし、ゲットー内の規制は日に日に厳しくなり、ドイツ軍の要求もますます増大した。一九四一年末には外部から食料を受

け取ることも禁止されたが、それに伴い、飢えと病気がゲットー内に蔓延し、死亡者の数も一気に増加した。ゲットー内では一日当たりのカロリー摂取量を千百カロリーと定めていたので、住民全体がまさに餓死寸前の状態であった。

戦争の進行とともに強制収容所の役割は変化していった。元来は敵対する人物やそのおそれのある人物を収容することを目的にしていたものが、やがて労働力を搾取することが目的になっていった。そして、ある特定のグループの根絶をもその目的とするようになった。すなわち、精神障害者や慢性病患者の抹殺が行われるようになり、ラーヴェンスブリュックにあった女性専用収容所においては妊娠しているユダヤ人女性をガスで殺戮した。収容される人間の数は増大し、収容所もポーランド内のアウシュヴィッツ、トレブリンカ、マイダネク、ソビボールなどに次々と建設されていった。一九四一年初めには、いくつかの収容所で収容者の死体を処理するために火葬場が設けられ、その作業には収容者自身をあたらせたが、やがて彼らも秘密が外部に漏れるのを防ぐため殺される運命にあった。

一九四〇年にドイツ軍がフランスに侵入したとき、ドイツ軍はフランス国籍を持たないユダヤ人難民を、占領地域から、協力者であるヴィシー政権の管理する地域に追いやった。ヴィシー政権は反ユダヤ人政策に関してはナチスの期待以上の協力を行った。ユダヤ人に対して公的活動を禁止し、市民権を奪い、さらにフランス人が運営する強制収容所も設けた。この収容所からは、フランス国籍を持たないユダヤ人が東方の収容所に送り出されて殺されたが、フランス国籍を持つ者はこの追放を免れることができた。一方ナチス占領下のフランスでは、パリ近郊のドランシーに収容所が設けられたが、ここではフランス国籍を持つユダヤ人もアウシュヴィッツに向けて送り出された。一九四二年後半になってドイツ軍の占領地域がフランス南部に広がっていくにつれ、ユダヤ人はイタリアに占領されていた狭い地域に殺到した。一九四三年にドイツ軍がイタリアに進出すると、この地域にいたユダヤ人は、いわば閉じこめられた状態になった。

他の占領地域における反ユダヤ人政策に対する協力姿勢は、それぞれ大きく異なっていた。オランダにおいてはユダヤ人に対する迫害政策は国民を激昂させ、ゼネストが行われた結果、それを鎮めるために軍隊が出動するほどであった。教会の指導者たちも抵抗を呼びかけ、多くのオランダのキリスト教徒がユダヤ人をかくまった。しかし、こうした動きにもかかわらず、実際には大部分のユダヤ人が強制収容所に送られた。デンマークのキリスト教徒は、王や政府役人も含め、デンマークのユダヤ人を保護し、ほとんどすべてのユダヤ人を、海峡を渡ってスウェーデンに送り出すことに成功している。ブルガリアも反ユダヤ人政策に同調することを拒否した。その結果、ブルガリアのユダヤ人も殺戮を免れた。

ファシスト政権のイタリアはドイツの同盟国であり、公式には反ユダヤ人政策に加わっていたが、イタリアが参戦している間は積極的な反ユダヤ的処置に協力することはなかった。反ユダヤ法を制定し、強制収容所も設けたが、ユダヤ人を狩り集めることはほとんど行わず、また収容所内の扱いもかなり人道的なものであった。様子が変わったのは一九四三年九月にイタリアが連合国に降伏してからであった。ドイツ軍はイタリアの北部を占領したが、この地域はずっと以前からユダヤ人の集住地区であり、ドイツ軍はそこにいたユダヤ人と、フランスやユーゴスラビアから逃れてきていたユダヤ人を狩り出して死の収容所に送り出した。ただ、多くのユダヤ人が非ユダヤ人の友人や知り合いにかくまわれて難を逃れたことも事実である。多くのカトリック教会系の施設が、修道院やヴァチカンも含め、ドイツ軍の布告に反旗をひるがえしてユダヤ人をかくまった。ただ、ローマ法王のピウス十二世自身はけっしてドイツの反ユダヤ政策に抗議することはなかった。この西欧精神世界における最高の権力者であり最も影響力を持つ宗教指導者が抗議の声を挙げなかったことは、今日までわだかまりとして残っている。

ただ以上のような例は比較的ましな場合であった。他の国々、例えばルーマニアにおいては、長い間民衆の間に根強く存在してきた反ユダヤ主義にドイツ軍が油を注ぐ形となり、ユダヤ人撲滅は民衆の協力のもとで徹底したものとなった。ハンガリーにおいては、枢軸国側として戦争に参加したものの独立を保っていた間はユダヤ人追放の動きはなかったが、戦争末期になってドイツ軍がハンガリーに侵入すると、警察と極右主義者それに反ユダヤ十字軍が一緒になってユダヤ人追放に一斉に乗り出した。セルビア、クロアチア、ギリシアにはセファルディム系のユダヤ人がいたがほぼ全滅した。ギリシアのユダヤ人撲滅は、セファルディム系ユダヤ人にとって歴史的にも重要な中心地のひとつであったサロニカのユダヤ人社会の終焉をもたらした。

　一九四一年六月にドイツ軍がソヴィエト連邦に侵入したとき、ドイツ軍は特別機動殺人部隊（アインザッツグルッペ、あるいは特別行動隊として知られる）を編成した。この部隊の目的は、広大な占領地域内のソヴィエト人民委員、共産党員、パルチザン、ユダヤ人、ジプシーを見つけ次第殺戮することにあった。この部隊は、一般市民を殺戮するための完全に独立した権限を与えられており、通常の軍隊とは協力しながらも独立して行動した。東ヨーロッパの田舎の地方をしらみつぶしに探しまわり、小さな町にいたユダヤ人を見つけだしては、機関銃で射殺したり、溺死させたり、あるいは彼らの車の排気ガスで窒息死させたりした。ウクライナ人、ポーランド人、ラトビア人、リトアニア人、エストニア人、ルーマニア人なども補助者としてしばしばこうした殺戮に熱心に加わった。こうした殺戮行為で最も悪名高いのは、一九四一年九月二十九日から三十日にかけてキエフの近郊のバビヤールで起こったドイツ軍とウクライナ人による約三万三千人のユダヤ人の虐殺である。

　ソ連への侵入後まもなく、ドイツ軍は「ユダヤ人問題の最終解決」を決議した。すなわちヨーロッパの全ユダヤ人を組織的に絶滅させるという計画である。アドルフ・アイヒマンがこの計画の実行者に任命された。そのための主要場所としてアウシュヴィッツが選ばれ、死の基地にするための準備が進められた。一九四二年一月、この計画に関係するすべての政府と軍の関係者がベルリン郊外のヴァンゼーに集められ、政策の説明と実行に向けての調整が行われた。

一見簡単な作戦のように思われたが、実際は気の遠くなるようなプロジェクトであった。ヨーロッパにはまだおよそ千百万人のユダヤ人がおり、彼らを移送し、収容し、殺し、そして死体を処理しなければならない。各地の戦線で敵と戦い、占領地で多くの敵対する住民を管理しながら、各地に点在する無力な少数民族を相手に膨大な人員、物資、輸送を手配することはまさに、ユダヤ民族に対する強迫観念だけがなし得た異常な行動と言わざるを得ない。

アイヒマンはポーランドをユダヤ人絶滅の基地に選んだが、それはポーランドがユダヤ人の集住地であるというだけでなく、国民の間に伝統的に根深い反ユダヤ感情があり、そのため彼らの協力を得られると考えたからであった。ユダヤ人たちはヨーロッパ各地から貨車で、ウージ、リガ、ミンスク、コヴノのゲットーに送られ、そこから周辺地域のユダヤ人とともにポーランドの強制収容所に送られた。ゲットーのユダヤ人委員会は定期的に一定数のユダヤ人を供出することを義務づけられた。移送時の状態はひどく劣悪だったため、非常に多くのユダヤ人が収容所に到着する前に死亡した。到着時に労働に適さないと判断されたユダヤ人は直ちに殺され、残りの人間も死に至るまで働かされるか、あるいは働けなくなると殺された。

強制収容所の管理者は、ソヴィエト連邦で行われていた殺人部隊による非効率的な殺人に取って代わる機械的な大量殺人の方法をすでに実験し始めていた。六カ所の強制収

アウシュヴィッツ収容所の最終引き込み線。写真 © Sally Soames. 本書のために John Parnell が画像を複写。ニューヨーク、ユダヤ博物館提供

容所がいまや死の収容所となっていたが、そこでは収容者たちは一酸化炭素あるいは青酸ガスで窒息死させられていた。一九四二年の夏には、シャワー室を装ったガス室が導入された。このガス室ではI・G・ファルベン社が製造した殺虫剤であるツィクロンBが使用された。この新しい手法により、七百人から八百人の人間を四分から五分で殺すことが可能になった。その間、ガス室の外では何千という何も知らない収容者がシャワー室に入るのを待つというわけであった。係の人間は火葬する前に遺体から金歯、指輪、髪の毛を取り去り、火葬した灰は肥料に加工され、衣服は消毒した後再利用にまわされた。このようなガス室での殺戮は、トレブリンカとソビボールではソヴィエト軍が迫ってきたため一九四三年末に放棄されたが、アウシュヴィッツなどの収容所では一九四四年の十一月まで続いた。

収容者の労働力は、戦争遂行のための軍需物資と国内で使用する家庭用品の生産のために使われた。過酷な労働はI・G・ファルベン、クルップ、ティッセン、フリック、ジーメンス（これらは今もドイツの大企業として存在している）などの管理のもとに行われたが、これらの企業はその労働力の四十パーセントを強制収容所からの人員に依存していた。強制労働は極めて効率的であった。すなわちわずかな食べ物とないに等しい医療行為、そして死に至るまでの労働、死ねばまた新しい労働力を投入すればよいだけであった。こうした条件下での労働者の平均余命は九カ月であった。

ユダヤ人移送の本当の目的が次第に知れ渡るようになってからも、ゲットー内においてはほとんど抵抗運動は起こらなかった。ユダヤ人は飢えで無気力状態になり、ほとんど命令されるがままになっていた。抵抗の姿勢を示したのは若いシオニストあるいは社会主義者のグループで、ゲットーの指導者たちは報復を恐れてその動きを支援することはなかった。最もよく知られているのはワルシャワのゲットー内で起こった暴動である。ユダヤ人の武装グループが一九四二年初めにゲットー内で結成され、ゲットー内に武器を持ち込むことに成功した。彼らはポーランドのレジスタンス組織とも連絡を取ったが、彼らの協力を得ることはできなかった。一九四三年一月にドイツ軍との間で小競り合いがあり、ユダヤ人が二十人のドイツ兵を殺した。この事件はゲットー内の志気を高揚させ、行動はさらなる広がりを見せようとした。またポーランドのレジスタンス組織もこの事件に刺激を受け、ユダヤ人に武器を売ることに同意した。ドイツ軍はゲットーを徹底的に粛清することを決心した。四月十九日にドイツ軍が攻め込んだとき、ユダヤ人の反撃が非常に激しいものであったため、ドイツ軍は鎮圧するためにゲットー全体に火をかけなければならなかった。この抵抗は五週間続いた。それは確かに絶望的な、単なる反抗の印にすぎなかったかもしれないが、このワルシャワのユダヤ人の若者たちの戦いにかけた精神は各地のユダヤ人に大きな刺激となった。そして他のゲットーや収容所でも暴動が起こるようになった。

一九四二年から一九四三年にかけて東ヨーロッパでゲットーやユダヤ人の住む村落が消滅していったとき、ユダヤ人グループの中には森の中に逃げ込んでソヴィエトのパルチザンに加わったり、あるいはユダヤ人だけのパルチザン・グループをつくった者もいた。ユダヤ人だけのパルチザン・グループはソヴィエトのパルチザンと比べると厳しい条件の中で戦わなければならなかった。それは、こうしたゲリラ活動は地域住民の協力があって初めて可能になるものであるが、伝統的に東ヨーロッパの田舎ではユダヤ人に対する反感が強く、協力が得られにくかったためである。さらに非ユダヤ人グループのパルチザンの中には、ユダヤ人グループと協力することを拒む者さえいた。ただ、こうした条件下にあっても約二万人のユダヤ人がこうした活動に従事し、警察署を襲ったり、ナチスの警備兵を殺したり、列車を爆発させたり、手投げ弾で戦車の行く手を阻んだりした。

戦争が進むにつれソヴィエト軍はポーランドに進行したため、それに伴ってポーランドにあった強制収容所は閉鎖され、収容者は避難させられた。しかし、輸送手段が割り当てられることはなく、ユダヤ人やその他の収容者は食料もなくただ西のドイツに向かって歩くことになった。そのため約二万五千人が戦争の最後の数カ月のこの死の行進で死亡した。戦争末期にその他の地域の収容所を解放したソヴィエト軍やアメリカ軍は、それらの収容所の惨状にひどくショックを受けた。戦後になっても大部分の収容者たちにとっては苦難の時代が続き、長い間難民収容所生活を送らざるを得ない者も多かった。また東ヨーロッパにおいてかつての居住地にようやく戻ったユダヤ人が、戦後まもなくポーランドやウクライナの都市部から起こったポグロムで多数殺される事件も起こった。

これは戦争で物心両面において荒廃した東ヨーロッパの住人がその怒りを伝統的な憎しみの対象であるユダヤ人に向けた結果起こった事件であった。

ドイツは、そのための富や資源を振り向けていれば連合国に対する戦いに有効に使うことができたかもしれないにもかかわらず、ユダヤ人に対する戦いを降伏寸前までやめなかった。そして、連合国に対する戦いで国土は完全に壊滅したが、ユダヤ人に対する戦いでは完全に勝利を収めた。戦争が終わったとき、ドイツには事実上ユダヤ人はおらず、世界のユダヤ人社会の中心地であった東ヨーロッパはユダヤ人の墓場と化し、ユダヤ人の組織や施設は粉々に砕かれ、住人は殺されるかちりぢりに離散していた。ヨーロッパでのユダヤ人の生活は完全に終焉したのである。

【コラム】ワルシャワ・ゲットー

一九三九年九月にドイツ軍がワルシャワを占領したとき、市内には四十万人弱のユダヤ人がいた。翌四〇年にはゲットーを造るために八百四十エーカーの土地の周りに壁が築かれた。そして十一月半ばまでに、すべてのユダヤ人は壁の中で居住することが求められ、壁の外側はドイツ人とポーランド人の警官が、壁の内側はユダヤ人の自警団がそれぞれ警護にあたり、許可なしでは誰も出入りできなくなった。

ドイツ側は機会あるごとに壁を移動しては居住区の面積を狭くし、ある時点からはゲットーを二つに分けてそれぞれを歩道橋で結ぶようにした。さらに、ワルシャワ周辺から狩り集めた十五万人のユダヤ人をその中に押し込んだので、その密度は一部屋に十三人が入らなければならないような状況になった。家の中に入れないホームレスたちは体温低下、飢餓、病気などのために道端で死んでいった。

壁の中でユダヤ人は、他の地域のゲットーと同じように、ユダヤ人による評議委員会（ユーデンラット）により管理されていた。この委員会はこうした状況下でできる限りの公共サービスを行うと同時に、ドイツ側からの要求にも対応していた。こうした不可能ともいえる環境下において、ワルシャワのゲットーを統括していたのはアダム・チェルニアコワという元技師で、彼は知的で良心的な人物であった。チェルニアコワは詳細な日記をつけていたが、その日記は奇跡的に戦後まで保存されたため、この貴重な資料によりわれわれはゲットーの状況を知ることができる。チェルニアコワはゲットーの生活条件を改善するために力の限りを尽くし、また少ない物資を対立する様々なグループの間にバランスよく行き渡らせるために心をくだいていた。そしてドイツ側から、ゲットーのユダヤ人を強制収容所に送り出すために協力することを要求されたとき、彼は自殺した。一九四二年七月二十三日のことであった。

あらゆる困難な状況にもかかわらず、ゲットーはどうにかこうにか町としての機能を維持していた。非合法の工場や、原材料を密かに持ち込み製品を持ち出すシステムによって必要最低限の経済が維持されていた（非合法の食料持ち込みは実際問題としてゲットー内の人間の生命を維持するためには不可欠であった。合法的に認められた一日一人あたりの食料割り当てはわずか千百カロリーしかなかった）。困窮者への無料食堂は、食べ物を分け与えるとともに、非合法の学校や宗教学校、あるいは職業訓練所の隠れ蓑となった。特に、技術や医学、あるいは科学教育が行われた。シナゴーグは閉鎖されて公式の礼拝は禁止されたが、隠れて礼拝が行われ、タルムード研究も密かに続いていた。さらにカフェやキャバレーに似た娯楽場も時には見られた。また地下組織が非合法の雑誌などを、ヘブライ語、イディシュ語、ポーランド語で刊行していた。

レジスタンス活動を指導し、やがて有名な暴動を起こしたのはこうした地下組織であった。一九四二年七月に始まった最初の大量移送がきっかけとなり、政治的立場も異なり時には敵対関係にあったいくつかの地下組織が大同団結し「ユダヤ戦闘機構（ZOB）」をつくった。この機構はほとんどの地下組織が参加していたため、中にはポーランドの地下組織や闇市場から武器を手に入れることができる者もいた。またZOBは手投げ弾や爆弾を製造する秘密工場をつくり、ゲットー内に掩蔽壕《えんぺいごう》や秘密の連絡トンネルを張り巡らせた。一九四三年一月に始まった第二次移送がきっかけとなり、四日間にわたる街頭での戦闘が起こったが、これは占領下のポーランドでは初めてのことであった。これに対し、ドイツ軍は二十四時間外出禁止令で対抗した。ゲットー内での生活はいまや休止状態となり、ユダヤ人評議委員会も麻痺状態になり、社会的機能もストップした。しかし、その中でもモルデカイ・アニエレヴィッツに指導されたZOBは、移送再開に備えて武装反抗の準備を整えていた。

一九四三年四月十九日、ドイツ軍はふたたびゲットー内に侵入したが、激しい抵抗に遭い撤退を余儀なくされた。ドイツ軍指揮官は更迭され、攻撃が再開した。ふたたび強固な反抗に遭ったため、ドイツ軍はゲットーを焼き払う作戦を採った。ゲットー内のほとんどすべての住民が殺されたが、地下組織の抵抗は五月八日にミラ通りのZOBの本部の建物が破壊され、アニエレヴィッツが殺されるまで続いた。さらに六月まで武装抵抗をする者もいた。戦闘員の中にはうまく逃れて後にアニエレヴィッツという名をつけたパルチザン・グループを組織した者もいた。五月十六日、ドイツ軍はトロマクカ通りの大シナゴーグを爆破してゲットーの完全消滅を祝った。

第十章　シオニズムとイスラエル建国

十九世紀のヨーロッパにおける民族主義の高揚は、イタリアとドイツの統一および、オスマン・トルコ帝国、オーストリア＝ハンガリー帝国の衰退に伴うバルカン半島や東ヨーロッパにおける新独立国家の誕生をもたらした。ヨーロッパのユダヤ人は彼らの東ヨーロッパでのほとんど耐え難いような異端者としての扱い、市民として認められ市民権も獲得していながら相変わらず根強い反ユダヤ人感情に気を遣わなければならない西ヨーロッパでの生活からなんとか脱却したいと考えていた。その中で起こった民族国家の復活への運動は彼らに大きな可能性を示した。セルビア人、ブルガリア人、ルーマニア人にできたことはユダヤ人にもできるかもしれないという望みである。

「ヨーロッパの病人」と呼ばれるまでに衰退していたオスマン・トルコ帝国は、すでにその領土の一部を民族運動によって失っていた。多くのユダヤ人も、ユダヤ人の長年抱えてきた問題を根本的に解決するためにはユダヤ民族の独立国家を建設するより方法はないと考え始めた。そして、その国家建設の場所は当然のように、ユダヤ民族が二千年近くにわたって帰還を熱望してきた「イスラエルの地」以外にはあり得なかった。パレスチナにはすでにかなりの数のユダヤ人が住んでいた。彼らはスペインから逃れてきたセファルディムの子孫、それよりはもっと近年の中東からの移住者、十八世紀から十九世紀初めにかけてヨーロッパで起きた様々な宗教運動の結果パレスチナに移民し定住した者たちの子孫であった。その数は増大し、シオニスト運動が始まる以前の一八六〇年の時点において、エルサレムの壁の外（現在のエルサレムの中心街に隣接した地域）に新たなユダヤ人街を形成するまでになっていた。その生活様式は伝統的な宗教と経済活動に則ったものであったが、新たに農業定住地を開拓する動きも見られ、特に「世界ユダヤ連盟」が一八七〇年に農業学校を設立してからははっきりとその傾向が見られた。

ユダヤ人国家建設の願望を最初にはっきりと述べたのはモーゼス・ヘスの『ローマとエルサレム』で、この論文は一八六二年にドイツで発表された。このアイデアは東ヨーロッパにおいてレオン・ピンスケルの「自力解放」（一八八二年）の中でも取り上げられるとともにエリエゼル・ベン・イェフダ（この人物については後述する）などの作家によってヘブライ語新聞で紹介された。しかし、集合的に「ヒバット・ツィオン（シオンの愛）」と呼ばれるユダヤ民族主義運動の出現を促したのは、なによりも一八八一年のロシアにおけるポグロムであった（第八章参照）。この「ヒバット・ツィオン」運動は東ヨーロッパのユダヤ人の間で最初に生まれた。その理由は、同地ではユダヤ人が一般社会に同化することは絶望的であり、そのためユダヤ人は自分たちの伝統的生活と教育を守り続け、民族的団結心も非常に強固であったからである。こうした組織の中で最初に実際にパレスチナに移住したグループは「ビールー」(「ヤコブの家よ、来れ、われら行かん」という意味の頭文字から取っている)であった。そして、これが第一次アリヤ(パレスチナ移住)の始まりであった。

西ヨーロッパのユダヤ人は、一般的に非ユダヤ人社会との融合を理想と考えており、ユダヤ的伝統にとらわれることも少なく、ユダヤ民族主義には一定の距離を置くかあるいは反感を持っており、ユダヤ民族主義はあくまで東ヨーロッパのユダヤ人のための解決策であると見なしていた。しかし、シオニストの思想を国際的な運動にまで高めたのはヨーロッパ文化に同化したハンガリー系ユダヤ人であった。テオドール・ヘルツル(一八六〇～一九〇四年)はその経歴から見てもシオニズム運動の創始者になるとはとても思えない人物であった。彼はウィーンで作家およびジャーナリストとして活動していたが、ユダヤ主義についてはほとんど知識がなく、むしろフランスを文明と啓蒙思想の国として尊敬していた。ウィーンの新聞のパリ特派員として働いていたとき、彼はドレフュス事件で明らかになったフランス国内の反ユダヤ主義に衝撃を受け、残りの半生をユダヤ人問題の国際的解決に捧げる決心をした。一八九六年に著した『ユダヤ人国家』の中で、彼は強力にユダヤ人国家の建設を主張した。さらに一九〇二年に著した小説『古くて新しい土地』のなかでは、そうした国家の建設が社会的にも技術的にも達成可能なことを予言した。彼の主張は西ヨーロッパのユダヤ人の間で支持されることは少なかったが、東ヨーロッパのユダヤ人からは熱烈に歓迎された。

ヘルツルは一八九七年、スイスにおいて「第一回シオニスト会議」を主催し、この会議では「シオニズムはパレスチナの地に国際法で保障されたユダヤ人国家の建設が達成されることを切望する」という決議が行われた。ヘルツルはパレスチナにユダヤ人国家を建設する許可をオスマン帝国のスルタンから獲得することに失敗したあげく、イギリスとウガンダに定住地を認めるように交渉し始めた。この行動は彼がいかに東ヨーロッパのユダヤ人の感情を理解していなかったかの表れでもあるが、猛烈な反発を受けた結果、彼の影響力も一時的に陰りが見えた。結局イギリスが交渉そのものから手を引いた結果、ヘルツルはパレスチナに建設する案に戻った。なんと言ってもパレスチナはユダヤ人発祥の地であり、その地に帰ることはユダヤ人の永遠の希望であったのである。

一方、ビールーの移住者たちはすでに、十五世紀のオスマン帝国の征服以来住み続けていたユダヤ人のところに加わり始めていた。彼らが意図していたのは、将来のユダヤ人の定住とすべてのユダヤ人の帰還に備えて農業居住地を建設することであった。彼らは理想に燃えていたが、実際的な知識には乏しく、ほとんど破綻寸前までいき、その窮状はエドモン・ド・ロスチャイルド男爵の財政的援助によってようやく救われた。

ユダヤ民族主義の高揚と並行して起こったのが、ヘブライ語の話し言葉としての復活である。これはユダヤ人が近代において成し遂げた文化的偉業ということができる。へブライ語は紀元一世紀には話し言葉としては使われなくなっていたが、書き言葉としてはずっと存在し続けてきた。それもキリスト教世界におけるラテン語のように、その知識は聖職者や富裕なエリート階級に限定されたものではなかった。ユダヤ教は初期の段階からいわゆる国家的組織が存在しない状態を補うために、ヘブライ語で旧約聖書とラビの教えを日常的に生涯にわたって学ぶことをすべてのユダヤ教徒の務めとした。ヘブライ語の長くて複雑な祈りの言葉が日々聖職者だけでなくすべての大人によって唱えられたのである。大部分のユダヤ人にとって、学校教育はまずヘブライ語の学習から始まり、子供たちはヘブライ語の長い文章を暗唱させられた。こうして、ユダヤ人の伝統的社会においては、それほど熱心に勉強しなくても自然と最低限のヘブライ語の知識は身につけていたのである。東ヨーロッパにおいて十八世紀末にユダヤの啓蒙主義者たちが大衆に数学、科学、地理学を教えることが可能であったのは、こうした共通の言語であるヘブライ語があったためであり、十九世紀半ばにはヘブライ語で詩や小説が書かれるようになったのは先に見てきたとおりである。

ヘルツルは近代ヨーロッパの信奉者として、新しいユダヤ国家の言語はドイツ語かロシア語になることを想定していた。しかし、様々の民族主義運動の台頭の中で、言語の果たす役割を考えると、東ヨーロッパのユダヤ人知識人や活動家がヘブライ語を新しい国家の言語と考えるようになったのは当然の成り行きであった。ヘブライ語復活運動の中心人物となったのはエリエゼル・ベン・イェフダ（一八五八～一九二二年）であった。彼はユダヤ人国家の歴史的領土での再建とヘブライ語の復活にその生涯を捧げた。一八八一年、彼はパレスチナの地に移住すると、妻に対して以後ヘブライ語でしか話さないと宣言して彼のヘブライ語復活への決意を表明した。彼はセファルディムの発音を採用したが、それはこの発音が当時パレスチナで広く使われていたためである。この発音は現在使われているヘブライ語発音の基本となっている。

【コラム】ヘブライ語の復活

近代においてユダヤ人が成し遂げた最も大きな業績として、イスラエル国家の建国にも劣らない大きな業績はヘブライ語の復活である。いまだかつて歴史上、いったん話し言葉として使われなくなった言語が長い時代を経てまた使われるようになった例は他にない。

十九世紀後半、東ヨーロッパの理想に燃えた若いシオニストたちはヘブライ語に強く注目していた。彼らは民族的アイデンティティを再構築するために必死で活動していたが、そのために共通言語の必要性を強く感じていたからである。さらに彼らはシュテーテルのイディシュ語文化とはっきりと訣別するためにも、ヘブライ語を利用しようと考えた。彼らにとってヘブライ語の復活は、ユダヤ人がその本来の祖国での労働者と農民に戻るためにも不可欠なことのように思えた。さらにすべてのディアスポラのユダヤ人の故郷であるパレスチナにふさわしい言葉としてはヘブライ語しか考えられなかった。当時ヘブライ語は確かに書き言葉としてしか存在していなかったが、すべてのユダヤ人が共有する言葉でもあり、十九世紀のエルサレムでは、アラビア語、イディシュ語、ラディノ語を話すユダヤ人が混在して生活していたため、ヘブライ語が共通の言語として会話でも使われていた。

十九世紀後半、ヘブライ語には伝統的にいくつかの異なった発音があった。それらは古代からの発音を受け継いでいるものや、住んでいる土地の言葉の影響を受けたものもあった。アラビア語を話すユダヤ人の間で共通のヘブライ語の発音（セファルディック発音と称されているがこれは正しくない）が、ヘブライ語復活初期には普及していたが、これは当時エルサレムにおいては中東出身のユダヤ人が圧倒的に多かったからである。しかし、二十世紀初頭にアシュケナジムのユダヤ人が多数移住してくると、彼らにはアラビア語を話すユダヤ人には容易に発音できるいくつかの音が発音できないことがわかった。その結果、ヘブライ語発音として標準となったいわゆるセファルディック発音は、アシュケナジム、セファルディム、そして中東の発音の特徴を統合したものとなった。

ヘブライ語復活のうえでの最大の問題点は、現在日常的に使われる言葉や新しく生まれた現代用語に該当するヘブライ語が古代の文献に見当たらないことであった。一八九〇年に設置された「ヘブライ語委員会」がこの問題の解決に当たったが、さらに一九五三年には「ヘブライ語学会」が設立されてこの問題を引き継いだ。「ヘブライ語学会」はタルムードや中世の文献を渉猟し、植物、道具、衣服、家具およびその他あらゆる分野の言葉を探し出した。さらに新しい言葉の造語にも取り組んだ。造語については、ヘブライ語の構造を考慮して進められた。他のセム語系言語と同じく、ヘブライ語は通常三つの子音の語根から組み立てられ、母音、接頭辞、接尾辞がかなり規則的なパターンでこの語根を変化させている。古代に存在しなかったものについて新しい言葉をつくる必要があるときは、まず古代の語根を考慮し、それに規則的なパターンを当てはめてつくった。

例えば軌道の上を走る列車の場合、古代で乗る意味を持つ言葉の語根であったr-k-bをベースにつくられた。聖書の中には「乗る」という意味の動詞 rakhav があり、また名詞としては「馬車」の意味の rekhev あるいは merkava があった。タルムードには「接合する」という意味の言葉 hirkiv があった。そして出来上がった現代のヘブライ語の「列車」が rakevet である。いくつかの言葉では外国語をそのまま採用したケースもある。例えば学会 academy は akademya となり、大学 university は universita となった。ただ、時にはこうした言葉が新しい造語に取って代わられることもある。例えば一九六〇年代までよく使われた言葉 informatsya はいまでは使われなくなり、代わってヘブライ語の〝知る〟を意味する語根を含む meda が使われている。これはこの言葉のほうが他のヘブライ語名詞の変化形式によりよくなじむからである。また時には外国語の動詞を採用し、それにヘブライ語の動詞変化を当てはめていることもある。

「ヘブライ語学会」はいまもスペリング、発音、文法、語彙等の問題に関し検討を続けており、また辞典をそのつど刊行しては新しい領域の言葉に関して指針を与えている。

ヘブライ語は何世紀もの間、日常生活において話されることはなかったが、パレスチナの多数派であるセファルディムの住民と、初期シオニスト移住者として数を増やしつつあったアシュケナジムの間をつなぐ共通言語として自然に使われ始めた。というのは、何と言っても、異なった言葉の話される地域に分散して住み、それぞれの地域の言葉を話してきたユダヤ人にとってお互いが分かり合える言葉は伝統的なヘブライ語しかなかったからである。ベン・イェフダは、エルサレムの学校で授業の中にヘブライ語を導入したほか、ユダヤ人および一般の話題を扱うヘブライ語新聞や雑誌も発行し、その中では必要に応じてヘブライ語の新語を造語していった。彼はまた、何年もかかって十七巻の膨大なヘブライ語史大辞典を編纂したが（完成は彼の死後になった）、この辞典はいくつかの点ではやや時代遅れになっているものの、現在でも最も総合的なヘブライ語辞典である。

彼はまた「ヘブライ語委員会」を創設しその委員長も務めたが、この委員会は現在イスラエル国家において言語使用の規準を決定している「ヘブライ語学会」の前身にあたる。世界史の進行と軌を一にすることはできなかったが、ベン・イェフダの努力は実を結び、数々の議論と行き違いはあったものの、ヘブライ語は新しく生まれようとするユダヤ人国家の公用語として採用された。

パレスチナへの移住熱の第二波は、一九〇三年のロシアのキシニョフにおけるポグロムと、一九〇五年のロシア革命の失敗によって拍車をかけられ、約十年にわたって続いた。このときの移住者は大部分が理想主義者で、彼らは社会主義の実現とヘブライ語の復活に燃えていた。彼らの指導者格はA・D・ゴードンで、彼自身は社会主義者ではなかったが、ユダヤ人は労働の神聖な力と自然に還ることにより初めて再生が可能になると説いた。彼らは独特の農業組織——集団農場組織（キブツ）と協同組合的組織（モシャブ）——をイスラエルに導入した。彼らのイデオロギーをめぐる論争から発展的に生まれた政治組織がマパイ党であり、これが現在の労働党の先駆けとなった。この政党からはイギリスの委任統治時代（第一次世界大戦後）およびイスラエル国家建設時（一九四八年以降）のパレスチナのユダヤ人社会の指導者が輩出した。代表的な人物はダヴィド・ベン・グリオン（イスラエルの初代首相）、イツハク・ベン・ツヴィ（イスラエル第二代大統領）などである。一九〇九年にはパレスチナにおける最初のユダヤ人だけの都市であり現在の首都であるテルアビブの建設が始まった。

ユダヤ人人口の増加とユダヤ人農業定植地の増大は、地元のアラブ人による反対運動の激化も招いた。特に一九〇八年の青年トルコ党の革命以後は一層激しくなり、それはやがてアラブ民族主義運動の結成へと発展し、ユダヤ人入植者たちにとっては安全確保が大きな問題となってきた。

第一次世界大戦中、トルコは同盟国側に加わってイギリスと戦った。アラブ、ユダヤ双方の民族主義者が反政府活動をすることを恐れた結果、パレスチナのトルコ総督ジャマル・パシャはユダヤ人定植者を大量に逮捕し、国外に追放した。ユダヤ人によるイギリス側のスパイ組織が摘発されたというのがその時の口実であったが、実際はこうした活動に反対していたユダヤ人も含め、すべてのユダヤ人を弾圧することを目的としていた。そのため、一九一七年十二月にイギリスの将軍エドモンド・アレンビーがエルサレムに入ったとき、ユダヤ人は彼を解放者として歓迎した。

第一次世界大戦の間、アラブとユダヤ双方の指導者は彼らの民族的願望へのイギリスの支援を取り付けるため、トルコに反旗をひるがえしイギリスの歓心を得ようとした。首長フセインに指導されるアラビアの有力な一族ハシミテ家はトルコに対して破壊工作を行って（イギリス人のT・E・ロレンス＝アラビアのロレンスと協力して行われた）イギリスの戦争遂行を援助し、その見返りとして、戦後アラブにハシミテ家が独立した王国を建設する約束を勝ち取った。一方ユダヤ人も、ユダヤ人部隊を結成してイギリス軍とともに戦った。シオニストの指導者はパレスチナ解放後に同地におけるユダヤ人の諸権利を認め、そこにユダヤ人が自由に移住できることとシオニスト機関の法的地位を認めるようにイギリス政府に強力に働きかけた。この運動でとりわけ力があったのは、化学者で火薬の原料であるアセトン合成を発明して戦争遂行におおいに寄与したハイム・ヴァイツマンであった。こうした努力は一九一七年のイギリスの外務大臣バルフォア卿の声明「イギリス政府はパレスチナにユダヤ人が祖国を建設することに賛成し、この目的の実現に向かって最大限の努力をする」となって表れた。アレンビー将軍のエルサレム解放のわずか一カ月前に発表されたこの声明は、世界中のユダヤ人に歓喜の声で迎えられた。しかし、イギリスのユダヤ人に対する公約とハシミテ家に対する公約の二つの公約の矛盾がその後何十年にもわたって中東の大きな火種となるのである。

第一次世界大戦後イギリスは、新たに結成された国際連盟から、ヨルダン川両岸を含んだパレスチナ地域の委任統治権を得た。委任統治の目的は同地域内の他の民族の権益も守りながらバルフォア宣言を実行することであった。委任統治行政府はユダヤ機関を設立したが、その目的はイギリス側と協力してユダヤ人の移住と定住を促進することにあった。彼らは世界シオニスト機構（ヴァイツマンがその代表を務めていた）と密接に連絡を取りながら活動を進めたが、それはいわばイギリスのコントロール下でのユダヤ人準政府といえるものであった。委任統治期間を通じてこのユダヤ機関はシオニスト労働党の主導で活動していた。

この戦後処理において、独立したアラブ王国をつくるというハシミテ家の要求は無視

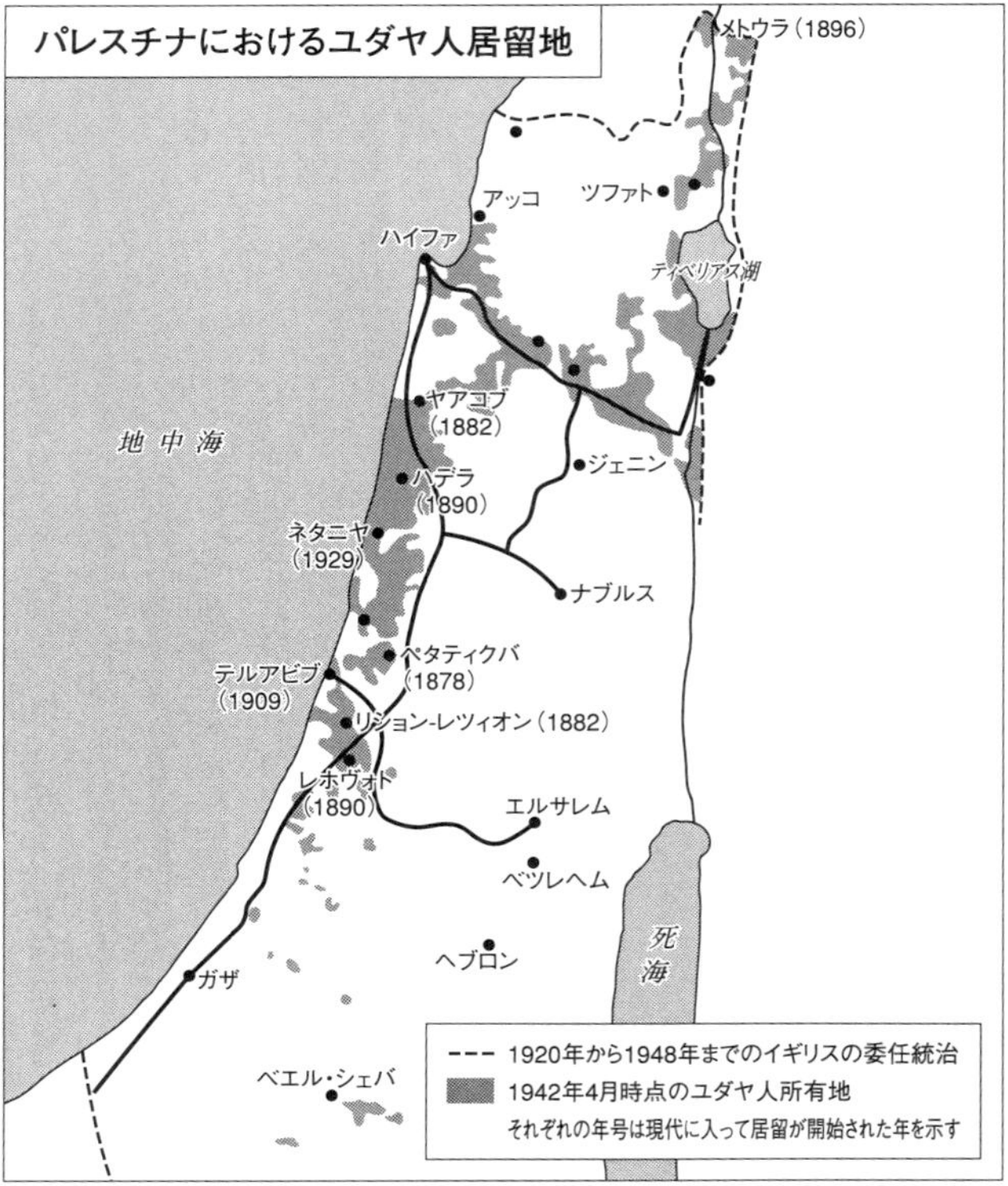
パレスチナにおけるユダヤ人居留地
メトウラ（1896）
アッコ
ツファト
ハイファ
ティベリアス湖
ヤアコブ（1882）
地中海
ジェニン
ハデラ（1890）
ネタニヤ（1929）
ナブルス
ペタティクバ（1878）
テルアビブ（1909）
リション-レツィオン（1882）
レホヴォト（1890）
エルサレム
ベツレヘム
死海
ヘブロン
ガザ
ベエル・シェバ
1920年から1948年までのイギリスの委任統治
1942年4月時点のユダヤ人所有地
それぞれの年号は現代に入って居留が開始された年を示す

される結果となった。そうした彼らの怒りを部分的になだめるために、イギリスはパレスチナを分割してトランスヨルダン首長国を作り、すでにイラク王に即位させていたファイサル一世の兄ハシミテ・エミール・アブダラにそれを与えた。しかし、アラブ民族主義者はバルフォア宣言そのものの廃棄を求め、一九二一年に反乱を起こした。それよりもっと前、委任統治が決定するまでの長い交渉期間中にも、アラブ人によるユダヤ人入植者に対する攻撃があり、イギリスは一時的にユダヤ人の入植を停止していた。アラブ人の攻撃に対抗するためにユダヤ人の部隊が結成されたが、イギリスはその活動を認めず、そのためこの部隊は解隊に追い込まれた。この経験からユダヤ人指導者たちは、独立した軍隊、それも秘密裏に結成された軍隊の必要性を痛感し、その結果結成されたのが「ハガナー」であった。こうした一連の動きはイギリスのシオニストに対する政策の見直しを迫る結果となり、ユダヤ人に対しては約束した土地の削減、アラブ人に対してはユダヤ人入植の制限の約束となって現れた。ただイギリスはこのバルフォア宣言の内容を後退させる試みを結局すぐに撤回することになり、こうしたイギリスの腰の定まらない方針は委任統治期間中続いた。特にアラブ民族主義過激派のアミン・アル・フセイニがエルサレムのグランド・ムフティ（イスラム教の最高法官）に任命され、アラブ人の西パレスチナのユダヤ人に対する憎しみが一層募ると、その政策は絶えず不安定なものとなった。

戦後、第三次ユダヤ人移民の波がパレスチナに押し寄せた。彼らの多くはポーランドから来たシオニスト労働党ハルーツ（開拓者の意味）のメンバーで、農業と手工業に従事した。沼地を干拓し、集団農場をつくり、ヘブライ語とヘブライ文化の育成に努めた。第四次移民の波は一九二五年に始まったが、多くは政治的には無色で主にポーランドの反ユダヤ主義の高まりから逃れてきた人たちであった。この期間はパレスチナにおいて、ハガナー（防衛組織）、ヒスタドルート（労働総同盟）、ヘブライ大学など各種のユダヤ人機関が設立された時期でもある。またこの十年間は右翼の活動が活発になった時期でもある。その代表的なものは、労働党に対抗して生まれ、ウラジミール・ジャボチンスキーに率いられた「シオニスト修正派同盟」である。この「修正派同盟」とダヴィド・ベン・グリオンが次第に実権を握るようになった「労働党」の間の軋轢は一九三〇年代に入り激しくなっていった。その表れの一つが、「修正派同盟」のハガナーからの脱退と独自の軍事組織「イルグン」の結成である。

こうした状況下、ユダヤ人の存在に対するアラブ人の反感は強まっていった。これには様々な要素があった。貧しいアラブの農民フェラヒーン（小農民の意味）が居住する土地を所有する有力な一族は、現状が改革されること、とりわけ西欧思想に通じたユダヤ人がヨーロッパ流の政治制度を持ち込んでフェラヒーンに民主的思想を植え付けることを極端に警戒した。また一般のアラブ人の目には、ユダヤ人移民は、かつて自分たちの祖先が住んだ土地に祖国を再建しようとする古代中東の民ではなく、新たな西欧からの植民地主義者と映った。さらにイスラム教徒の立場からすれば、ユダヤ人が増加し自らの主権国家を打ち立てたら、イスラム世界において従属すべき立場にあるズィンミに反するものとなる。さらに、四世紀にわたってオスマン帝国に従属し、今またイギリスの支配下にあるアラブ人にとっても民族的独立の願いはやみがたいものであった。一九二九年、ムフティの敵意をかき立てる激しい煽動により、アラブ人のユダヤ人に対する残忍な攻撃がエルサレム、ツファト、そして特にヘブロンでは大規模に起こった。こうしたアラブ人の感情をなだめるため、イギリスはユダヤ人の移民をしばらくの間停止した。

しかしこうした状況にもかかわらず、一九三〇年代に入るとヨーロッパのユダヤ人迫害の様相は一層厳しくなったため、パレスチナへの移住者はますます増加し、さらにユダヤ人とアラブ人の緊張も高まった。こうした緊張は、イギリスとフランス対ドイツとイタリアの敵対関係が強まるにつれさらに悪化した。第六章でも述べたように、アラブの民族主義者は、憎むべきイギリスやフランスの植民地主義に対抗する存在としてドイツに親近感を感じており、さらにナチス・ドイツの反ユダヤ政策はパレスチナのユダヤ人を敵とする彼らにとって大きな援軍となった。一方イギリスは、新たなヨーロッパ大戦の脅威を前にして、アラブ人をなだめるとともにパレスチナ支配を維持し、重要な港であるハイファとスエズ運河を確保しようとした。そのためアラブに対する配慮が強まり、当然のようにその分だけユダヤ人に対する配慮は減少した。

一九三六年にムフティの指導のもとで「アラブ高等委員会」が結成され、ドイツ、イタリアの支援のもとで反ユダヤの宣伝活動を始めた。その結果、アラブ人のユダヤ人定植地に対する相次ぐ襲撃が行われた。イギリスは当初は不干渉の立場を採ったが、襲撃がイギリス軍の駐屯部隊にまで及ぶようになると、ハガナーが反撃するのを公然と支援し、さらにハガナーを訓練するためにイギリス軍士官を派遣することまで行った。

こうした衝突は一九三九年まで続いたが、その間、イギリスはパレスチナ政策の見直しを進めた。イギリスの委任統治の問題を検討するために設置された「ピール委員会」は、ユダヤ人とアラブ人の民族的願望はともに折り合うことが不可能であり、パレスチナは両者の間で再分割されるべきであるという結論を出した。新しい案は、ユダヤ人国家は沿岸地域とガリラヤ地方、イズレエル峡谷を領土とし、アラブ人国家は中央高地とネゲブを領土とし、イギリスがエルサレム、ヤッファ、ナザレを飛び領土として保持するというものであった。ユダヤ人はこの案を受け入れるべきか否かで意見が分かれた。労働党はおおむね受け入れ派であったが、修正派は反対した。アラブ側はこの案を断固拒絶した。一九三七年にはふたたびアラブ人の襲撃が再発し、さらに引き続き行われた分割のための会議に、シオニスト側は出席したにもかかわらずアラブ側が出席を拒否したことから、イギリスはこの案の実行が難しいことを確信した。そこで一九三九年にイギリスはかの悪名高い「白書」を発表し、ユダヤ人のパレスチナへの移住を厳しく制限し、バルフォア宣言の実質的な撤回を行った。このイギリスの裏切り行為はパレスチナのユダヤ人居住地に大きな打撃を与えたが、一方イギリスも、同年後半に大戦が始まった際、アラブがドイツ、イタリアを支援するのを妨げるというその目的を達成することができなかった。こうして大戦が激化する中、パレスチナ問題は先送りされることになったのである。

第二次世界大戦はユダヤ人の立場を政治的に難しいものにした。イギリスは明らかにユダヤ人にとっては敵対する存在であったが、ドイツを敗北させるためには手を組まなければならなかった。何と言っても、ドイツの勝利はユダヤ人の歴史そのものを完全に地上から消し去る可能性があった。結局第一次世界大戦のときと同じく、イギリスに積極的に協力することによりイギリスの信頼を得、戦後の見返りを期待することとなった。こうしてパレスチナのユダヤ人の多くがイギリスのために戦った（大戦末期の一九四四年にはユダヤ人部隊が結成され、ダビデの黄色い星をつけた旗をその隊旗としていた）。ただこうした状況にもかかわらず、一九四二年にリビアにおいてドイツ軍が敗北してからは、ユダヤ人とイギリス政府との間はふたたび微妙なものとなっていった。イギリスはユダヤ人に対する武器の供給を制限し始め、またユダヤ人難民を乗せてヨーロッパからパレスチナに向かった船の上陸を拒み、結局そのうちの何隻かは沈没したあげく、何百人もの命が失われた。

戦争直後、ヨーロッパの難民収容所に収容されていた何万ものユダヤ人の窮状を救うためには、パレスチナを開放し、彼らを自由に移住させるしか方法がないとの見方が世界的に大勢となった。しかし、イギリスとアラブはその考えに同調せず、イギリスは地政学的戦略から戦前と同じようにアラブに対する配慮を第一と考えた。その状況は、冷戦の始まりとともにソ連がドイツに取って代わってイギリスの敵となったこと、イギリスがアラブのパトロンとなったこと以外は以前と全く同じであった。難民を満載したぼろ船がヨーロッパからパレスチナに到着しても、イギリス軍に追い払われるかあるいは公海上で取り押さえられた。修正派は委任統治政府に対して宣戦布告をし、抵抗運動を開始した。さらに過激なグループのシュテルン団は政治的暗殺でイギリスに対抗しようとした。一九四六年には何千ものユダヤ人が逮捕され、ユダヤ人の持っている武器は押収された。その報復として、イルグンは委任統治政府の多くの事務所が入っていたエルサレムのキング・ダビデ・ホテルを爆破した。

ユダヤ人代表機関やパレスチナのその他のユダヤ人公的組織は、こうした過激主義を人道上からまた戦略的見地から否定した。彼らにとってはこうした過激派の跳ね上がり的行動が自分たちの権威そのものを弱めることを恐れたのである。当初彼らはイギリス軍が過激派を逮捕するのにも協力したため、ユダヤ人社会内部の右派と左派の関係は完全に断絶した。過激派の暴力に対してイギリスは大量逮捕で応じ、さらにキプロスに不法移住者（彼らはドイツの死の収容所から解放されたばかりの人たちであった）を収容する拘留施設を建設した。難民船の中にはハガナーの助けでイギリス軍の封鎖をかいくぐって上陸に成功した船もあった。いくつかの激しい衝突があり、なかでもエクソダス号船上で繰り広げられた泥まみれの難民とイギリス軍との間の戦いは有名である。イギリスの頑なな姿勢にユダヤ人の反感は強まり、穏健派さえも委任統治政府に対して反旗をひるがえし、その結果ふたたび右派と左派は大同団結することになった。パレスチナの指導者は一致してイギリスの政策に反対することを確認し、いまやイギリスと、パレスチナのユダヤ人の間は戦争状態になった。

ユダヤ人とアラブ人の相反する利害の調整をあきらめたイギリスは、事実上この問題を投げ出した形で国際連合に委ねた。一九四七年十一月二十九日、国連総会はパレスチナの再分割をめぐって投票を行った。その案によると、ユダヤ人国家はガリラヤ地方と沿岸平野、それにネゲブからなり、エルサレムは国際管理地区に、残りの地域がアラブ人国家に属するとなっていた。この動議は、アメリカ合衆国と意外なことにソ連によっても支持された。一九四五年にカイロで設立されたアラブ連盟は、パレスチナのアラブ人を代表してこの案に対し武力で反対することを声明した。イギリスはこの案の遂行に協力しないことを表明したため、いまやこの案が実行されるか否かはパレスチナのユダヤ人と世界のユダヤ民族の手に委ねられたかたちとなった。イギリスの委任統治の終了日は一九四八年五月十四日と定められた。その日にテルアビブにおいてダヴィド・ベン・グリオンはユダヤ人機関の代表としてパレスチナに「イスラエル」という名前のユダヤ人国家の成立を宣言した。

しかし、その日を待たずして、独立をかけたイスラエルの戦いはすでに始まっていた。

1947年11月の国連決議による分割案

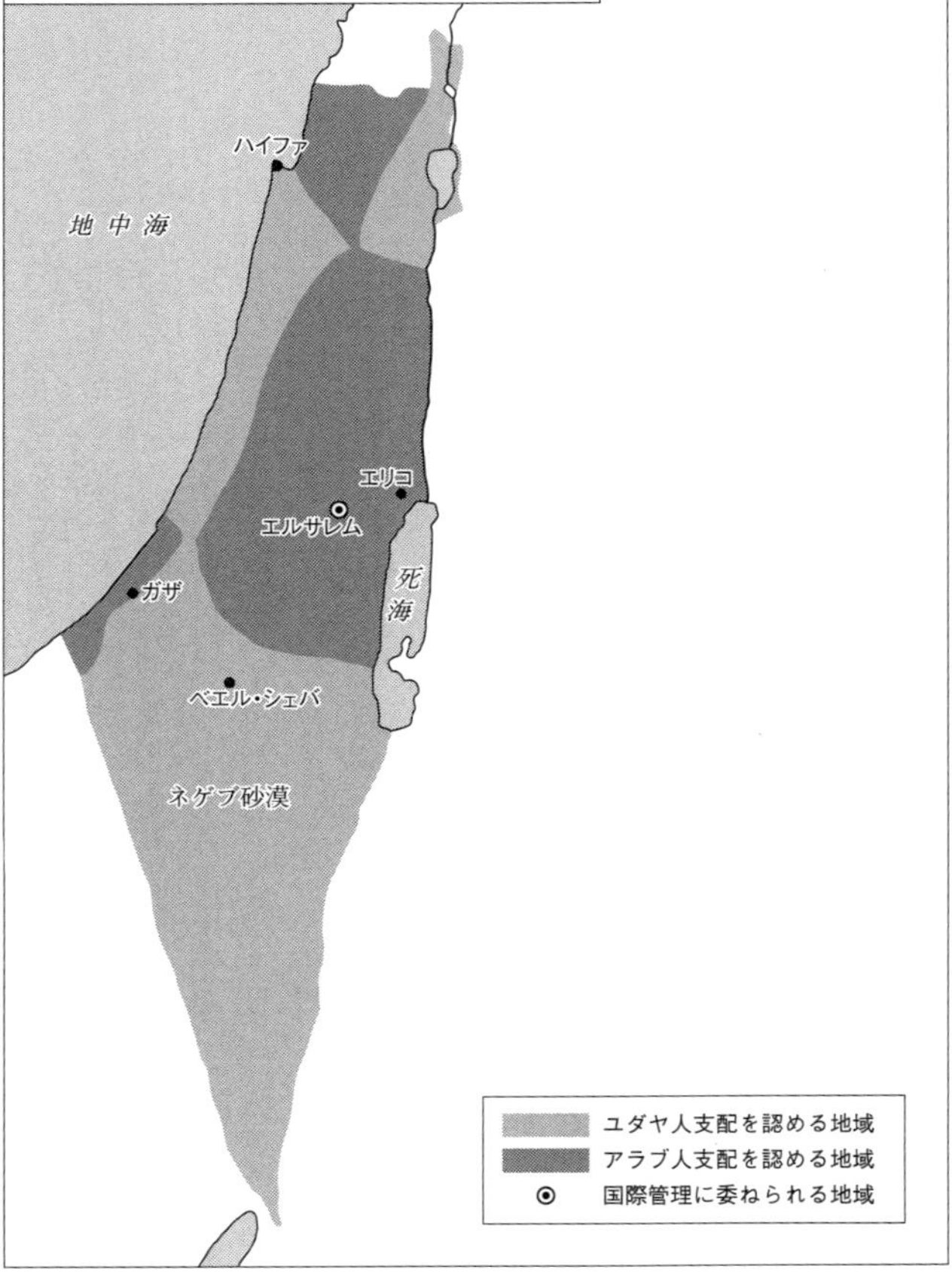

第十一章　一九四八年以降のユダヤ人

イスラエル

一九四七年十一月二十九日、国連はパレスチナを分割し、ユダヤ人国家とアラブ人国家を建設する案を可決した。すると直ちに周辺国家からアラブ人ゲリラがパレスチナに侵入を開始し、ユダヤ人居住地を襲撃し始めた。イギリス軍はこの動きを傍観し、ユダヤ人の武装解除を進めたが、ユダヤ人はかろうじて居住地の大部分を持ちこたえることに成功した。一九四八年五月十四日、イスラエルが独立を宣言し、イギリスの最後の部隊が撤収すると、ヨルダン、イラク、シリア、レバノン、エジプトの正規軍がサウジアラビアとイエメンの援助のもとに一斉にイスラエルに大規模攻撃を仕掛けた。

アラブ側七カ国の巨大な軍事力と地理的条件を考えると、イスラエルの勝ち目はほとんどないと思われた。しかし、一九四九年二月から七月にかけて各国と休戦協定が交わされた時点において、イスラエルはガリラヤ地方、沿岸地域、ネゲブ、エルサレムへの交通路さらにエルサレム市街の西部地域をその支配下に収めていたが、これは分割案で定められたよりも広い地域であった。ヨルダンはヨルダン川西岸の丘陵地(今は西岸地区として知られる地域で、元の分割案ではアラブ国家のものとなるはずであった)とオスマン帝国時代の壁の内側の旧市街を含むエルサレム市街東側(国際管理されるはずの地域であった)を占拠した。

新たにイスラエル管理下となった地域に住んでいたアラブ人住民の多くは、アラブ軍あるいはイスラエル軍の命令により追われるか、戦禍を逃れて避難した。イスラエル側による残虐行為についても、少なくとも一件ディール・ヤシーン村において住民大量虐殺事件が行われており、このためアラブ人住民の避難に一層拍車がかかった。アラブの指導者たちはこうした避難民に対し、アラブ諸国は必ずふたたび結束して戦いに戻り、彼らを元の土地に戻すことを約束した。避難民たちは、周辺国家に吸収されることはなく、難民キャンプに収容されたが、そこは絶望と貧困の渦巻く半永久的な居留地となり何世代にもわたるイスラエルへの憎しみを涵養する温床となった。

一方イスラエルは国家建設への道を歩み始めた。一九四九年一月に総選挙が行われ、引き続き国会(クネセットと呼ばれる)が召集され、ダヴィド・ベン・グリオンを首相とし、ハイム・ヴァイツマンを大統領とする最初の政府が樹立された。古代国家における役割と歴史的象徴性を考慮し、エルサレムが首都に選ばれたが、アメリカを始めいくつかの国はその承認を拒否した。

イスラエル建国に伴い、中東や北アフリカから大量のユダヤ人難民がイスラエルに押し寄せた。これは、アラブ諸国内での彼らの立場が厳しくなったためであり、これらの人々にヨーロッパの大戦をくぐり抜けて生き残った難民が加わった。クネセットは「帰還法」を制定し、ユダヤ人難民に直ちに市民権を与えた。新生国家は何よりも多くの国民を必要としていたが、実際問題として文化的、文明的に進歩の度合いが大きく異なる地域からの雑多な移民を受け入れることは経済的、社会的に大きな困難をもたらした。

歴史的にもいまだかつてないほどの大量の移民を受け入れながら、片方では政治的緊張とも絶えず戦っていかなければならなかった。アラブ諸国はイスラエル独立戦争後もけっして平和を求めたわけではなかった。ヨルダンとエジプトはフェダーイと呼ばれるゲリラを組織し、イスラエル国内で小規模の待ち伏せ攻撃などを繰り返した。アラブ諸国はイスラエルそのものを目標にするだけではなく、イスラエルとビジネスをしている企業やイスラエルの港に立ち寄っている船会社もボイコットした。イスラエルはアラブ諸国の空域を使用することを禁止され、イスラエルを訪問したことのある旅行者やイスラエルのビザを持っている旅行者はアラブ諸国への入国を拒否された。エジプトはイスラエルにスエズ運河の使用を禁止し、イスラエルの南の港エイラトへの交通を封鎖した。ヨルダンはユダヤ人がエルサレムの聖地（大部分がヨルダンの占領区域にあった）に足を踏み入れることを禁じ、用意周到に聖地を冒瀆した。アラブ諸国はイスラエル国家の存在を認めないばかりでなく、その名称を呼ぶことさえも拒否した。そのため数十年間にわたり、アラブ諸国の新聞ではイスラエルは「シオニスト組織」と呼ばれていた。

冷戦の間、中東は米ソ間の紛争地域のひとつであった。ソ連は武器を供給することによりアラブ側を自陣営に取り込んでおり、特にシリアとエジプトとは親密な関係にあった。エジプトはアラブの拡大と統一を目指す攻撃的な汎アラブ主義者のガマル・アブデル・ナセルに率いられていた。彼はソ連の後押しによりスエズ運河の国有化を試み、同時にフェダーイをイスラエルに送り込んで攻撃を仕掛けた。一九五六年十月二十九日、イギリスとフランスはイスラエルと共謀してエジプトを攻撃した。まずイスラエル軍がシナイ半島に進出し、多数のエジプト軍兵士を殲滅し、一週間でシナイ半島を占拠した。その後、エジプト軍とイスラエル軍を分離するという名目でイギリス軍とフランス軍がスエズ地区に入り、スエズ運河を取り戻したのである。この行動に国際世論が激しく反発したため、イスラエルはシナイ半島を放棄し、その代償として国連からイスラエルとエジプトの国境地帯の安全確保とエジプトのエイラト港封鎖の解除を得た（イスラエルのスエズ運河使用は認められなかった）。しかし、冷戦下においては国連の保障の実効性は期待できず、イスラエルは相変わらず絶え間ない襲撃にさらされることになった。

こうした襲撃はあったものの、イスラエルはその後の約十年間は比較的平穏な時代を迎えることができた。経済的、社会的発展に力を注ぎ、アラブ世界、共産圏、南アメリカ、オーストラリア、南アフリカなどから絶えず流入してくる移民の吸収に努めた。一九五九年には西ドイツと国交正常化を図り、西ドイツは第二次世界大戦中のユダヤ人に対する行為への賠償金としてイスラエル経済への何百万ドルもの投資を約束した。この賠償金問題はイスラエル国内で大変な議論となった。というのは、実際に虐待を受けた多くの人たちにとっては、いかなる形の和解もとうてい受け入れられるものではなかったからである。結局、ベン・グリオンの決断によって賠償金の受け入れが決定し、その投資がイスラエルの新しい経済発展に大きく寄与した。

一九六〇年、イスラエル国民はふたたびホロコーストの記憶と対面しなければならなかった。ナチスの高官でユダヤ人殲滅計画の実行に広く関与していたアドルフ・アイヒマンがイスラエル諜報機関の手でアルゼンチンで逮捕されたのである。エルサレムで行われたアイヒマンの裁判は、ドイツがユダヤ人に対して行った行為の残虐性を世界に知らしめる機会として、またユダヤ人に対し自分の国家を持つことがいかに重要なことかを認識させる機会として利用された。アイヒマンは一九六二年、イスラエル法では唯一死刑が適用される人間性に対する犯罪のかどで絞首刑にされた。

ソ連は引き続きアラブ諸国、とりわけシリアとエジプトに対して援助の手を差し伸べていた。一九六七年にイスラエルとシリアの間の緊張が高まったとき、ナセル大統領はソ連の勧めもあり、この機会にイスラエルに対し長年の恨みを晴らそうとした。エジプトとシリアは、イスラエルが北側国境付近に兵力を動員して攻撃を準備していると非難した。ナセルはシナイ半島に兵を動員し、国連緊急軍を放逐して、エイラトへの交通路を遮断した。この事態を見たヨルダンのフセイン国王はエジプトの勝利を確信し、彼の軍隊をエジプトの指揮下に入れ、他の数カ国のアラブ諸国もこれにならった。

エジプト、イラクおよびパレスチナ解放機構（この組織については後述する）による戦争準備の進行とイスラエル殲滅およびユダヤ人虐殺を謳った血なまぐさい宣言に接し、イスラエルは一九六七年六月五日、突然先制攻撃をかけた。イスラエル軍は三時間以内にエジプトの全空軍力を破壊し、わずか三日間でガザ地区とシナイ半島全域を占領した。ヨルダンがエルサレムを攻撃すると、イスラエル軍はそれに反撃し、旧市街、東エルサレム、ヨルダン川西岸地区全域を占領した。シリアからは砲撃が続いたが、それに対しては戦略的に重要でしかもイスラエル北部の低地居住区を砲撃する足場となっているゴラン高原を占拠した。またイスラエルは直ちに東エルサレムを併合し、ヨルダン川西岸地区、ゴラン高原それにガザ地区を支配下においた。以上はわずか六日間の出来事であった。

イスラエル国民は、彼らの生存を脅かそうとした相手を完膚なきまでに叩きのめし、エルサレムの聖地を取り戻したことにおおいに沸き上がった。イスラエルは、占領した地域が、アラブ諸国がイスラエル国家を承認し、一九四七年以来続いた敵対関係を最終的に解消するための交渉の切り札になると確信していた。しかしアラブ諸国は依然としてイスラエルの存在を認めないばかりか、一九四七年の分割案（アラブ諸国は当時この案を拒否していた）の国境線に基づいて占領地を返還することを要求した。さらにたとえその国境案が認められたとしても、和平協定には調印しないと宣言した。そしてエジプトと

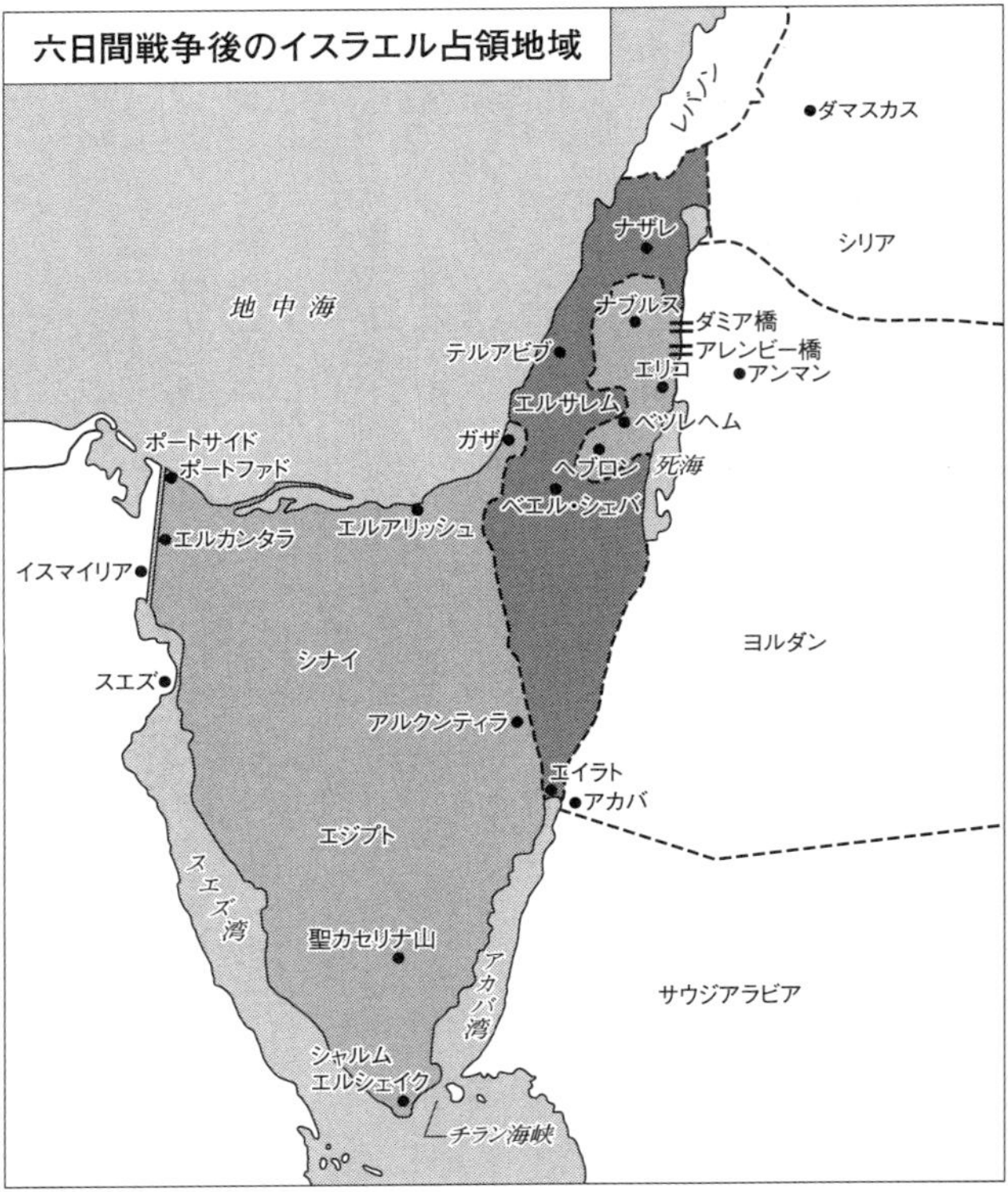
六日間戦争後のイスラエル占領地域
レバノン
ダマスカス
ナザレ
シリア
地中海
ナブルス
ダミア橋
アレンビー橋
テルアビブ
エリコ
アンマン
エルサレム
ベツレヘム
ガザ
ポートサイド
ポートファド
ヘブロン
死海
ベエル・シェバ
エルアリッシュ
エルカンタラ
イスマイリア
ヨルダン
シナイ
スエズ
アルクンティラ
エイラト
アカバ
エジプト
スエズ湾
聖カセリナ山
アカバ湾
サウジアラビア
シャルム
エルシェイク
チラン海峡

イスラエルの間では断続的な戦闘が一九七二年まで引き続いた（この間を「消耗戦」期間と呼んでいる）。

こうしていまやイスラエルが百二十五万人のアラブ人住民が暮らす地域をその支配下に持つという不穏な状態が出現したわけであるが、この事態が将来引き起こす深刻な問題について、勝利に酔いしれるイスラエルの中で正確に予知した者はほとんどいなかった。

イスラエルの戦争は近隣諸国を相手としたものであり、近隣のそれぞれの国家は自らの利益のため、あるいはアラブ民族主義という大義のために戦っていたが、これらの国は実際にパレスチナに住んでいる住民やあるいは難民キャンプで苦しい生活を余儀なくされている彼らの同胞の利益を代弁していたわけではなかった。そのためイスラエルによる東エルサレムとヨルダン川西岸地域の征服に伴い、パレスチナ民族主義（アラブ民族主義に対抗する形で）がこれらの地域で芽生え、活発化し始めた。パレスチナ解放機構（ＰＬＯ）として知られるパレスチナのアラブ人を統合した組織が一九六四年に結成されていたが、一九六八年にはパレスチナのアラブ人のイスラエル支配からの解放、パレスチナのアラブ人の尊厳の復活、イスラエル国家の撲滅、同地におけるパレスチナのアラブ人による国家の建設を宣言した。

ＰＬＯの中で最も活発に活動したのが、一九六七年以降ＰＬＯの代表を務めているヤセル・アラファトに率いられたゲリラ組織ファタハであった。ＰＬＯはイスラエル国内のみならず中東以外の地域においても飛行機のハイジャックやユダヤ人施設の破壊などのテロ活動を世界中で繰り広げた。ＰＬＯはヨルダンをその活動基地としていたが、国内に不安定をもたらすとしてフセイン国王の命令で力ずくで追い出された。その後、拠点をレバノンにつくり、そこからハイジャックや誘拐、殺害などの指令を出した。最も悪名高いテロ行為は、一九七二年のミュンヘンオリンピックの際にイスラエル選手が宿舎で殺害された事件である。

ところでこうした厳しい状況にもかかわらず、イスラエル国内の発展は一九六七年以降も続いた。表面的には将来への明るい見通しが大勢を占め、経済的発展がそれに拍車をかけた。ソ連からの移民とヨーロッパ諸国との良好な関係が経済成長を持続させ、さらに海外から多数の観光客が押し寄せてお金を落としていった。こうした比較的平穏な日々が続くうちにイスラエル軍部の中に緊張の緩みが忍び込んでいったことは否めない。エジプトとシリアは、それぞれ奇襲攻撃により一九六七年の六日間戦争の結果を覆し、スエズ運河とゴラン高原を奪回する機会をうかがっていた。イスラエルの諜報機関は、エジプトとシリアが密かに兵を動かしている情報をつかんでいたが、その動員が持つ意味を正確に分析することには失敗した。一般国民はこうした事態を知らされておらず、エジプトとシリアの攻撃のあるその日までいかなる形の動員も行われなかった。

奇襲攻撃の決行日として選ばれたのは一九七三年十月六日のヨム・キプール（贖罪の日）だった。それほど宗教的でない人たちでさえ祝うこのユダヤ教の祝日に攻撃を受けため、軍はシナゴーグを回って兵士を駆り集めなくてはならなかった。イスラエルの北部とシナイ半島に同時に押し寄せた圧倒的な大軍の攻勢は、イスラエルにとって一九四八年建国以来の最大の存亡の危機をもたらした。しかし、イスラエル軍はこうした不利な状況にもかかわらず、両戦線で幾分か後退はしたもののなんとか持ちこたえていた。ソ連はエジプトとシリアを支援するため大量の軍用資材の空輸を始め、一方アメリカはイスラエルに対する軍事輸送でこれに対抗した。イスラエルはすばやく反攻態勢を整え、シリア軍の戦線を突破し、ダマスカスを目指した。シナイ半島ではスエズ運河を越え、アメリカとソ連の合意により停戦の声がかかるまでに二十五マイルもエジプト領内に侵攻していた。こうしてはるかに少ない兵員と軍備にもかかわらず、イスラエルは再び軍事的優勢を示すことになったが、今回の勝利はイスラエルにとっては苦い勝利だったといわざるを得ない。

この奇襲攻撃はイスラエル社会に長い間トラウマとして残った。それまでイスラエル社会の指導者として大きな業績をあげてきた人物の中にも、この事件を契機として国民の信頼を失った者もいる。国民の軍部に対する信頼は傷つき、いつまで経っても本当の平和協定が結べないことに対する焦燥感が募った。さらに、北部地域で繰り返されるPLOによるテロがこの心情を悪化させた。こうした中で起こったテロリストによるフランス航空機ハイジャック事件は最も劇的な事件としてイスラエル国民に大きな衝撃を与えた。ハイジャックされた飛行機はテロリストの要求によりウガンダのエンテベ空港に降り立った。それに対し、ヨナタン・ネタニヤフ(後に首相となったベンジャミン・ネタニヤフの兄)に率いられたイスラエル軍特殊部隊は、大胆にも直ちにエンテベに空路向かい、テロリストに奇襲攻撃をかけて人質を解放し、イスラエルに連れ帰った。ネタニヤフはこの攻撃の際に亡くなったが、国民的英雄となり、殉教者として奉られた。

この時期、イスラエルを悩ませた問題には次のようなものがある。(一)国際的支持の急降下——特に一九七五年、国連総会がシオニズムを一種の人種差別主義とする宣言を決議したことはイスラエルにとって大きな痛手であった(二)経済的苦境(三)移民の減少(四)アラブや中東からの移民のアシュケナジム支配の政治、文化状況に対する不満(五)労働党内部の腐敗(六)最大の問題はどれだけ苦難の道を経験しようとも近隣諸国との関係の正常化が難しいと認識せざるを得ないこと、であった。

国民の不満は一九七七年の総選挙で大きな変化となって表れた。すなわち、かつての修正派の後継党でずっと野党であったリクード党が初めて政権を取ったことである。リクード党は前のイルグンの指導者であったメナヘム・ベギンが党首を務めていた。

一九七七年十一月、エジプトの大統領アンワル・サダトがイスラエルのクネセットを訪問して演説を行い世界中を驚かせた。その直後から始まったエジプトとイスラエルの和平会議は、アメリカ大統領ジミー・カーターの斡旋によるものであった。カーター大統領は両国が袋小路から抜け出せないでいる状況をなんとか打開しようと、一九七八年にキャンプ・デービッドで両者の会談を設定した。会談でイスラエルは、イスラエル国家の承認と両国関係の正常化を条件に、シナイ半島全域をエジプトに返還することに同意した。このようにベギンとサダトの間で協約が結ばれた背景には、エジプトの経済的行き詰まり、冷戦の進行、サダト自身の個人的人柄、それにカーターの粘り強い説得などがあった。

両首脳にとって今回の交渉はそれぞれ大きな賭けであった。しかし、ベギンの決断はイスラエル国内では事態を打開するための必要な譲歩として好意的に受け止められた。これには彼自身が強硬派としてならしてきたことが逆に幸いしたところもある。一方、サダトはアラブ全体を敵にまわす結果となり、一九八一年、軍のパレードを観閲中にイスラム教狂信派の手によって暗殺された。イスラエルとエジプトとの間には、その後多少の変動はあったものの、いわゆる「冷たい平和」といった状況が何年もの間保たれた。

和平交渉の翌年、ベギンは初めて、国家存立への直接の脅威に対抗する手段ではない軍事行動に出た。レバノン国内の複雑に絡み合う各派――PLO、シリア、レバノン人キリスト教徒、レバノン人イスラム教徒など――の利害関係を背景に、ベギンと国防大臣アリエル・シャロン将軍は一気にPLOを南レバノンの基地から追い出し、イスラエル北部のユダヤ人居住地に対する彼らの攻撃を完全にやめさせようとした。この軍事作戦は短期間で成功し、南レバノンに安全地帯を確保することができた。しかしシャロンはさらに作戦を進め、イスラエル軍はベイルートでPLO勢力を追いつめ包囲するまでその手を緩めなかった。またこのとき、レバノン人キリスト教徒がイスラエル監視下にあるサブラとシャティラのパレスチナ人難民キャンプを襲って避難民を虐殺する事件が起こったが、シャロンがこの事態を黙認していたのを知ったイスラエル内外の世論は激昂した。

このレバノン戦争は、PLOのレバノン国内における基盤を破壊し、彼らをチュニジアに追い出すことには成功したが、レバノン国内におけるシリアの立場を強めるとともにイスラエルの国際社会における支持を弱める結果となった。イスラエル国内においても、政治的見返りが少ないわりにイスラエル兵士の損害が非常に大きいことが問題となり、国民は大きな不満を持った。イスラエルがレバノンから撤退したのは、首相が代わった後の一九八五年のことであった。レバノン戦争の失敗はベギンにとっても精神的に大きな痛手となり、彼は一九八三年、妻の死を機会に引退をした。

一九八〇年代に入ると、イランに支援されたイスラム原理主義過激組織「ヒズボラ」の新しいタイプのテロ活動の登場により、北からのゲリラ活動は様相を変えた。しかし、一九八七年以降のパレスチナ問題の状況に大きく影響を与えたのはこうしたテロリストよりもむしろパレスチナの一般大衆であった。ガザ地区では、イスラエルの占領政策に対して、自然発生的な抗議行動が起こった。遠くチュニジアから、PLOはアラビア語で「インティファーダ」と呼ばれるこの一斉蜂起をそのコントロール下に置こうとし、数週間後に「連帯の日」を持つことを指示した。この「連帯の日」にはイスラエル国内のアラブ人も連帯を表明しデモを行った。さらにそれに引き続く長期間、ストライキやデモ行進、それにヨルダン川西岸地区とガザ地区の占領に抗議する市民行動が行われた。イスラエル軍の容赦ない報復にもかかわらず、こうした暴動は続いた。インティファーダは幼い子供や十代の少年たちがイスラエル兵に向かって石を投げる殺伐とした恐ろしい姿で象徴されるようになり、彼らと年齢的にそう違わないイスラエル兵たちは報復の本能と子供たちを撃つ恐怖との狭間に苦しむことになった。

その後何年にもわたって不穏な状態が続いた。パレスチナ住民の暴動に対してイスラエルは、夜間外出禁止令、テロリストの家の破壊、西岸地区の学校や大学の長期閉鎖、大量拘束などで対抗したが、結局それは暴動を一層過激にするだけであった。一九八八年、ヨルダンのフセイン国王は公式に西岸地区の権利放棄を表明し、同年後半にアラファトはイスラエル国家とパレスチナ国家の併存を認める用意があると公に述べた。しかし、こうした発言もイスラエルの首相イツハク・シャミルの頑なな姿勢を変える効果はなく、彼はPLOの存在を認めないばかりか、占領地区へのイスラエル人の移住を積極的に進めて緊張をさらに高めた。

一九九一年、湾岸戦争とソ連崩壊の余波の残るなか、アメリカのブッシュ大統領はイスラエルとアラブ諸国の間の交渉を開始すべく最大限の努力を行った。会談はまずマドリードで、後にワシントンで行われたが、これらはイスラエルとアラブ諸国の代表者が初めて直接顔合わせする意味において画期的なものであった。ただ、イスラエル政府はアラブ諸国の政府代表とだけ交渉することを主張し、PLOについては交渉相手として認めなかった。

一九九二年にイツハク・ラビンに率いられた労働党が政権を取ったとき、一つの転機が訪れた。インティファーダが日に日に激化していくなかで、イスラエル社会は、平和をもたらすためには西岸地区とガザ地区のパレスチナ人に一定の自治を認めることが必要と考えるグループと、それを認めるのはイスラエルにとって自殺行為と同じかあるいは神の意志に反する、またはその両方であると強力に主張するグループに分かれていた。独立戦争と六日間戦争の英雄であり、なおかつ元強硬派でイスラエルの防衛問題に通暁していることで知られているラビンは、イスラエル国民にとってインティファーダによる損害は、占領地域を維持することによって得られる利益よりも大きいと結論づけた。外務大臣シモン・ペレスの巧みなリードもあり、ラビンはＰＬＯとの対話を原則的に了承した。アメリカの仲介するワシントンでの交渉が遅々として進まないなか、一九九二年と一九九三年に別の会談が密かにオスロで行われていた。それが成果となって表れたのが一九九三年九月十三日、ホワイトハウスの芝生の上での感動的な調印式で取り交わされた「共同宣言」である。この宣言でイスラエルは初めてＰＬＯをパレスチナ人の代弁者として認めたのだった。この宣言では、イスラエルの段階的な占領地域からの撤退と、それに取って代わる形で「パレスチナ自治政府」と呼ばれるパレスチナ人機関による管理が行われることが合意された。難問であったエルサレムの扱いと他の詳細な取り決めについてはさらなる交渉で決定することになった。クリントン大統領とラビン、アラファト両者がともに握手する姿は、一九七八年のベギン、サダト、カーターの三者による歴史的な握手の再現を思わせ、新しい時代の幕開けを予感させた。

この合意は、イスラエルと中東全体に楽観的な見通しを広めた。長い間イスラエルとの関係の正常化を静かに待ち望んできたヨルダンは、イスラエルと平和条約を結んだ。他のアラブ諸国の中にもイスラエルとの緊張関係を緩和しようとする動きを見せるところが出てきた。こうした安定の兆しは海外からの投資の増加にもつながった。にもかかわらず、イスラエルとアラブの双方で多くの住民がこの同意に裏切られた思いを持ったことも事実である。

多くのパレスチナ人は、この同意がパレスチナ人に対して独立した国家としての地位を認めるのではなくて、定義のはっきりしないパレスチナ人組織に段階的な自治権を与えるという形を採っていることに憤慨した。ヤセル・アラファトの指導力に公然と不満を唱える者も現れた。イスラム原理主義者、中でも過激派組織ハマスは、ユダヤ人国家そのものの合法性を認めず、そのためユダヤ人国家を認めることを前提に存立するパレスチナ自治政府も認めなかった。一方多くのユダヤ人にとっても、ユダヤ人国家の撲滅を公然と唱え、実際多数のユダヤ人犠牲者を生み出してきた元テロリスト集団を尊重せよとの指示は急には受け入れがたいものであった。そして正統派ユダヤ教徒の多くは、たとえその一部であっても聖地の主権を失うという考えは承服できなかった。過激派の暴力は引き続き、最終的解決への進行を遅らせていた。

最終的平和解決への望みは一九九五年十一月四日、テルアビブでの平和を求める大デモ行進の最中にイツハク・ラビンが狂信的ユダヤ主義者の手によって暗殺されたときに砕け散った。ラビンはある意味で大衆を平和への道に導くことのできる唯一の存在であった。彼の後継者シモン・ペレスはラビンと同様にパレスチナ人との和解に深く関与してきたが、テロリストの活動が頻発するなか、大衆を平和へと説き伏せるには力不足であった。一九九六年の二月と三月にはパレスチナ人による自爆テロが相次ぎ、労働党政府は退陣に追い込まれ、わずかの差でリクード党政権が誕生した。新しく首相となったベンジャミン・ネタニヤフは「安全の伴う平和」をスローガンとしたが、オスロでの協定の重要な部分の履行を遅らせ、占領地域や東エルサレムで正統派ユダヤ教徒入植者の立場を強める政策を着実に進めた。

イスラエルとパレスチナ人の関係は加速度的に悪化の道をたどり、いまやそれは恒常的状態になりつつあった。若いパレスチナ人がハマスの勧誘により訓練を受けて自爆攻撃や破壊工作を行い、その結果ユダヤ人に犠牲者が出る。イスラエルの指導者はパレスチナの指導者に対し、オスロ協定で取り決められたテロ行為の防止に、彼らが取り組んでいないことを非難する。そして、占領地域の住民に対しては長期間あるいは短期間イスラエル領域への通路を封鎖する。こうした方策は確かにテロリスト活動を抑制する効果があったが、パレスチナ人の経済活動に深刻な損害を与え、彼らのイスラエルに対する怒りを一層募らせる結果となった。パレスチナ人の怒りはＰＬＯに対しても向けられ、過激派イスラム原理主義組織ハマスの勢力拡大に結びついた。

リクード党政権の西岸地域の正統派ユダヤ教徒入植者への持続的な支援や、東エルサレムでの新たなビルの建築計画などは、パレスチナ人への継続的な挑発的行為となった。また、正統派ユダヤ教徒のイスラム教徒に対する残虐行為も起こった。最も悪名高いのは一九九四年にヘブロンで起こった、「長老の墓所」で祈りを捧げていた二十九人のアラブ人を虐殺した事件である。こうした事件はそれぞれ相手側の強硬主義者の勢力を一層強める結果となった。

イスラエル国家建設から五十年、最初のシオニスト会議から百一年、いまやイスラエルは強力で、近代化した、民主的な繁栄した国家として存在している。果たして本当に建国できるのだろうか、あるいは本当に存続できるのだろうかといった疑い――この疑問は一九六七年まで続いた――はいまや完全に打ち消された。現在問題となっているのは、果たしてどういった将来を築くことができるかである。パレスチナ人との関係においては、近い将来に解決される見込みはほとんどなく、慢性的な暴力状態との共存を余儀なくされており、イギリスの抱える北アイルランド問題やスペインの抱えるバスク問題と同様の様相を呈している。また、一般のユダヤ人と、ユダヤ教を重視するユダヤ人との乖離が、かつてシオニストたちが描いた、すべてのユダヤ人が調和して暮らす近代的で民主的国家というイメージを色あせたものにしてしまう可能性も指摘されている。

しかし、こうした様々な様相を抱えながらも、イスラエル国家の基盤がいまや強固なものであることは疑いようがない。

ディアスポラ

イスラエルの独立以前に、世界のユダヤ人人口の分布は大きく変化していた。ヨーロッパにおいて大きく変動しなかったのはイギリスとスイスだけで、ヨーロッパ大陸においては何百万人もが殺され、また何百万人もが逃れ出たため、ユダヤ人の存在はほとんど取るに足らないほどになった。中東においてはユダヤ人社会は急速に解体を始めていた。イスラエルの人口は増え続けていたがまだ比較的少なく、おまけに初期においてはイギリスによる移民制限政策により、またその後は存立の不安定さと経済的困窮が伝えられて、移民の数はなかなか増加しなかった。代わっていまやずっと優勢になったのは、西半球のユダヤ人社会である。一八八〇年代に始まった東ヨーロッパからの大量移民はアルゼンチン、メキシコに代表されるラテンアメリカおよびカナダにおいて有力なユダヤ人社会を形成し、さらに戦争から逃れたユダヤ人によってその人口は増大していった。しかし、アメリカ合衆国におけるユダヤ人社会が最大の規模であったのはいうまでもない。

西側の国々の中でアメリカ合衆国は間違いなく最も開かれた社会であった。ただ同時に、ユダヤ人が現代社会に生きるうえで直面しなければならない問題を最もはっきりとした形で提示している社会でもあった。すなわち、それぞれの個人が特定グループに属する存在として評価されるのではなく、個人個人の能力が問われる社会において、いかにユダヤ人としてのアイデンティティを保持していくかの問題であった。アメリカでは物質主義と商業主義が何よりも優先し、ユダヤ人も周りのアメリカ文化を受容し社会に溶け込んでいくことによって非ユダヤ人社会からも容易に受け入れられることが可能であった。

先に、十九世紀のヨーロッパにおいて、ユダヤ人が近代化の波に洗われることによって、ユダヤ人社会への帰属意識とユダヤ人としてのアイデンティティを失っていく姿を見たが、本来伝統的な慣習や意識がユダヤ人、非ユダヤ人双方に希薄であったアメリカにおいては、その傾向は一層先鋭的な形で現れた。もちろんアメリカ社会においてもユダヤ人に対する蔑視傾向はあった。特に社会の最上層階級と最下層階級においてそれは見られた。しかし、ユダヤ人もアイルランド人やイタリア人（彼らの大量移民の時期はユダヤ人の移民の時期と重なった）を保護するのと同じ法律で守られており、反ユダヤ主義も、中世からの伝統的意識が絶えることがなかったヨーロッパ社会において見られたような敵意に満ちたものではなかった。最大の問題は、ユダヤ人がアメリカ合衆国の社会でいつまでその存在が許容され続けるかではなく、アメリカ社会においてユダヤ人がいつまでユダヤ人としてのアイデンティティと文化を保持できるかであった。

第二次世界大戦が終結するまでに、アメリカのユダヤ人の第二世代は成人に達していた。伝統的な考え方や行動はますます老人世代だけのものになりつつあった。都市部の

キャンプ・マサダにおける野球の風景。同キャンプは1950年代ペンシルバニア州においてヘブライ語を学ばせるためのサマーキャンプとして開催された。審判の後ろには、プレイ中もすぐに見られるように、英語の野球用語のヘブライ語翻訳が掲げられている。
写真 © Rivka and Shlomo Shulsinger. フィラデルフィア、国立アメリカ・ユダヤ歴史博物館提供

ユダヤ人同士のつきあいは、アメリカ人が郊外に住居を構えるようになって薄れていった。ユダヤ人移民のためのシナゴーグ、イディシュ語の新聞、イディシュ語の劇場は次第に減少し、閉鎖されていった。ユダヤ人としてのアイデンティティは、大部分のユダヤ人の暮らしにおいて中心的役割を失ったのである。第三、第四世代が非ユダヤ人とともに成長し、ともに教育を受け、彼らと隣り合って住み、彼らと結婚する人数が増え、他の白人のアメリカ人と見分けがつかなくなるに従い、反ユダヤ主義さえも薄れていった。たまに起こるシナゴーグに対する冒瀆事件は、少数派の自由を守り保障するための戦いによって建国したことを誇りとしているアメリカ人にとって、そのような事件が起こること自体が大変ショッキングなことであった。ユダヤ人にとってアメリカでの生活は非常に心地よいものであり、そのまま周りに溶け込んで、ユダヤ人という存在そのものが視界から消え去ってしまいそうなほどであった。

イスラエルの建国は、アメリカのユダヤ人にとって大変な誇りであった。彼らはイスラエルを経済的にも政治的にも最大限支援した。実際イスラエルの生存のためにはその両面の支援が必要であった。しかし、イスラエルに移住するところまで考えた者はほとんどいなかった。人種隔離政策が行われていた南アフリカの多くのユダヤ人や政情不安が続くアルゼンチンのユダヤ人は、イスラエルに移住するか、あるいは移住を目指すシオニストの運動に参加することが多かった。しかし、アメリカのユダヤ人にはアメリカを去るだけの動機がなかったのである。戦後のアメリカの繁栄した生活と引き換えに、物質的窮乏と危険が待ち受ける新生国家に移り住もうとしたのは、ほんのわずかの理想主義者だけであった。アメリカにおけるシオニズムとは、イスラエル人が聞けば失望してしまうだろうが、単にイスラエルを支援することであった。一方、イスラエル人にとってのシオニズムとは、明るい将来を期待して現在の危険と困難に耐え抜くことを意味していた。イスラエル国内において、イスラエル人は次第に独自のスタイルと生活様式を確立していった。一方アメリカのユダヤ人は一層アメリカナイズされていった。世界で最も有力なこれら二つのユダヤ人社会は互いにますます疎遠になっていった。こうした乖離の進行は、建国直後はお互いに訪問し合うことも少なかったために明白になっていなかった。やがてそれは無視し得ないところまで明白になってきたが、それでもアメリカのユダヤ人のイスラエルに対する熱狂的な支援の熱は冷めることはなかった。

一九六〇年代、アメリカのユダヤ人はシナゴーグ（大部分は保守派あるいは改革派ユダヤ教徒のものであった）に所属することや、ユダヤ人慈善団体あるいはイスラエルに金銭を寄付することによってユダヤ人としての意識を持った。シナゴーグへの所属は、宗教心が篤いというよりは、集団への忠誠心あるいは民族的同胞意識が動機となっていた。大部分のユダヤ人にとって、ユダヤ人であるということは、主にユダヤ人と交流し、ユダヤ教の新年や過ぎ越しの祭りを祝い、割礼、結婚、バル・ミツバー（十三歳の成人の祝い）、葬儀、ヤハツァイト（親の命日に親を偲ぶ行事）など人生の折々の行事をユダヤ風に行うことである。しかし、第二世代のユダヤ人になると、こうした儀式に精通している人や、それに従うことに何の抵抗も感じない人ははるかに少なくなった。何百人ものユダヤ人の子供が、シナゴーグが運営するヘブライ語学校に週に二、三度午後だけ通ったが、最も基本的なシナゴーグでの作法やあるいは家庭で執り行う儀式に精通した人はほとんどいなかった。

ただそれでも、非常に多くのユダヤ人はシナゴーグやユダヤ人交流センターあるいは様々な組織やネットワーク——それらの多くはユダヤ人の教育や慈善、さらにイスラエルのために寄付を集めることを目的としているが——を通してユダヤ人社会との交流を保った。ほとんどの都市にはユダヤ人慈善団体の連盟があり、合同で寄付金を集めたり寄付金の割り当てを行っていた。そしてそれらを統合したものが「ユダヤ人連盟および福祉基金協議会」(the Council of Jewish Federations and Welfare Funds)であり、アメリカのユダヤ人の重要な意思決定機関のひとつである。もうひとつの重要な組織が「主要アメリカ・ユダヤ人団体会長会議」(Conference of the Presidents of Major American Jewish organizations)であり、時にはアメリカのユダヤ人を代弁して発言を行っている。ただ、しばしば誤解されていることであるが、アメリカのすべてのユダヤ人を代表する組織は存在していない。

一九六〇年代に、アメリカの中産階級の若者たちが、大人たちの作り上げた既成の概念に反抗する運動が広まったとき、多くのユダヤ人の若者たちもあらゆるユダヤ人の振る舞い方や伝統的な価値観を激しく非難し始めた。彼らにとって、親の世代が古くさいユダヤ教の宗教的慣例を多少の弁明を加えながら受け継いでいる姿は、今激しく非難されているアメリカ社会の中の単なるご都合主義と同じではないかと映ったのである。この若者たちの反乱には政治的側面もあった。ヴェトナム戦争に反対する彼らは、イスラエルの生存をかけた戦争も、イスラエルの軍国主義と植民地主義の表れと解釈したのである。六〇年代半ばまでアメリカのユダヤ人に誇りを与え、リベラルな知識人から賞賛されてきたイスラエルが、アメリカの「産軍共同体」が非難されるのと同じ論調で非難される事態になったのである。この時代に脚光を浴びるようになった「ニュー・レフト」は、旧左翼のグループとは明らかに異なり、明確にアラブを支持し反シオニストを唱えたが、ユダヤ人の知識階級の中からも多くの人間がこの主張に同調した。こうした「フラワー・チルドレン」が大人になり自ら家族を持つようになる一九七〇年代、一九八〇年代に至るまで、彼らにとってはユダヤ人としてのアイデンティティはほとんど具体的に意味を持たなかった。

ところでこうした動きと並行して、ユダヤ教復活の萌芽となるようないくつかの動きがあった。ほとんどのユダヤ人の若者がアメリカの若者文化に埋没した中で、ほんのわずかではあるが他のアメリカ中産階級のユダヤ人よりもずっと集中的にユダヤ人としての教育を受けたグループがいたのである。このグループの若者たちはほとんどが一九五〇年代後半から一九六〇年代初期にユダヤ人のための教育を目的とするサマーキャンプに参加した人々であった。ボストンとニューヨークに若者たちの小人数のグループが発足し、彼らは若者らしいスタイルと文化をユダヤ教の伝統、特にハシディズム的なもので統合しようとした。若者の精神の発露として、彼らはユダヤ教の既成の権威、中でも、巨大で官僚的かつ偏狭なシナゴーグを非難した。さらに、ちょうどその時期に六日間戦争が起こり、その結果イスラエルが西岸地域、ガザ地区、シナイ半島を占領するようになると、旧世代が無条件にイスラエルの外交政策を支持することを批判した。大部分のユダヤ人の若者たちが無関心であったのに対し、こうしたグループはユダヤ人問題について詳しくまた深くかかわっていた。彼らは、既成の組織は道徳的に問題があり、真剣にかかわろうとしていないと感じており、彼らに代わって指導的立場に就くことを強く望んでいた。

予想されたことではあるが、既成の組織はこうした若者たちの運動を激しく非難した。彼らを、外部世界に対して常に一枚岩であるユダヤ人社会の伝統を破壊するものとして厳しく断罪し、特に若者のグループがイスラエルのアラブ領土占領に反対するデモを組織したとき、その怒りは絶頂に達した。こうした反乱者たちの中には結局後になってラビ、教育者、ユダヤ人機関の職員などとなって既成の組織の仲間入りした者もいた。しかし彼らはその中で、アメリカのユダヤ人教育や宗教生活にそれまでになかった独自の要素を取り込む努力を行った。それらは、精神的価値感に重きを置くこと、ユダヤ人として多様でより豊かな生活をもたらす可能性のある源泉を今まであまり省みられなかったユダヤの伝統の中から探し出すこと、ユダヤの伝統の中にある魅惑的、異国的な文化を味わい自ら実践することなどであった。彼らはまた「ハブーラ」という親睦団体を、各地の大学、大規模シナゴーグあるいは独立したユダヤ人社会の中につくり、従来の正統派ユダヤ教とは異なった形のしかもよりユダヤ教に密接した生活を送ることを希望する者やより実験的なシナゴーグに興味を持つ者に情報を提供し、シナゴーグを中心としたユダヤ人の生活に小さいが重要な影響を与えた。彼らは女性にユダヤ教聖職者への道を開く運動でも影響力を発揮し、一九七二年最初の女性ラビ、ヘブライ・ユニオン・カレッジ卒のサリー・プリサンドが誕生したときその運動は実を結んだ。一九八九年までには、改革派、保守派のどちらの神学校でも女性をラビや先唱者として育てるようになった。

ここでもうひとつ触れておかなければならないのは、意外なことに正統派ユダヤ教の復活である。第二次世界大戦後の難民の中に東ヨーロッパのハシディズム派のグループがいた。その中には戦争中極東で難民生活を送った者もいたが、他は強制収容所生活を生き延びたユダヤ人であった。彼らはブルックリンにあった小さなハシディズム派の居住地に加わったが、やがてそれは大きくて活発な社会に発展した。長い間、彼らは過去の遺物を引きずっている風変わりな連中と見られていた。それが、一九七〇年代に入ると、ルバヴィッチ派のハシディズム（戦前からブルックリンに存在していた）が急に世間の注目を集めるようになった。この運動は世界のユダヤ人を正統派ユダヤ教に帰依させよう、それもルバヴィッチ派の提唱する教義に基づいて帰依させようとする大々的な国際的運動であった。

メナヘム・メンデル・シュネーソンの指導の下に繰り広げられたルバヴィッチ派の運動は、非常に洗練された手法と献身的な活動で組織され、さらに驚いたことに最新の広告テクニックと科学的手法を駆使したもので、その提唱する信仰のスタイルは多くのアメリカのユダヤ人には単に異様なものと映った。ルバヴィッチ派の伝道者たちはアメリカ国中の主要なユダヤ人居住区に派遣され、また世界中のユダヤ人社会にも赴いた。彼らはユダヤ教の伝統から遠ざかっているユダヤ人に接しては、非常に簡単な宗教儀式、例えば金曜日の夜にはろうそくを灯すことなどを説いて回った。若いルバヴィッチ派の使者はユダヤ人らしき通行人を見かけると「ミツバ車」（主要都市の繁華街や大学の近くの通りに停めてユダヤの伝統音楽を鳴らしながら活動するバン車）の中から宗教儀式を行うよう甘い声をかけた。アメリカでユダヤ教の教育を復活させるため毎年何百万ドルものお金をつぎ込んできた既成のユダヤ教組織は、このブルックリンから出てきた反啓蒙主義のラビの成功と影響力にただ驚くばかりであった。実際にルバヴィッチ派に回帰しその教義を信奉したものの数はそれほど多くはなかった。しかし、ルバヴィッチャー・レッベ（ルバヴィッチ派の指導者）が広告やテレビに現れ、その使者たちが街角に立って帰依を呼びかける姿は正統派ユダヤ教に対する認識を高め、活性化したことは事実である。一九八〇年代に入ると、ルバヴィッチ派の運動は救世主の到来が近づいているとして、それに向けて世界中のユダヤ人が統一した宗教的儀式を行うことを主張した。シュネーソン自身が救世主であるとの噂も流れたが、彼は一九九四年に亡くなっており、自らそう称したことはなかった。

　ルバヴィッチ派の活動だけが正統派ユダヤ教の復活の表れではなかった。一九七〇年代、一九八〇年代になって、社会に道徳的退廃の風潮が出てくると、キリスト教徒もユダヤ教徒もともに心の安らぎを伝統的宗教の中に求めた。ルバヴィッチ派の成功の原因もひとつにはこうした社会的傾向があげられるが、いずれにしろこうした風潮の中、特にニューヨーク地区のユダヤ人がいわゆる〝伝統的な〟あるいは〝現代風の〟正統派ユダヤ教に惹きつけられていった。こうした人たちはバール・テシュバ（「悔い改める人」の意）と呼ばれ、アメリカのごくありふれた郊外での生活を送る中産階級出身でありながら、厳格な宗教重視の生活を取り入れるようになった。彼らは、医師や法律家、ビジネスマン、会計士、学者、株の仲買人、ジャーナリストなどの職業に就くごく当たり前のアメリカの中産階級の人間であった。彼らは一般の中流の人と同じような服装をし、アメリカの典型的な消費生活を送っているが、宗教的伝統をきっちりと守り、ユダヤの健全で伝統的な教育を受けるように努めている。子供たちにも同じ教育を受けさせるため、一般の公立学校ではなく、正統派ユダヤ教の学校に通わせている。第二次世界大戦以前には、大手の法律事務所はユダヤ人を排除するかあるいはその数を制限していたが、いまやユダヤの伝統的な頭の覆いを着けて会議に出てくる共同経営者もいる。こうした傾向は一九八〇年代、一九九〇年代のアメリカ社会に現れた民族的独自性を尊重する風潮に後押しされたものであるが、戦後数十年間にわたりアメリカ社会が少数派に対し社会的同化を促し続けてきたことを考えると隔世の感がある。

こうした〝現代の正統派ユダヤ教徒〟はその数から見ればアメリカにおいても少数派である。そのため、中にはより完全なユダヤ人としての生活を送るためにイスラエルに移住した人もいる。彼らはイスラエル国内では政治的に右派の主張に同調し、アラブとの交渉では強硬姿勢を唱えている。また多くの人が、〝ユダヤ人〟の地が非ユダヤ人の手に落ちるのを防ぐという使命感から、自らを新しい世代の開拓者になぞらえてあえて占領地域に移り住んだ。

現在、アメリカのユダヤ人は両極化の道をたどっている。その様相はある面ではイスラエルと類似しているが、全く同じではない。いまでも多くのユダヤ人は相変わらず改革派と保守派のシナゴーグに属している。保守派では、移民初期からの週に一、二度ヘブライ語を教えるというやり方が、結局ユダヤ人にユダヤの伝統と歴史認識を定着させるのに失敗し、同化を食い止められなかったという反省から、徹底した教育プログラムを持った全日制の学校を作る運動を試みている。片や自由主義的運動に参加する人数は次第に減少している。その動きと連動するように、アメリカのユダヤ社会の特徴でもあった各種ユダヤ人ボランティア団体への寄付金等も減りつつある。イスラエルへの支持はいまでも強いが、一般のユダヤ人にとって、ユダヤ人としてのアイデンティティが日常生活の中で占める割合は確実に減少している。ただ、数の上では減っているが、改革派にしても保守派にしてもその運動はより伝統回帰の傾向があり、正統派においてはアメリカの少数派重視の傾向にも助けられてますます資金的に豊かになり、政治的にも影響力を持ち始めている。あと百年も経てば、アメリカのユダヤ人社会は、ユダヤ人の伝統に忠実に生きる少数のユダヤ人で構成されるようになっているかもしれない。

他のディアスポラ社会

アメリカのユダヤ人社会は最大のディアスポラ社会であるが、アメリカ以外にも大きなディアスポラ社会はいくつもある。より厳密に言えば、あらゆる先進国にあると言ってもいいだろう。西半球では、カナダとアルゼンチンにおけるものが、その人数、そして宗教的非宗教的の両面においての組織の充実度からまず挙げられる。メキシコにもやはり大きなユダヤ人社会がある。東半球の南の部分では、南アフリカとオーストラリアに大きなユダヤ人社会がある。

第二次世界大戦後五十年経って、ヨーロッパにおいてもユダヤ人社会がゆっくりとよみがえってきた。もちろん、イギリスとスイスにおいては戦争の影響は直接なかった。大陸においては、アルザス＝ロレーヌ地方にあった昔からのユダヤ人社会は完全に消滅したが、フランスのユダヤ人社会はヨーロッパ最大のものであり、アルジェリア、チュニジア、モロッコからの移住者でその数は補充されつつある。こうした移住は時として反ユダヤ人感情の暴発を招いており、一方、同じ地域から移住してきたイスラム教徒はフランス人の外国人排斥の対象となっている。第二次世界大戦前から何十年にもわたり、ユダヤ人は密かにスペインに入国していたが、ユダヤ人社会の形成が認められたのはフランコ独裁政権のもと、一九六八年のことであった。今ではマドリードとバルセロナに活発なユダヤ人社会が存在する。

意外にも、人数的にはそれほど多くないが、しっかりと組織だったユダヤ人社会がドイツにも出現した。戦後戻ってきたユダヤ人、アメリカあるいはイスラエルからビジネスの目的で入国したユダヤ人、より良い生活を求めてソ連から移住したユダヤ人など、様々なユダヤ人で構成されている。一九九〇年のドイツ再統一以降、ドイツ政府はロシアのユダヤ人のドイツへの移住政策を積極的に進めたが、その結果小さなユダヤ人社会が次第に再生し始めた。政府はこうしたユダヤ人社会を、いまだにはっきりと残っている反ユダヤ主義から守るため、非常に手厚い方策を講じた（いまではドイツ人の外国人排斥の対象となっているのはトルコ人移民である）。百年前、世界のユダヤ人の一大中心地であったポーランドにはいまや目に付くようなユダヤ人社会は存在しない。しかし、チェコとハンガリーには、小さいがしっかりとしたユダヤ人社会がある。

終戦時にソ連国内には三百万人のユダヤ人がいた。前の章で述べたように、ユダヤ人社会は文化的衰退期を迎えてはいたが、一九四八年に弾圧が始まるまではまあまあの生活を送っていたと言える。一九五二年には最も有名なイディシュ語の作家が処刑された。ユダヤ人に対する迫害は、モスクワのユダヤ人医師がスターリン政府の要人を毒殺しようとしたというでっち上げの「医師の陰謀」事件で最高潮に達した。彼らは一九五三年のスターリンの死によってかろうじて死を免れることができた。スターリンの死後も、ユダヤ人の組織や機関は長い間閉鎖されたままであった。ユダヤ人の宗教活動は厳しく抑えられ、ユダヤ人の大学入学や機密を扱う部署への配属も厳密に制限された。一九五〇年代、一九六〇年代には、少数のユダヤ人が家族との再会を理由にソ連からイスラエルに移住することを認められた。

イスラエルの六日間戦争における勝利は、ソ連の親アラブ外交政策の失敗を意味することになったが、その結果ソ連は、悪意に満ちた反イスラエルキャンペーンを展開するようになった。と同時に、この勝利はソ連のユダヤ人に強烈な誇りを植え付け、イスラエルへの移住を希望するユダヤ人の数は急速に増えた。だがソ連において出国ビザを入手することは非常に難しく、何年も待つ必要があったり、職を失ったり、警察の嫌がらせを受けることもあった。この時期、ソ連国外の各種ユダヤ人組織はソ連国内の地下ユダヤ人教育活動を援助しており、祈禱書や儀式の祭器を密かに持ち込んでユダヤ人としての生活が継続できるようにしていた。イスラエル自身も国内の人口増大を図るため、ソ連からの積極的な移住推奨策を採り、アメリカのユダヤ人社会もソ連が移住制度を緩めるように圧力をかけるべく、活発に運動を行った。こうして一九七一年には多くのユダヤ人が出国ビザを手にすることができるようになった。大部分はアメリカ行きを選んだが、イスラエル行きを選んだ者の数もかなりに上った。一九七一年以降も出国ビザを得る者の数は増えていき、ミハイル・ゴルバチョフ政権のもとで、特に一九八九年以降出国制限はさらに緩められ、一九九一年のソ連崩壊とともにいわば雪崩を打ったような形で出国が続いた。こうした出国者の多くはイスラエルに向かったが、その結果イスラエル国内のロシア系ユダヤ人の数が急増し、国内の人口構成を変えるほどであった。彼らの利益を代弁する政党も出現し、その党首にはユダヤ人の出国運動の活動家でシベリアの刑務所で何年も過ごしたナタン・シャランスキーが就いた。

あとがき　ユダヤ人の今後の展望

様々な点から見て、現在ユダヤ人の置かれている状況は有史以来かつてないほど恵まれている。ユダヤ人の歴史を規定し、何世紀にもわたってユダヤ主義の特徴を決定づけてきた異郷生活の問題は解決された。実は、この長年の懸案の解決方法は一つではなく、二つの面においてであった。

いまや、れっきとしたユダヤ人国家が存在する。そしてユダヤ人にとって、自分のアイデンティティをこのユダヤ人国家の市民と位置づけることが可能である。イスラエル国民として、ユダヤ人は自国の言語を話し、国の祝日を祝い、歴史的背景を共有する同胞とともに自らの祖先が残してくれたものに囲まれて暮らすことができる。ユダヤ人であることを確認するために、イタリア人がイタリア人と見なされるために行う以上に、伝統的な信仰の型や宗教行事にしがみつく必要もなくなった。いまやユダヤ人にとって、ユダヤ教は民族文化のひとつの側面にすぎず、自ら望むなら篤い信仰生活を送ることも可能であり、あるいは多くのイスラエル人が採ったように自らのユダヤ人としてのアイデンティティとかかわりなくユダヤ教から遠ざかることも可能である。

イスラエルのいまの生活は、パレスチナ住民との関係や周辺のアラブ国家との敵対関係があるため、完全に正常であるとはいえない。しかし、一世代前の開拓者時代のような生活ではない。経済的繁栄を遂げ、知的生産活動の分野、特に科学、テクノロジー、文学などの分野ではめざましい成果を挙げた。イスラエルの非常に優秀な人材は、世界中から求められており、事実多くの人たちがイスラエルを去った。しかし彼らが去った場所も、新しい移民の子供たちや同じように優秀な新しい世代の若者たちによって絶えず埋められている。こうして、イスラエルはその国家のサイズからはとても考えられないほど、世界的に重要な人材の供給源となっている。

近代ヘブライ語は文学の世界でも世界的に注目を浴びるようになった。ヘブライ語の本はアメリカでも広く手に入るようになり、ヨーロッパでも翻訳を通して、ディアスポラのユダヤ人よりもむしろ非ユダヤ人の関心を呼ぶようになった。これは、ユダヤ人文学がユダヤ人問題のみならず、広く現代世界が抱えている普遍的な問題をその対象としている証でもある。

ディアスポラ社会のユダヤ人にとっても、非ユダヤ人国家においてユダヤ人として暮らすことが今ほど受け入れられたことはかつてない。アメリカ合衆国をはじめとする、西欧民主主義国家は、信仰にかかわらずすべての国民に平等に国民としての権利を保障している。実際問題として反ユダヤ主義は社会の最上層と最下層においては払拭されてはおらず、公務員たちが国の正しい方針どおりに少数派の権利を常に保護しているとは限らない。しかし、西欧民主主義国家においては、ユダヤ人は完全な国民としての完全な権利を保持している。多くの国において、彼らはよく組織されており、また繁栄した生活を送っている。仮に伝統や共同社会を維持することを選んだとしても、ほとんど何の障害もない。アメリカ合衆国には、強力なユダヤ人の組織がある。ユダヤ人に関する研究は一般の大学においても行われるようになり、ユダヤ人自身が驚くほど、ユダヤ人社会の問題が非ユダヤ人の間で注目を浴び、理解を持って語られている。

ディアスポラ社会のユダヤ人にとって大きな問題は、ユダヤ人がそうする自由を手に入れた結果、いとも簡単にユダヤ人社会を離れてしまうことである。アメリカにおいてはユダヤ教は、民族的アイデンティティというよりも一つの信仰という立場をずっと採ってきた。二十世紀に入って宗教のアメリカ社会に与える重要性が減少するに伴い、シナゴーグも閑散としてきた。大部分のアメリカのユダヤ人は、いくつかの食事に関する決まりと姓名に関することを除けば、宗教的伝統を守ることはほとんどなくなった。ただ、近年における宗教の復活とアメリカ社会一般に見られる民族的独自性の再発見の風潮は、ユダヤ人の間にユダヤ教再認識の傾向をもたらしていることも事実である。こうした傾向がどこまで行くのかは誰にもわからない。五十年前、正統派ユダヤ教が現代に残ると予測した者はいなかった。しかし、今もそれはしっかりと生き延びている。多くのユダヤ人が正統派のシナゴーグに通ったからではない。少数だが正統派ユダヤ教に献身的に帰依した人たちが、ユダヤ教の伝統にしっかりと根付いた教育を自らの身内に行い、それらを大きく育てていったからである。たとえ大多数のユダヤ人が一般社会に同化していっても、核となる人々、すなわち外形的生活においては周りの非ユダヤ人とほとんど変わらないが、ユダヤ人遺産と伝統を熱心に保持し続ける人々は残るであろう。

そう昔ではない時代――本書の著者が生まれてからの時代である――ヨーロッパのユダヤ人は死んで灰となり、ユダヤ人難民は世界中のどこにも自らを避難させる場所がなかった。アメリカのユダヤ人は、その数の多さと繁栄を享受していたが、アメリカ社会への同化が進み、ユダヤ人としてのアイデンティティは過去の旧世界に対するノスタルジア以上の意味は持たなかった。それが今日では、片や文化的にも知的方面でも生産力あふれる母国が存在し、片やユダヤ的生活を送りながら他の文明国の国民として生きることもできるのである。いまやユダヤ人にとっては、ユダヤ人でありながら、文化的に、宗教的に、知的に、組織的に、いかなる選択も可能となったのである。イスラエルもディアスポラ社会も、それぞれ様々な課題を抱えているのは事実であるが、いまほどユダヤ人の歴史にとって良き時代はないのも事実である。

訳者あとがき

本書はA SHORT HISTORY OF THE JEWISH PEOPLE by Raymond P. Scheindlin（1998 Macmillan USA）の全訳である。著者のシェインドリンはアメリカ、フィラデルフィア生まれ、ペンシルバニア大学で東洋学を専攻したあと、コロンビア大学でアラビア文学、特にスペインにおける中世アラビアの詩文学を専攻し学位を取得している。その学位論文は直ちに書籍として刊行されたということからもかなり優秀でまたユニークな研究であったことがうかがえる。また、その間アメリカ・ユダヤ教神学院でラビになるための勉強をし、ラビの資格をとっている。この資格を生かしニューヨークのシナゴーグでパートタイムのラビを勤めたこともあるそうだ。

現在はニューヨークのユダヤ教神学院教授兼シャロン・シュピーゲル中世ヘブライ文学研究所理事でありまた雑誌『イスラム＝ユダヤ関係研究』の編集委員も務めている。著作としては本書のほかイスラム支配下中世スペインにおける一般のユダヤの人々の日常生活をつづった詩や散文を集めた『WINE, WOMEN AND DEATH : Medieval Hebrew Poems on the Good Life』、さらに同じ時期の宗教詩を集めた『GAZELLE : Medieval Hebrew Poems on God, Israel and the Soul』、また旧約聖書ヨブ記の中の詩に注目し、あたらしいヨブ像を模索した『The Book of Job』などがある。

この経歴や著作からもうかがえるように著者の専門は文学、特にその中でも詩が本来の研究対象である。それが通史である本書を書くに至った経緯について著者は妻に薦められたことを挙げているが同時にあるインタヴューで、自分の子供でも容易に理解できるような短くて分かりやすい、しかも率直で普遍的なユダヤ人の歴史の必要性を感じていたことを述べている。本書の後半部分で著者が述べているようにアメリカにかぎらずユダヤ人のユダヤ社会離れという現象が片方であり、また一方ではユダヤ人のアイデンティティを強く意識した現象が見られる。非ユダヤ人に関して言えば、キリスト教文化が根底にある西欧社会においても、ユダヤ人の歴史に関する知識はある特定の時代に集中しており、全般的な俯瞰図を把握している人間は元々少ない上に、今ではさらにその数が減ってきているのが現状である。確かにユダヤ人に関する書物は相変わらず多数出版されているが、それはある特定の事象に焦点を絞ったものが大半で、中には非常に感情的に書かれたり偏見に満ちたものも見られる。その中で著者はあくまで感情に走らず、強い主張を排除するとともに広く一般の人たちに読んでもらうため平易に書くことに心をくだいたと述べている。

ただ、いみじくも著者が序文で述べているように、ユダヤ人の歴史を手短に書くというのはかなり矛盾した行為であるのは事実である。その三千年の歴史は固有のものであると同時に、すべて他の民族とのかかわりが重要な意味をもつからである。一方従来のユダヤ人の歴史を扱った書物においてはあまり深く言及されなかったイスラム社会におけるユダヤ人社会の姿はやはり欠かすことはできない。簡潔で明瞭であるとともに、ユダヤ人の歴史を普遍的に余すところなく伝えるという著者の野心的な試みがはたして十分に達成されたかどうか、これは最終的には読者諸氏の判断にまかせるより仕方がない。ただ、訳者の私見を言わせていただければ著者のこうした試みはかなり成功し、また広く一般の人に読んでもらいたいという希望も大きくかなえられたと思われる。本書は刊行後非常に好評で版を重ねるとともに各紙書評で高く評価され各種団体の推薦図書にもなった。さらに二〇〇〇年には定評あるオックスフォード大学出版局の叢書に加えられ、現在はこのペーパーバック版が容易に入手できるようになっている。

ところで非ユダヤ人社会のなかでもさらに多くの人がキリスト教文化と無縁な日本においで本書を翻訳することは、ある意味でやりがいのある仕事であったが、同時に難しい点も多々あったことを述べなければならない。特にユダヤ人社会あるいはユダヤ教特有の固有名詞、役職、組織等々の呼称、表記についてはすでに日本で使われているものがかなりまちまちであり、翻訳にあたってすでに訳出されている各種の書籍を調べてみたが、時に同一人物、事象であることを見落としてしまうほどの場合もあった。ただ、それはユダヤ人社会が他民族、他言語とのかかわりなしにありえない以上ある程度は仕方ないことであると考えた。本書では呼称、表記に関しては基本的に『世界の歴史』(中央公論新社)に拠り、その他『イスラエル——その人々の歴史1、2』ヤアコヴ・カッツ、ツヴィ・バハラハ著、池田裕、辻田真理子訳(帝国書院)、『ユダヤ人の歴史』ポール・ジョンソン著、石田友雄監修(徳間書店)、『新共同訳聖書辞典』(キリスト新聞社)等を参照させていただいた。お礼を申し上げたい。なお一般呼称としてのイスラエル人(神と戦う人)とユダヤ人の併用については後者がいままでは一般的に使われているが、本来キリスト教徒側からの呼称であることにかんがみ、第二章以降で使用することにした。また、呼称、表記に限らず内容に関しても訳者としてはできうる限りしらべたつもりであるが、なにぶん余りにも広範囲な対象であり、さらに訳者の浅学非才もあいまって目の行きとどかなかった点も多々あると思われる。読者諸賢のご指摘を賜れば幸いである。

なお、本書訳出に当たり、和田禎男氏、吉村千穎氏からはそれぞれ貴重なご指摘をいただいた。厚くお礼を申し上げたい。ただ、訳稿に対する最終責任はあくまで訳者にあることを明記しておきたい。

最後に、パレスチナ問題が泥沼化しつつある現在、著者が心を痛めているさまは本書の記述にも現れているが、この複雑であると同時に容易に論議を招きかねないテーマを書き上げるにあたり、あるインタヴューで「確かにユダヤ人の歴史は特異なものであるが、結局世界中のいたるところの他の民族と同じ人間の歴史であり、その観点にたてばお互いに理解しあえないはずはないと信じている」と述べていることを紹介したい。

二〇〇三年十一月

入江規夫

文庫版への訳者あとがき

本書の単行本を訳出して以来、知人や読者の方から本書を訳出した理由についていろいろ尋ねられる機会があった。翻訳者自身の個人的な話で恐縮であるが、長年出版の世界それも海外の出版社や著者と接触する機会の多い職場で仕事をしてきた。この世界に初めて足を踏み入れたのは四十年近く前であるが、しばらくして自分の仕事の相手にユダヤ系の人が異常に多いのに気づいた。本書の第八章において著者も「ニューヨークにおいては……、出版、興行、映画などの産業に進出した」と言及しているが、実際、ニューヨークの出版界では半数近くがユダヤ系の人たちであったような印象がある。長い仕事の付き合いのなかで、個人的に親しくなった人たちも何人かいたが彼らもほぼ全員がユダヤ系であった。本書にもあるように、アメリカのユダヤ人はほとんどがアメリカ社会に同化しており、ふだんの付き合いのなかでユダヤ人を思い起こさせるようなことはほとんどない。しかし、話が家族や教育あるいは食事に及んだとき、ふと彼らのバックグラウンドを垣間見る思いをすることがあった。それも宗教の違いと言うよりは、その背後の民族的歴史を思い起こさせる類のものである。

あるハーバード大学出身のユダヤ人の編集者と話していたときのことであるが、話題がアメリカにおける亡命ユダヤ人の知的貢献におよんだ。ふと、私がアインシュタインやノイマンなどの世界最高の頭脳が、当時も最高学府と見なされていたハーバード大学に行かずに、プリンストン高等研究所に集まったわけを聞くと、彼は当たり前のようにハーバードにはユダヤ人教授枠の上限があったから、彼らを受け入れることができなかったと答えた。私が、ハーバードにもそんなものがあったのかとびっくりすると、残念ながらそういうものが随分長い間あったと答えたときの彼の複雑な表情をいまでもよく覚えている。

十数年前のことである。フランクフルト・ブック・フェアのとき、あるドイツの出版社のディナーパーティに招待されたことがある。着席形式だったので、同じテーブルに八人のそれぞれ異なった国から来た編集者やエージェントが座ったが、アジアからは私と台湾の出版社から来た二人だけであった。しばらく、みんなで話すうちにわれわれアジアから来た二人以外は、全員がユダヤ人であることがわかった。

国籍は、ドイツ、イギリス、フランス、イタリア、スペイン、ポーランドと様々であったが、ある一人が自分がユダヤ人であること、自分がどこで教育を受けどんな仕事を経て現在の仕事をしているかを話し始めると、瞬く間にそれぞれが待ちかねたように自分の話をし始めた。そして、必ず自分の両親のこと、それぞれの祖父母、さらにさかのぼって三代、四代前の先祖の話を立て板に水のごとく話すのには圧倒された。ある編集者が、自分の祖父はポーランドのある収容所にいて、戦争が終わったあと歩いて故郷に帰ったがすでにそこには別のひとが住んでおり、しかたなく船を見つけてイギリスに渡ったと話すと、別のエージェントがあの収容所には自分の祖父もいた云々と話を続けるのである。

そして、彼らの両親や祖父母の話がそろいもそろってヨーロッパ大陸や世界をまたにかけ、まるで小説か映画のように劇的で、一晩に何本もの大河小説を読むか長編映画を見たような気分であった。それに触発されたのか台湾から来た編集者も、自分の両親は外省人で毛沢東に追われて台湾に来て、ゼロから自分のビジネスを始めて苦しい中を自分に教育を授けてくれてと話し始めると、ユダヤ人の編集者たちも興味津々で真剣に耳を傾けていた。

話の流れで私が発言しなければならない順番になったが、自分の両親や祖父母の来歴を考えてみても、平均的日本人として戦争による様々な苦労や経験をしたことは事実であるが、彼らの経験と比べるとあまりにも普通で、さらに先祖の話となると私自身ほとんど何も知らないかあるいは関心もないのが現実であった。結局、その晩は私一人が聞き役に回った感があったが、改めてユダヤの人たちの自分たちの歴史に対する関心の高さを印象づけられた。

その宴の最後に、私が自分の不勉強を恥じるとともに、ユダヤ人の歴史について改めて勉強するために、いい参考書それもあまり長くないものはないかと推薦を依頼すると、さすがに専門の世界だけあって瞬く間に、あれがいいこれがいいと何冊もの本の名前が挙がった。その中で、当時出たばかりの本書を挙げる人が複数おり、自分たちがユダヤ人であることを離れても、客観的に良く書かれているとすすめられた。それが、この本を知ることになったきっかけである。

今回文庫に取り上げていただいた河出書房新社の撈木敏男さん、編集を担当していただいた朝田明子さん、今回もまた面倒な権利関係の処理にあたっていただいたタトル・モリ・エージェンシーの川地麻子さんに改めてあつくお礼を申し上げます。

二〇一二年六月

入江規夫

年表

年代	ユダヤ人の歴史	その他の世界
紀元前		
三二〇〇年頃		エジプト王国の設立
一九〇〇年頃	族長支配の時代	
一七二八年頃		バビロニア王国ハムラビ王即位（—一六八六）
一六五〇年		エジプト王国ヒクソス朝（—一五四二）
一二九〇年		エジプト王国ラムセス二世即位（—一二二四）
一二八〇年頃	モーセ　エジプト脱出	
一二五〇年頃	ヨシュアの指導によりカナンの地に進出	パレスチナにペリシテ人定住
一二二四年		エジプト王国メルエンプタハ即位（—一二一六）
一二二〇年頃	士師の時代（—一二〇〇）	
一〇五〇年頃	サムエルの時代	
一〇二〇年	サウルの時代（—一〇〇〇）	
一〇〇〇年	ダビデの時代（—九六一）	

九六一年	ソロモンの時代（―九二二）、エルサレム神殿の建立	
九二二年	北イスラエル王国（ヤロブアム王）、南ユダ王国（レハブアム王）への分裂	
七八六年	北イスラエル王国ヤロブアム二世即位（―七四六）	
七八三年	南ユダ王国ウジヤ即位（―七四二）	
七四五年		アッシリア、ティグラト・ピレセル三世即位（―七二七）
七三五年	南ユダ王国アハズ即位（―七一五）	
七三二年	北イスラエル王国ホセア即位（―七二四）	
七二二年		アッシリア、サルゴン二世即位（―七〇五）
七二一年	北イスラエル王国（一〇部族）の崩壊	
七一五年	ユダ王国、ヒゼキヤ王即位（―六八七）	
七〇五年		アッシリア、センナケリブ王即位（―六八一）
七〇一年	アッシリア王センナケリブ、エルサレム侵攻	
六四〇年	ユダ王国ヨシヤ王（―六〇九）	

六一二年		ニネヴェの陥落とアッシリア帝国の崩壊
六〇五年		新バビロニア王国ネブカドネザル即位（―五六二）
五九七年	ユダヤ王国ヨヤキン王バビロニアへ追放	
五八七年	エルサレムの陥落とユダ王国の崩壊 バビロンの捕囚の始まり	
五三九年		ペルシア、キュロス大王によるバビロニア征服
五三八年	エルサレムへの帰還の開始	
五一五年	エルサレム神殿の再建（第二神殿）	
四九〇年		マラトンの戦いでギリシアがペルシア軍を撃破
四四五年	ネヘミヤによるエルサレムの壁の再建 エズラによるトーラーの公布	
四一〇年	エレファンティンの神殿の破壊	
三三三年		イッソスの戦いでギリシアのアレクサンダー大王がペルシア軍を撃破
三三二年	アレクサンダー大王によるパレスチナ征服	
三二三年		アレクサンダー大王の死

三〇一年	プトレマイオス一世パレスチナを支配下に入れる
二〇〇年	アンティオコス三世パレスチナを支配下に入れる
一七二年	エルサレムがギリシアの都市となりアンティオキアに改名
一六九年	アンティオコス四世エルサレムの神殿を略奪
一六七年	アンティオコス四世トーラーを廃止し神殿を汚す
	ユダ・マカベア（ハスモン家）の反乱の始まり
一六四年	ユダ・マカベア、神殿を再興し、清める
一六一年	ユダ・マカベア、エルサレムを完全支配、ローマと同盟
一六〇年	ユダ・マカベアが殺され、ヨナタン（ハスモン家）が後を継ぐ
一四二年	ヨナタンが殺されシモン（ハスモン家）が後を継ぐ
	ハスモン王朝の始まり

一四〇年	ヨナタン、大祭司に任命され、名実ともに国の支配者となる	
一三四年	ヨハネ・ヒルカノス、大祭司となる（—一〇四）	
六三年	ローマ皇帝ポンペイウス、エルサレム占領 ハスモン朝ユダヤを属国とする	
四四年		ユリウス・シーザーの暗殺
三七年	ローマ、ハスモン朝を廃止、代わってイドゥマヤ人ヘロデを属国ユダヤの王とする（—四）	
二七年		アウグストゥス、ローマ帝国に即位（—一四）
一九年	ヘロデ、エルサレム神殿を再建	
紀元三〇年	キリストの刑死	
三七年		カリギュラ、ローマ皇帝に即位（—四一）
四一年	ヘロデ・アグリッパ、ユダヤの王となる	
六六年	アレクサンドリアにおけるユダヤ人虐殺 ユダヤ戦争（—七〇）	

七〇年	ティトス、エルサレムを陥落させる	
七三年	マサダ要塞の陥落	
一一五年	エジプトにおけるユダヤ人の反乱（―一一七）	
一一七年		ハドリアヌス帝即位（―一三八）
一三二年	バル・コホバの反乱（―一三五）	
一三五年	ハドリアヌス帝による迫害（―一三八）	
二〇〇年頃	「ミシュナー」の編纂	
二一二年	ローマの市民権を得る	
二二六年		ササン朝ペルシア興る
三〇六年		コンスタンチヌス一世即位（―三三七）
三一三年		ミラノ勅令（キリスト教信仰の公認）
三五四年		聖アウグスティヌス（―四三〇）
三八〇年頃	「パレスチナ・タルムード」の編纂	
四七六年		西ローマ帝国の崩壊
四九九年頃	「バビロニア・タルムード」の編纂	
五五三年	東ローマ帝国ユスティニアヌス一世ユダヤ教弾圧	
五九〇年		ローマ教皇グレゴリウス一世即位（―六〇四）

六二二年		ムハンマド、メディナに入る
六三八年		アラビア人、エルサレムをビザンチン帝国より奪う
七一一年		スペイン、イスラムの支配下になる
七四〇年	ハザリア王ユダヤ教に改宗	
七六二年		バグダッドの建設始まる
七六五年頃	アナン・ベギン＝ダビデ、カライ派を始める	
八八二年	サアディア（—九四二）が生まれる	
九四〇年	ハスダイ・イブン・シャプルート、コルドバで廷臣となる	
一〇六六年	グラナダにおいてユダヤ人虐殺 ユダヤ人、イギリスに定住を始める	
一〇七一年		セルジュク・トルコ、エルサレムを征服
一〇九六年	十字軍ライン地方のユダヤ人を虐殺	
一〇九九年		第一回十字軍エルサレムを占領
一一四四年	イギリス、ノーウィッチにおけるユダヤ人に対する血の粛清	
一一八七年		サラディン、エルサレムを奪取

一一九〇年	イギリス、ヨーク地方においてユダヤ人集団自殺	
一二〇四年	マイモニデスの死	
一二一五年		第四回ラテラノ公会議
一二四八年		キリスト教徒、グラナダを除くスペインを征服
一二九〇年	ユダヤ人イギリスより追放	
一三〇五年	「ゾハール」の著者、レオンの死	
一三〇六年	ユダヤ人フランスより第一回目の追放	
一三四八年		ペストの流行（—五一）
一四一三年	トルトーサの宗教論争	
一四五三年		トルコのコンスタンチノープル征服
一四六九年		スペイン、フェルディナンドとイサベラの結婚
一四八〇年		スペインにおいて異端審問所設立
一四九二年	ユダヤ人スペインより追放	キリスト教徒グラナダを征服。アメリカの発見
一四九七年	ポルトガルにおける強制改宗	
一五一六年	ベニスでゲットーが建設される	
一五一七年		マルティン・ルターの宗教改革

一五四二年	スレイマン一世エルサレムの壁を完成させる	
一五六六年	ヨセフ・ナシ、ナクソスの公爵となる	
一五八〇年	四地方協議会の設立	
一五八一年		オランダ、スペインから独立
一五九〇年	マラノ、アムステルダムに移住	
一六一八年	コサック・タタールによるユダヤ人大虐殺	三十年戦争（―四八）
一六四九年		イギリス清教徒革命
一六五四年	最初のユダヤ人がニューヨークに到着	
一六五六年	スピノザの破門	
一六六五年	シャブタイ・ツヴィ、メシアを自称	
一七七〇年	ハシディズムを始めたバアル・シェム死去	
一七八二年	ヨゼフ二世、ユダヤ人に対する寛容令を布告	
一七八六年	モーゼス・メンデルスゾーン死去	
一七八九年		フランス革命
一七九一年	フランス、ユダヤ人に対して市民権を認める	

一八〇六年	ロシア、エカテリーナ女王居住境界を設定	
一八一四年	ナポレオン「サンヘドリン」を開催	ウィーン会議（―一五）
一八一九年	ドイツで反ユダヤ人暴動「ヘップ・ヘップ」起こる	
一八二四年	アメリカ、サウスカロライナで改革派信徒教会設立	
一八三六年	ドイツからアメリカへの大量移民始まる	
一八三九年	オスマン帝国、ユダヤ人に対し市民権を認める	
一八六〇年	「フランス全イスラエル連合」設立	
一八六一年		アメリカ・南北戦争（―六五）
一八六二年	モーゼス・ヘス『ローマとエルサレム』刊行	
一八七三年	「アメリカ・ヘブライ会衆連合」設立	
一八八一年	東ヨーロッパからアメリカへ大量移民が始まる	ロシア・アレクサンドル二世暗殺、ポグロム起こる
	第一次アリヤ（パレスチナ移民）	
一八九三年		フランス、ドレフュス事件起こる

一八九六年	ヘルツル『ユダヤ人国家』刊行	
一八九七年	第一回シオニスト会議、ユダヤ人労働者総同盟（ブント）創立	
一九〇三年	ロシア・キシニョフで大規模なポグロム起こる 第二次アリヤ	
一九〇六年	アメリカへの移民がピークとなる（—一九〇九）	
一九〇九年	テルアビブ建設開始	
一九一四年		第一次世界大戦始まる（—一八）
一九一七年	バルフォア宣言	ロシア革命
一九一九年	第三次アリヤ（—二三）	
一九二〇年	イギリスの委任統治始まる、エルサレムでアラビア人暴動	
一九二四年	第四次アリヤ（—三二）	
一九二五年	ヘブライ大学創立	ヒットラー『我が闘争』刊行（—二七）
一九二九年	アラビア人暴動、ヘブロン、ツファトにおけるユダヤ人虐殺	
一九三一年	イルグン設立	
一九三三年	ドイツ国内でユダヤ人排斥運動起こる	ヒットラー、首相になる

一九三五年	「ニュールンベルク法」制定	
一九三七年	「ピール委員会」パレスチナの分割を提案	
一九三八年	「クリスタルナハト」起こる	ドイツ、オーストリアを併合
一九三九年	ポーランドにおいてポグロム起こる	ドイツ、ポーランドに侵攻、第二次世界大戦始まる
一九四一年	ドイツ国外への移住を禁止。最初の死の収容所をポーランド・ヘルムノに作る	
一九四二年	アウシュヴィッツへの大量移送始まる	
一九四三年	デンマークのユダヤ人、スウェーデンへ秘かに脱出 ワルシャワ・ゲットーで蜂起	ドイツ、スターリングラード、北アフリカで敗北 イタリア降伏
一九四四年	ハンガリーのユダヤ人粛清される	ノルマンディ上陸
一九四五年	強制収容所の解放	ドイツ降伏
一九四六年		ニュールンベルク裁判始まる
一九四七年	国際連合、パレスチナ分割案を可決	
一九四八年	イスラエル、独立を宣言、アラブ諸国が攻撃（第一次中東戦争）	

一九四九年	国会（クネセット）開設、ベン・グリオン初代首相に選ばれる アラブ諸国と休戦協定を結ぶ	
一九五〇年	帰還法を制定	
一九五二年		エジプト革命、ナセル、大統領となる
一九五六年	シナイ戦争（第二次中東戦争）、英仏軍とシナイ半島占拠	
一九六〇年	アドルフ・アイヒマンをアルゼンチンで逮捕	
一九六四年		PLO結成
一九六五年		ヴェトナム戦争激化
一九六七年	六日間戦争（第三次中東戦争）、エルサレムの再統一、ヨルダン川西岸、シナイ半島、ゴラン高原を占領	
一九七二年	ミュンヘン・オリンピックでイスラエル選手団殺害	
一九七三年	ヨム・キプール戦争（第四次中東戦争）	
一九七七年	リクード党政権、ベギン首相となる エジプト大統領サダト、エルサレム訪問	
一九七八年	キャンプ・デービッド合意	

一九八一年		サダト暗殺
一九八二年	レバノン戦争	
一九八七年	インティファーダ始まる	
一九八八年		ヨルダン、フセイン国王、西岸地区権利放棄声明 パレスチナ国家独立宣言
一九九一年	マドリッド中東和平会議	
一九九二年	労働党政権復活。ラビン首相	
一九九三年	オスロ合意、ホワイトハウスで「共同宣言」、ＰＬＯとパレスチナ自治の基本原則について合意	
一九九四年	ヨルダンと平和条約調印	
一九九五年	ラビン暗殺	
一九九六年	リクード党政権、ネタニヤフ首相	パレスチナ自治政府による第一回選挙
一九九九年	「一つのイスラエル」政権、バラック首相	
二〇〇一年	連立政権、シャロン首相	

索引

（c付きページは、図版を示す）

【ア行】

【カ行】

【サ行】

【ナ行】

【マ行】

【ヤ行】

【ラ行】

【ワ行】

参考文献

全体を通して

Baron, Salo W. *A Social and Religious History of the Jews.* Second edition, 18 vols. Philadelphia: Columbia University Press and the Jewish Publication Society, 1952-83.

Ben Sasson, H. H., ed. *A History of the Jewish People.* London: Weidenfeld and Nicolson, 1976.

Ben Sasson, H. H., and S. Ettinger, eds. *Jewish Society through the Ages.* London: Vallentine, Mitchell, 1971.

Encyclopaedia Judaica. 16 vols. and supplements. Jerusalem: Keter Publishing House, c. 1972.

Finkelstein, Louis. *The Jews: Their History, Culture, and Religion.* Fourth edition. New York: Schocken Books, 1970.

Gribetz, Judah, et al. *Timetables of Jewish History.* New York: Simon and Schuster, 1993.

Hallo, William W., et al., eds. *Heritage, Civilization and the Jews.* New York: Praeger, 1984.

Schwartz, Leo. *Great Ages and Ideas of the Jewish People.* New York: Random House, 1956.

Yerushalmi, Yosef Hayim. *Zakhor: Jewish History and Jewish Memory.* Seattle: University of Washington Press, 1982.

第一章　古代イスラエル人の起源とその王国

Aharoni, Yohanan, and Michael Avi-Yona. *The Macmillan Bible Atlas.* New York: Macmillan, 1977.

Bright, John. *A History of Israel.* Second edition. Philadelphia: Westminster Press, 1972.

Shanks, Hershel. *Ancient Israel.* Englewood Cliffs, N.J.: Biblical Archaeology Society, 1988.

第二章　ユダヤの地とディアスポラの起源

Bickerman, Elias J. *From Ezra to the Last of the Maccabees.* New York: Schocken Books, 1962.

Cohen, Shaye J. D. *From the Maccabees to the Mishnah.* Philadelphia: Westminster Press, 1987. Also for chap. 3.

Modrzejewsky, J. Mélèze. *The Jews of Egypt from Ramses II to Emperor Hadrian.* Philadelphia and Jerusalem: Jewish Publication Society, 1995. Also for chap. 3.

Schäfer, Peter. *The History of the Jews of Antiquity: From Alexander the Great to the Arab Conquest.* Luxembourg: Harwood Academic Press, 1995.

———. *Judeophobia: Attitudes toward the Jews in the Ancient World.* Cambridge, Mass.: Harvard University Press, 1997.

Schürer, Emil. *The History of the Jewish People in the Age of Jesus Christ.* Rev. and ed. G. Vermes and F. Millar. 4 vols. Edinburgh: T & T Clark, 1973-87. Also for chap. 3.

Tcherikover, Victor. *Hellenistic Civilization and the Jews.* Philadelphia: Jewish Publication Society, 1959.

Vermes, Geza. *Dead Sea Scrolls.* Third edition. London: Penguin, 1987.

第三章　ローマ帝国下のパレスチナとササン朝ペルシアのバビロニ

ア

Avi-Yonah, Michael. *The Jews of Palestine.* New York: Schocken Books, 1976.

Cohen, Shaye J. D., and S. Frerichs, eds. *Diasporas in Antiquity.* Atlanta: Scholars Press, 1993.

Levine, Lee I. *The Synagogue in Late Antiquity.* Philadelphia: American Schools of Oriental Research, 1987.

Neusner, Jacob. *There We Sat Down.* Nashville, Tenn.: Abingdon Press, 1971.

Simon, Marcel. *Verus Israel: A Study of the Relations between Christians and Jews in the Roman Empire (135-425),* trans. H. McKeating. Oxford: Oxford University Press, 1986.

第四章　イスラム社会におけるユダヤ人／イスラムの勃興と中世の終わりまで

Ashtor, Eliahu. *The Jews of Moslem Spain.* 2 vols. Philadelphia: Jewish Publication Society, 1992.

Cohen, Mark R. *Under Crescent & Cross: The Jews in the Middle Ages.* Princeton, N.J.: Princeton University Press, 1994.

Gerber, Jane S. *The Jews of Spain.* New York: Free Press, 1992. Also for chaps. 5 and 6.

Goitein, S. D. *Jews and Arabs: Their Contacts through the Ages.* New York: Schocken, 1974.

Hirschberg, H. Z. *History of the Jews in North Africa.* 2 vols. Leiden: Brill, 1974-80.

Lewis, Bernard. *The Jews of Islam.* Princeton, N.J.: Princeton University Press, 1984.

Stillman, Norman. *The Jews of Arab Lands.* Philadelphia: Jewish Publication Society, 1979.

第五章　中世キリスト教ヨーロッパ社会におけるユダヤ人

Baer, Yitzhak. *A History of the Jews in Christian Spain.* Trans. Louis Scheffman et al. 2 vols. Philadelphia: Jewish Publication Society, 1961-66.

Berger, David. *The Jewish-Christian Debate in the High Middle Ages.* Philadelphia: Jewish Publication Society, 1979.

Marcus, Jacob R. *The Jew in the Medieval World.* New York: Meridian Books, 1960.

Parkes, J. *The Conflict of the Church and the Synagogue.* Second edition. New York: Hermon Press, 1974.

———. *The Jew in the Medieval Community.* Second edition. New York: Hermon Press, 1976.

Stow, Kenneth. *Alienated Minority: The Jews of Medieval Latin Europe.* Cambridge, Mass.: Harvard University Press, 1994.

第六章　オスマン帝国と中東におけるユダヤ人

BenBassa, E., and Aron Rodrique. *The Jews of the Balkans: The Judeo-Spanish Community, Fifteenth to Twentieth Centuries.* Oxford: Blackwell Publishers, 1995.

Chouraqui, André N. *Between East and West: A History of the Jews in North Africa.* Philadelphia: Jewish Publication Society, 1968.

Hirschberg, H. Z. *History of the Jews in North Africa.* 2 vols. Leiden: Brill, 1974-80.

Lewis, Bernard. *The Jews of Islam.* Princeton, N.J.: Princeton University Press, 1984.

Roth, Cecil. *The House of Nasi: Doña Gracia.* Philadelphia: Jewish Publication Society of America, 1948.

———. *The House of Nasi: The Duke of Naxos.* Philadelphia: Jewish Publication Society of America, 1948.

Stillman, Norman. *The Jews of Arab Lands in Modern Times.* Philadelphia: Jewish Publication Society, 1968.

第七章　西ヨーロッパのユダヤ人

Bonfil, Robert. *Jewish Life in Renaissance Italy.* Trans. Anthony Oldcorn. Berkeley and Los Angeles: University of California Press, 1994.
Israel, Jonathan. *European Jewry in the Age of Mercantilism, 1550-1750.* Oxford: Oxford University Press, 1985.
Katz, Jacob. *Tradition and Crisis: Jewish Society at the End of the Middle Ages.* New York: New York University Press, 1993.
Mendez-Flohr, Paul, and Jehuda Reinharz. *The Jew in the Modern World: A Documentary History* . New York: Oxford University Press, 1980.
Meyer, Michael. *The Origins of the Modern Jew.* Detroit: Wayne State University Press, 1967.
Netanyahu, Benzion. *The Origins of the Inquisition in Fifteenth-Century Spain.* New York: Random House, 1995.
Roth, Cecil. *A History of the Marranos.* Fourth edition. New York: Hermon Press, 1974.
Sachar, Howard M. *The Course of Modern Jewish History.* Cleveland: World Publishing Co., 1958. Also for the following chapters.
Weinryb, B. D. *The Jews of Poland.* Philadelphia: Jewish Publication Society, 1973.

第八章　東ヨーロッパとアメリカ合衆国のユダヤ人

Baron, Salo W. *The Russian Jew under Tsars and Soviets.* Second edition. New York: Schocken, 1987.
Gitelman, Zvi. *A Century of Ambivalence: The Jews of Russia and the*

Soviet Union, 1881 to the Present. New York: Schocken Books, 1988. Also for chap. 11.

Hertzberg, Arthur. *The Jews in America.* New York: Simon and Schuster, 1989.

Karp, Abraham J. *Haven and Home: A History of the Jews in America.* New York: Schocken, 1985.

Marcus, Jacob R. *The Jew in the American World: A Source Book.* Detroit: Wayne State University Press, 1996.

第九章　ホロコースト

Bauer, Yehuda. *The Holocaust in Historical Perspective.* Seattle: University of Washington Press, 1978.

Dawidowicz, Lucy S. *The War Against the Jews.* Second edition. Ardmore, Pa.: Seth Press, 1986.

Gilbert, Martin. *The Macmillan Atlas of the Holocaust.* New York: Macmillan, 1982.

Hilberg, Raul. *The Destruction of the European Jews.* 3 vols. New York and London: Holmes & Meier, 1985.

第十章　シオニズムとイスラエル建国

Hertzberg, Arthur, ed. *The Zionist Idea.* Garden City, N.Y.: Doubleday, 1959.

Laquer, W. *A History of Zionism.* New York: Schocken, 1989.

Near, Henry. *The Kibbutz Movement: Origins and Growth, 1909-39.* Auckland, New Zealand: Oxford University Press, 1992.

Pawel, Ernst. *The Labyrinth of Exile: A Life of Theodor Herzl.* New York: Farrar, Straus, and Giroux, 1989.

Sachar, Howard M. *A History of Israel from the Rise of Zionism to Our Time.* New York: Alfred A. Knopf, 1979.

第十一章 一九四八年以降のユダヤ人

American Jewish Year Book. Published annually by the American Jewish Committee and the Jewish Publication Society.

Heilman, Sam. *Portrait of American Jews: The Last Half of the Twentieth Century.* Seattle: University of Washington Press, 1995.

Sachar, Howard M. *Diaspora: An Inquiry into the Contemporary Jewish World.* New York: Harper and Row, 1985.

———. *A History of Israel, Vol. II: From the Aftermath of the Yom Kippur War.* New York and Oxford: Oxford University Press, 1987.

Sklare, Marshall. *American Jews: A Reader.* New York: Behrman House, 1983.

Wasserstein, Bernard. *Vanishing Diaspora: The Jews in Europe since 1945.* Cambridge, Mass.: Harvard University Press, 1996.

Wertheimer, Jack. *A People Divided: Judaism in Contemporary American.* New York: Basic Books, 1993.

本書は二〇〇三年に中央公論新社より『物語　ユダヤ人の歴史』として刊行された。文庫化にあたり、訳者名を入江規夫と改めた。

ユダヤ人《じん》の歴史《れきし》

二〇一二年 八 月二〇日 初版発行
二〇二四年 一 月三〇日 17刷発行

著 者 レイモンド・P・シェインドリン
訳 者 入江《いりえ》規夫《のりお》
発行者 小野寺優
発行所 株式会社河出書房新社
〒一五一－〇〇五一
東京都渋谷区千駄ヶ谷二－三二－二
電話〇三－三四〇四－八六一一（編集）
〇三－三四〇四－一二〇一（営業）
https://www.kawade.co.jp/

ロゴ・表紙デザイン 粟津潔
本文フォーマット 佐々木暁
印刷・製本 中央精版印刷株式会社

Printed in Japan ISBN978-4-309-46376-6

神の裁きと訣別するため

アントナン・アルトー　宇野邦一／鈴木創士〔訳〕　46275-2

「器官なき身体」をうたうアルトー最後の、そして究極の叫びである表題作、自身の試練のすべてを賭けて「ゴッホは狂人ではなかった」と論じる35年目の新訳による「ヴァン・ゴッホ」。激烈な思考を凝縮した2篇。

百頭女

マックス・エルンスト　巖谷國士〔訳〕　46147-2

古いノスタルジアをかきたてる漆黒の幻想コラージュ一四七葉――永遠の女「百頭女」と怪鳥ロプロプが繰り広げる奇々怪々の物語。エルンストの夢幻世界、コラージュロマンの集大成。今世紀最大の奇書！

見えない都市

イタロ・カルヴィーノ　米川良夫〔訳〕　46229-5

現代イタリア文学を代表し世界的に注目され続けている著者の名作。マルコ・ポーロがフビライ汗の寵臣となって、様々な空想都市（巨大都市、無形都市など）の奇妙で不思議な報告を描く幻想小説の極致。解説＝柳瀬尚紀

不在の騎士

イタロ・カルヴィーノ　米川良夫〔訳〕　46261-5

中世騎士道の時代、フランス軍勇将のなかにかなり風変わりな騎士がいた。甲冑のなかは、空っぽ……。空想的な《歴史》三部作の一つで、現代への寓意を込めながら奇想天外さと冒険に満ちた愉しい傑作小説。

ロベルトは今夜

ピエール・クロソウスキー　若林真〔訳〕　46268-4

自宅を訪問する男を相手構わず妻ロベルトに近づかせて不倫の関係を結ばせる夫オクターヴ。「歓待の掟」にとらわれ、原罪に対して自己超越を極めようとする行為の果てには何が待っているのか。衝撃の神学小説！

オン・ザ・ロード

ジャック・ケルアック　青山南〔訳〕　46334-6

安住に否を突きつけ、自由を夢見て、終わらない旅に向かう若者たち。ビート・ジェネレーションの誕生を告げ、その後のあらゆる文化に決定的な影響を与えつづけた不滅の青春の書が半世紀ぶりの新訳で甦る。

孤独な旅人

ジャック・ケルアック　中上哲夫〔訳〕　46248-6

『路上』によって一躍ベストセラー作家となったケルアックが、サンフランシスコ、メキシコ、ＮＹ、カナダ国境、モロッコ、南仏、パリ、ロンドンに至る体験を、詩的で瞑想的な文体で生き生きと描いた魅惑的な一冊。

ポトマック

ジャン・コクトー　澁澤龍彥〔訳〕　46192-2

ジャン・コクトーの実質的な処女作であり、20代の澁澤龍彥が最も愛して翻訳した《青春の書》。軽やかで哀しい《怪物》たちのスラップスティック・コメディ。コクトーによる魅力的なデッサンを多数収録。

大胯びらき

ジャン・コクトー　澁澤龍彥〔訳〕　46228-8

「大胯びらき」とはバレエの用語で胯が床につくまで両脚を広げること。この小説では、少年期と青年期の間の大きな距離を暗示している。数々の前衛芸術家たちと交友した天才詩人の名作。澁澤訳による傑作集。

残酷な女たち

L・ザッヘル＝マゾッホ　飯吉光夫／池田信雄〔訳〕　46243-1

８人の紳士をそれぞれ熊皮に入れ檻の中で調教する侯爵夫人の話など、滑稽かつ不気味な短篇集の表題作の他、女帝マリア・テレジアを主人公とした「風紀委員会」、御伽噺のような奇譚「醜の美学」を収録。

毛皮を着たヴィーナス

L・ザッヘル＝マゾッホ　種村季弘〔訳〕　46244-8

サディズムと並び称されるマゾヒズムの語源を生みだしたザッヘル＝マゾッホの代表作。東欧カルパチアとフィレンツェを舞台に、毛皮の似合う美しい貴婦人と青年の苦悩と快楽を幻想的に描いた傑作長編。

恋の罪

マルキ・ド・サド　澁澤龍彥〔訳〕　46046-8

ヴァンセンヌ獄中で書かれた処女作「末期の対話」をはじめ、50篇にのぼる中・短篇の中から精選されたサドの短篇傑作集。短篇作家としてのサドの魅力をあますところなく伝える13篇を収録。